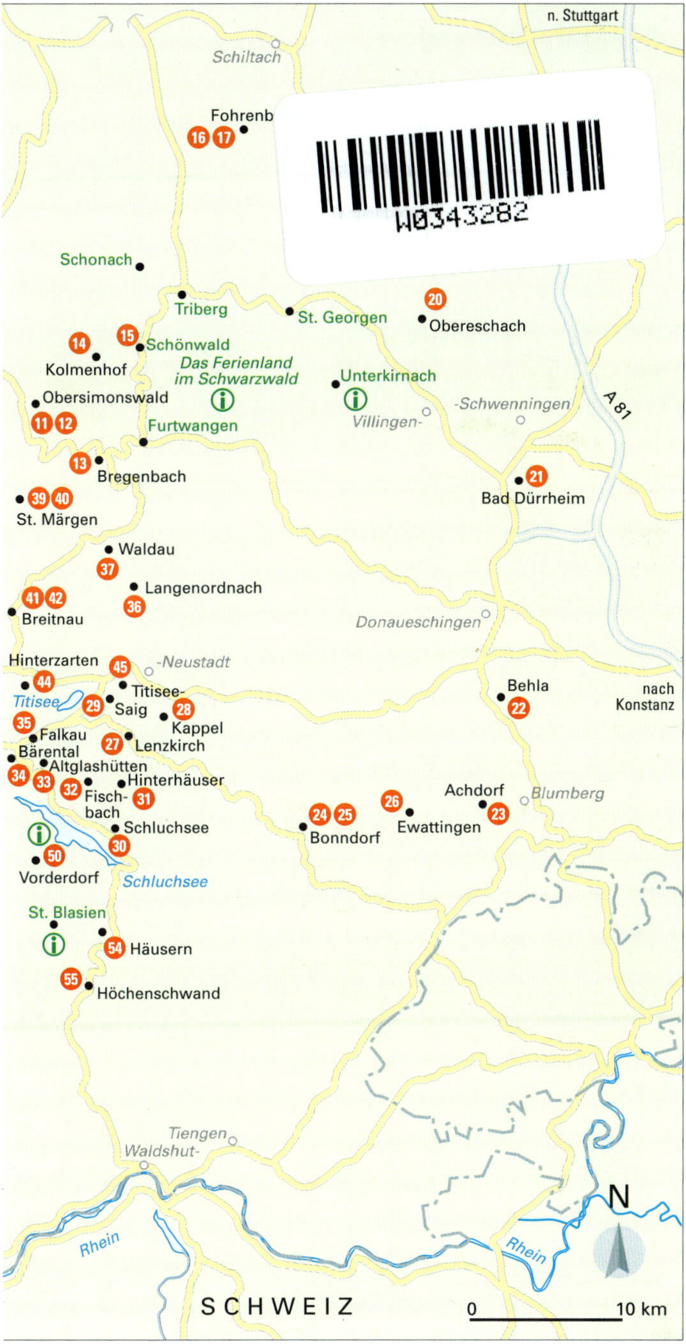
n. Stuttgart
Schiltach
Fohrenb
16 17
Schonach
Triberg
St. Georgen
20
Obereschach
14
15
Schönwald
Kolmenhof
Das Ferienland im Schwarzwald
Unterkirnach
Obersimonswald
11 12
Furtwangen
Villingen-
-Schwenningen
A 81
13
Bregenbach
21
Bad Dürrheim
39 40
St. Märgen
Waldau
37
Langenordnach
41 42
36
Breitnau
Donaueschingen
Hinterzarten
45
-Neustadt
44
Titisee-
Titisee
29
Saig
28
Behla
22
nach Konstanz
35
Kappel
Falkau
27
Lenzkirch
Bärental
Altglashütten
34
33
32
Hinterhäuser
Fisch-bach
31
Achdorf
Blumberg
26
24 25
23
Ewattingen
Schluchsee
Bonndorf
30
50
Vorderdorf
Schluchsee
St. Blasien
54
Häusern
55
Höchenschwand
Tiengen
Waldshut-
N
Rhein
Rhein
SCHWEIZ
0
10 km

Symbolerklärung

- eindrucksvolle Landschaft
- mittlere Steigungen
- stärkere Steigungen
- etwa zur Hälfte Wald
- über die Hälfte Wald
- Weinberge
- prägnanter Fluss/Bach
- romantischer Wasserfall
- schöner See/Teich
- markante Felsen
- Höhle/Grotte
- teilweise schöne Aussicht
- großartige Rundblicke
- lohnender Aussichtspunkt
- Burgen und Schlösser
- sehenswerte Sakralbauten
- historische Profanbauten
- Ortsportraits, Sehenswürdigkeiten und allgemeine Informationen
- Rundwege, weitere Wandertipps, Stadtrundgänge
- Gasthöfe, Restaurants, Hotels und Pensionen
- S Startpunkt der Tour in den Wanderkarten

Abkürzungen

AP	Aussichtspunkt
AT	Aussichtsturm
i	Tourist-Info
ND	Naturdenkmal
NSG	Naturschutzgebiet
ÖZ	Öffnungszeiten
P	Parkplatz
P	Parkhaus
P	Tiefgarage
(!)	Wegführung beachten

Wanderkarten

GeoMap Freizeitkarte 1:75000 Naturpark Südschwarzwald/Südlicher Schwarzwald. - Landesvermessungsamt Baden-Württemberg Freizeitkarten 1:50000, Blatt F505, F506, F508, F509.

Naturpark Südschwarzwald

Wandern und Einkehren

Herrliche Wandertouren

Ausgewählte Gasthöfe, Restaurants, Hotels und Pensionen

Anfahrtsstrecken

Parkmöglichkeiten

nach den Wanderungen
von Vagabundus
Wanderer zwischen Weg und Wirtschaft

herausgegeben von
Georg Blitz und Emmerich Müller

Ein Wanderführer im Drei Brunnen Verlag

Einbandgestaltung: Jürgen Reichert / Verlag

Titelfoto: Höchenschwand mit Alpensicht (Tourist-Information Höchenschwand)

Karten und Skizzen: cartomedia, Karlsruhe

Wanderungen: Georg Blitz, Erika Dritter, Prof. Dr. Peter Gürth, Dr. Ulf Koerner, Leonore & Dieter Liepold, Heidrun Moser, Roland Schmellenkamp

Bildnachweise: Feldberg Touristik (S. 19 o.); Naturpark Südschwarzwald (S. 15 und 17); Naturschutzzentrum Südschwarzwald (S. 19 u.); Heike Scheiding-Brode (S. 35 o.); Foto Lehner/Kaiserstühler Verkehrsbüro Endingen (S. 35 u.); Karl-Heinz Raach (S. 43 o.); H. Will/Werbeagentur Aufwind (S. 43 u.); Clemens Emmler (S. 52); Tourist-Info Furtwangen/Ferienland im Schwarzwald GmbH (S. 64 o.); Tourismusbüro Unterkirnach (S. 64 u.); Stadt Schramberg (S. 74 o.); Kur- und Bäder GmbH Bad Dürrheim (S. 74 u.); Roland Sigwart, Hüfingen (S. 81 o.); Michael Kienzler (S. 81 u.); Petra Kaiser/Touristinfo Bonndorf (S. 92 o.); Erich Spiegelhalter, Freiburg/Kur & Touristik Lenzkirch (S. 92 u.); Tourist-Info Schluchsee (S. 99 o. und u.); Erich Spiegelhalter, Freiburg/Tourist-Information Titisee-Neustadt (S. 108 o. und u.); Herbert Mark (S. 121 o.); Hinterzarten Breitnau Tourismus GmbH (S. 121 u.); Tourist-Information Höchenschwand (S. 150 o.); Tourist-Information Todtmoos (S. 150 u.); Tourismus GmbH Todtnau (S. 157 o.); Belchenland Tourismus GmbH (S. 157 u., 206); Archiv Kurverwaltung Wieden (S. 166 o.); Tourist-Info Dreisamtal (S. 166 u.); Stadt Sulzburg (S. 181 o.); Erich Spiegelhalter, Freiburg (S. 181 u.)

Bibliografische Informationen Der Deutschen Bibliothek

Die Deutsche Bibliothek verzeichnet diese Publikation in der Deutschen Nationalbibliografie; detallierte bibliografische Daten sind im Internet über http://dnb.ddb.de abrufbar.

ISBN 978-3-7956-0225-3
4., völlig überarb. und aktualisierte Auflage 2008

Wandern und Einkehren Naturpark Südschwarzwald

Breisgau - Kaiserstuhl-Tuniberg - Markgräfler Land
Feldberg - Herzogenhorn - Belchen - Schauinsland -
Brend - Mooswaldkopf
Albsee - Feldsee - Titisee - Schluchsee
Elztal & Simonswäldertal (ZweiTälerLand) - Glottertal -
Höllental - Münstertal - Wiesental - Albtal
Das Ferienland im Schwarzwald
Das Todtnauer Ferienland
Ferienregion Münstertal Staufen

Im äußersten Südwesten Baden-Württembergs liegt mit dem **Naturpark Südschwarzwald** eine der attraktivsten deutschen Wanderregionen. Eine nahezu unendliche landschaftliche Vielfalt bietet unterschiedlichste Naturerlebnisse. Von den höchsten Schwarzwaldbergen Feldberg, Schauinsland, Belchen, Brend und Totenkopf eröffnen sich herrliche Ausblicke. Bei Wassersportfans und Wanderern gleichermaßen großer Beliebtheit erfreuen sich Ziele wie Titisee und Schluchsee. Wildromantische Schluchten wie die berühmte Wutachschlucht warten darauf erkundet zu werden. Sonnenverwöhnte Weinberge und blühende Obstwiesen kennzeichnen das Markgräfler Land, den Breisgau, die Ortenau und das bizarre Vulkangebirge am Kaiserstuhl-Tuniberg. Auch für Kunstinteressierte hält der Südschwarzwald viele Kleinode bereit. Die Münsterstädte Freiburg und Breisach laden zu einem ausführlichen Rundgang ein. Prächtige Gotteshäuser wie der Kuppeldom in St. Blasien oder die Barockkirchen in St. Peter und Münstertal beeindrucken mit ihrer künstlerischen Gestaltung. Interessante Museen und Besucherbergwerke erzählen aus der Vergangenheit der traditionsreichen Region.
Dass auch das leibliche Wohl in einer Genießerregion wie dem Südschwarzwald nicht zu kurz kommt, versteht sich von selbst. Die regionalen Spezialitäten wie Schäufele, Schwarzwaldforellen und köstliche Wildgerichte werden durch die erlesenen Tropfen vom Kaiserstuhl oder aus dem Markgräfler Land hervorragend abgerundet. Und zum Nachmittagskaffee sollte man sich natürlich die berühmte Schwarzwälder Kirschtorte nicht entgehen lassen!
Dieser Wander- und Gastronomieführer macht im Naturpark Südschwarzwald Wandern und Einkehren zum Erlebnis und stellt die attraktivsten Wanderwege und eine Auswahl der besten Hotels, Restaurants, Gasthöfe und Pensionen vor.

Ein Buch für Genießer

TOUREN-ÜBERSICHT
Touren-Nummern
Info-Texte
nach Offenburg
A5
Rhein
Kenzingen
1 2
Endingen
3
Sasbach
4 Bahlingen
Kaiser-
5
Emmendingen
10
Niederrottweil
Eichstetten
6
7 Liliental
ZweiTälerLand
stuhl
8
Breisach
Tuniberg
St. Peter
9
FREIBURG
i. Br.
38
FRANK-
REICH
A5
Breisgau
Schauinsland
1284 m
66
65
Alpersbach
43
Staufen
Stohren
Hofsgrund
Feldberg
1493 m
Feldsee
67
68 69
Münstertal/
Schwarzwald
46 47
Sulzburg
Feldberg
70
Belchen
1414 m
64
Brandenberg
57
48 49
Menzenschwand
Wiedener Eck
63
Bernau-Dorf
51
Obermulten
Todtnau
Innerlehen
Bernau
52
53
Bürchau
62
Oberlehen
58
56
61
Herrenschwand
Strick
Schwand
Todtmoos
60
Sallneck
59
Zell
Markgräfler Land
A5
Lörrach
Rhein
Bad
Säckingen
BASEL
N 3

Inhalt

Touren

Lieber Wanderfreund,
bitte beachten Sie die folgenden Vorbemerkungen zum Gebrauch dieses Wander- und Gastronomieführers:

- **Weg und Zeit** - Bei diesen Angaben ist im Grunde die Kilometerangabe entscheidend. Die Zeitangabe bedeutet reine Gehzeit bei einer durchschnittlichen Wegstrecke von 4 km pro Stunde auf der Ebene oder bei leichten bis mittleren Steigungen. Bei stärkeren Steigungen verringert sich diese Durchschnittsleistung etwas. Bitte beachten Sie deshalb das entsprechende Symbol! Die Höhendifferenz wird ab 150 m angegeben.
- **Neue Wegmarkierungen im Schwarzwald** - Das neue, einheitliche Markierungssystem soll dem Wanderer als zuverlässige und durchgängige Orientierungshilfe dienen. An jeder Kreuzung, an der sich markierte Wanderwege treffen, steht ein Wegweiserpfosten mit mindestens einem separaten Wegweiserblatt pro Richtung. Die linke Seite des Wegweiserblatts nimmt das Standortfeld mit Angabe des Standortes, Höhe über dem Meeresspiegel und der Markierung ein. In der Regel sind die Wege mit der gelben Raute markiert, davon abweichend sind auch die blaue Raute bei regionalen Wanderwegen oder die Markierungen der Fernwanderwege wie Westweg, Querweg Freiburg-Bodensee oder Kandel-Höhenweg möglich. Rechts auf dem Wegweiser sind die Ziele mit Entfernungsangaben in Kilometern aufgelistet. Piktogramme weisen auf Einkehrmöglichkeiten, Bus- und Bahnanbindung, Parkplätze und Aussichtspunkte hin. Zwischen den Wegweisern wurden lediglich Schilder mit der gelben Raute ohne Zusatzinformationen an Bäumen, Laternenpfählen u. ä. angebracht. Die Wanderwege und Markierungen werden vom Schwarzwaldverein sowie durch örtliche Institutionen betreut.
- **Wegeskizzen** - Sie sollen Ihnen eine Übersicht vermitteln. Beachten Sie bitte zur Ausrichtung der Skizze den Nordpfeil!
- **Rundwanderwege** - Durch die Rundwege bzw. die Verbindungswege zwischen den Gasthöfen ergeben sich völlig neue, schöne und originelle Routenkombinationen. Selbstverständlich kann eine Wanderung bei jedem Gasthof eines Weges aufgenommen und beendet werden.
- **Geschichte - Kunst - Kultur** - Vagabundus, Historiker und Kunsthistoriker, stellt jeweils in knapper Form das geschichtliche, kunstgeschichtliche und kulturelle Umfeld eines Weggebietes vor, um dadurch das Erlebnis einer Wanderung wesentlich zu vertiefen.
- **Parken** - Wer einen Gästeparkplatz benutzt, sollte in diesem Gasthaus auch einkehren. Meist sind auch öffentliche Parkplätze angegeben.
- **Öffentliche Verkehrsmittel** - Für die Ausgangspunkte der Wanderungen sind, wenn möglich, Bushaltestellen und Bahnhöfe angegeben. Fahrplan- und Tarifauskünfte für ganz Baden-Württemberg sind erhältlich unter www.efa-bw.de und Tel. 01805/779966 sowie auf der Homepage der Deutschen Bahn unter www.bahn.de oder Tel. 0800/1507090. Attraktive Reisemöglichkeiten bieten auch die Verkehrsverbünde im Südschwarzwald: TGO Tarifverbund Ortenau (www.ortenaulinie.de, Tel.

0781/8059643), Ortenau-S-Bahn (Tel. 0781/92393-0), Regio-Verkehrsverbund Freiburg GmbH (www.rvf.de, Tel. 0761/207 28-0), Verkehrsverbund Schwarzwald-Baar (www.v-s-b.de, Tel. 07721/928520) und Waldshuter Tarifverbund (www.wtv-online.de, Tel. 07751/8964-0). Ein besonderes Angebot für Wanderer sind die Wanderbusse Wutachschlucht, Waldau, Kleines Wiesental und Schluchtensteig sowie der Freizeitbus Hinterzarten-Breitnau, die ebenfalls unter www.bahn.de abrufbar sind. Gratis mit Bus und Bahn unterwegs ist man mit der KONUS-Gästekarte. Ausführliche Informationen hierzu sowie zu den Vergünstigungen mit der SchwarzwaldCard und dem Schwarzwald-Ticket finden Sie auf S. 200/201. Eine Übersichtskarte über das KONUS-Gebiet ist auf S. 208 abgedruckt.
● **Hotels - Gasthöfe - Restaurants - Pensionen** - Durch die sorgsame Auswahl engagierter und profilierter Gastronomen ist es gelungen, für Wanderer und Wandergruppen, Spaziergänger, Ausflügler oder auch »reine Einkehrer« hervorragend geeignete Betriebe aufzunehmen. Die hier genannten Einkehrziele zählen zum Empfehlenswertesten, was die Gastronomie dieser Region zu bieten hat. Selbstverständlich kann es durch Besitzer- oder Pächterwechsel nach Drucklegung zu Veränderungen von Angebot, Qualität, Preis, Öffnungszeit und Ruhetag kommen.

Vorwort zur 4. Auflage - Alle 70 Wanderungen und Stadtrundgänge dieser Neuauflage wurden neu erwandert und aktualisiert. Natürlich wurden auch neue Wanderrouten aufgenommen, um eine noch größere Vielfalt anbieten zu können. Ergänzt werden die Wanderungen und Stadtrundgänge durch die ausführliche Vorstellung beliebter Ferienregionen und attraktiver Sehenswürdigkeiten. Natürlich dürfen auch wieder verlockende Einkehrziele für jeden Geschmack nicht fehlen.

Wir wünschen auch den Benutzern der Neuauflage
ein genussreiches Wandern und Einkehren!
Die Herausgeber

»Das heißt leben,
die Seele laben in Wald und Flur,
den Körper wandernd stärken,
dem Herzen Gutes tun in freier Luft.
Das Hochgefühl vertiefen,
voll frohen Sinns und Heiterkeit
bei guter Speis und edlem Trank
im Schoß eines gastlichen Hauses.
So zu leben,
heißt lang zu leben.«
Vagabundus

● **Angrenzende Wandergebiete** - Sie werden in den folgenden Bänden der Reihe **Wandern und Einkehren** behandelt: Bd. 2 Schwarzwald - nördlicher Teil. - Bd. 5 Schwäbische Alb - westlicher Teil. - Bd. 45 Allgäu - Oberschwaben - Bodensee.

INFO

Der Naturpark Südschwarzwald

✪ Bewahrung und Entwicklung einer einzigartigen Landschaft - Südschwarzwald - da denkt man an Kuckucksuhren und den Titisee oder vielleicht auch an die Schwarzwälder Kirschtorte. Dies aber sind nur kleine Ausschnitte einer beeindruckenden Vielfalt der Region.
Ob einmalige Aussichten, tiefe Täler und Schluchten, schneebedeckte Gipfel, blühende Streuobstwiesen und sonnenverwöhnte Weinberge, ob rauschende Wasserfälle, wildromantische Felsen oder kühle Seen - der Südschwarzwald ist nicht nur eine der schönsten »Ecken« Deutschlands, er ist gleichzeitig auch die wichtigste touristische Region Baden-Württembergs und eine der wichtigsten Deutschlands.

✪ Eine Region lädt zum Entdecken ein - Der Naturpark Südschwarzwald liegt im äußersten Südwesten von Baden-Württemberg, im Dreiländereck Deutschland - Frankreich - Schweiz. Er ist einer von sieben Naturparken in Baden-Württemberg und mit seinen 370.000 ha der zweitgrößte in ganz Deutschland.
Er reicht von Elzach und Triberg im Norden bis nach Waldshut-Tiengen und Lörrach im Südwesten des Schwarzwaldes. Im Westen schließt er die Vorbergzone des Schwarzwaldes bei Freiburg und Emmendingen ein, nach Osten dehnt er sich bis nach Donaueschingen und Villingen-Schwenningen aus.
Die vielfältige Landschaft des Naturparks Südschwarzwald mit ihren weiten, offenen Hochflächen, tiefen Schluchten und Waldflächen soweit das Auge reicht, bietet Besuchern und Einheimischen ein herrliches Panorama und vielfältige Möglichkeiten ein grandioses Stück Natur zu erleben.
Vor 10 000 Jahren vom eiszeitlichen Geschehen geprägt, ist die Landschaft im Naturpark Südschwarzwald so, wie wir sie heute erleben, das Ergebnis einer jahrhundertelangen bäuerlichen Bewirtschaftung und Besiedlung.
Bei näherem Hinsehen entdeckt man vielfältigste Relikte vergangener Zeiten. So gehören zum Beispiel alte Streuobstwiesen, Lesesteinriegel oder Mühlen genauso zum kulturellen Erbe der Region wie die typischen Eindachhöfe. Gerade die landschaftlichen und kulturellen Besonderheiten sind es, die den Südschwarzwald heute so attraktiv machen. Im südlichen Schwarzwald finden sich außerdem zahlreiche prächtige Klöster, die die Region kulturell geprägt haben und es auch heute noch tun. Zum Beispiel Europas drittgrößte Kuppelkirche in St. Blasien.
Aus einer nahezu reinen Waldregion wurde im Laufe der Jahrhunderte eine Landschaft mit abwechslungsreicher Vielfalt und Einzigartigkeit und höchster Attraktivität. Auf einer kurvenrei-

chen Fahrt mit der Höllentalbahn hinauf in den Hochschwarzwald lassen sich bequem viele dieser Besonderheiten bestaunen.

✪ **Natur pur** - Neben Wald und offenen Grünflächen findet man im Naturpark Südschwarzwald vor allem ein strukturreiches Landschaftsmosaik mit unzähligen kleineren und großflächigen Biotopen und Naturschutzgebieten - Natur pur inmitten der Kulturlandschaft.
Die zahlreichen Moore, Feucht- und Nasswiesen besitzen eine hohe Lebensraumqualität für seltene und gefährdete Tier- und Pflanzenarten und zeichnen sich durch eine hohe Artenvielfalt aus, so zum Beispiel der Sonnentau oder der Hochmoorgelbling (Schmetterlingsart).
In den naturnahen und kaum beeinträchtigten Fließgewässern des Südschwarzwalds sind heute noch seltene Fischarten wie zum Beispiel Groppe und Bachforelle heimisch. Gletscherseen wie der Titisee und der Feldsee sind bedeutende eiszeitliche Naturseen, die sich durch kühles, sauerstoffreiches und klares Wasser auszeichnen.
Auch die Tierwelt im Naturpark Südschwarzwald ist vielfältig und artenreich. Neben Rot-, Reh- und Schwarzwild oder Gämsen leben in den heimischen Wäldern auch die vom Aussterben bedrohten Auerhühner oder Luchse. Der seltene Dreizehenspecht und der Sperlingskauz sind hier ebenfalls noch heimisch.

✪ **Uralte Verbindungen** - Wald und Mensch sind im Südschwarzwald seit Jahrhunderten untrennbar miteinander verbunden, denn es war vor allem der Wald, der vielen Menschen ehemals Arbeit bot.
Viele Berufe lebten und leben von und mit dem Holz: Glasbläser, Bergleute, Köhler, Flößer, Schindel- und Bürstenmacher; aber auch Tüftler und vor allem die Schwarzwälder Uhrmacher. Letztere erlangten bereits vor mehr als 200 Jahren Weltruhm, der bis heute nicht verblasst ist. Die Schwarzwälder Kultur und Kunst ist aber nicht nur in Freilichtmuseen zu bestaunen. Traditionelles Kunsthandwerk steht heute wieder überall hoch im Kurs.
Der Wald im Südschwarzwald übernimmt heute die Rolle als ökologischer Ausgleichs- und Erholungsfaktor und zwar sowohl für die Touristen und Besucher der Region als auch für die hier lebenden einheimischen Menschen. Daneben ist er ein bedeutender Wirtschaftsfaktor durch die Produktion des nachwachsenden Rohstoffes »Holz«.

✪ **Landschaftspflege mit Messer und Gabel** - Naturnahe Landschaft bedeutet im Naturpark Südschwarzwald auch immer naturnahe Land- und Forstwirtschaft. Die Landwirte im Südschwarzwald halten auch heute noch die heimischen »Vorder- und Hinterwälder Rinder« auf ihren Weiden. So werden sie mit der Beweidung ihrer Flächen durch Kühe, Rinder, Ziegen und Schafe zu Landschaftspflegern und sorgen auf diese Weise für die Offenhaltung der Landschaft und den Erhalt der Kulturlandschaft.
Die Landwirte im Naturpark Südschwarzwald garantieren dadurch gleichzeitig die Erzeugung wertvoller und gesunder Lebensmittel aus der Region.
Heimisches Fleisch, Käse und Milch werden in der Gastronomie im Südschwarzwald in höchster Qualität angeboten - und dies kann man schmecken, zum Beispiel bei einem Besuch der Naturparkwirte. Diese verwöhnen ihre Gäste mit einem reichhaltigen und kreativen Angebot von regionalen Produkten aus heimischer Herkunft. Die Naturparkwirte übernehmen mit der Verwendung regionaler Produkte Verantwortung für die Region und unterstützen damit auch ganz gezielt die Landwirte im Südschwarzwald.
Auch die direkt vermarktenden Betriebe bieten in ihren Hofläden oder beim Verkauf auf den Wochenmärkten der Region ein vielfältiges Angebot an qualitativ hochwertigen Lebensmitteln der Region.
Entlang der Käseroute im Naturpark Südschwarzwald finden sich viele kleinere Hofkäsereien, in denen man diese Vielfalt verschiedener Schwarzwälder Käsesorten probieren und kaufen kann. Das Aroma und der Geschmack des Käses ist das Produkt aus saftigen, kräuterreichen Wiesen und Weiden.

Naturnahe Landwirtschaft im Naturpark Südschwarzwald

Jedes Jahr finden in verschiedenen Orten eine ganze Reihe von Naturparkmärkten statt, auf denen die direkt vermarktenden Landwirte ihre Erzeugnisse anbieten und verkaufen können. Zudem präsentieren zahlreiche Kunsthandwerker ihre Arbeit und ihre Produkte.
Eine weitere Attraktion zum Genießen ist der »Brunch auf dem Bauernhof«. Einmal im Jahr, am ersten Sonntag im August, laden die Landwirte zu einem großen Frühstück auf ihre Höfe ein. Bei Schwarzwälder Schinken, würzigem regionalen Käse, frischem Holzofenbrot oder auch regionalen Säften bieten die Höfe reichhaltige Kostproben heimischer Spezialitäten.
Für den Naturpark Südschwarzwald stehen dabei nicht nur die Gaumenfreuden im Mittelpunkt. Es soll vor allem auch die enge Verbindung zwischen einheimischen Produkten, den Leistungen der Landwirte als Erzeuger und Landschaftspfleger und der einzigartigen Landschaft des Schwarzwaldes gezeigt werden.
Angeboten werden die eigenen Produkte wie z. B. selbst gebackenes Bauernbrot, frisches Rührei oder leckere Rindfleischsuppe.

✪ Aktiv sein im Naturpark - So vielfältig sich Landschaft und Kultur der Region darstellen, so zahlreich bieten sich ihre Möglichkeiten den Südschwarzwald zu erkunden. Zu Fuß, mit dem Rad, mit Bus, Bahn und Auto - aus jeder Perspektive lassen sich Schätze der Region für Jung und Alt erkunden.

Nicht von ungefähr zieht es Natur- und Wanderbegeisterte seit mehr als hundert Jahren in den Südschwarzwald. Unzählige Wege und Pfade führen sie durch eine Landschaft außergewöhnlicher Vielfalt, über sonnige Wiesen, durch verwunschene Wälder, romantische Schluchten, vorbei an klaren Bächen, Wasserfällen und Seen.
Die Landschaft des Naturparks Südschwarzwald mit ihren weiten, offenen Hochflächen, ihren Ausblicken und ihrem herrlichen Panorama bietet Besuchern und Einheimischen vielfältige Möglichkeiten bei sportlichen Aktivitäten ein grandioses Stück Natur zu erleben.
Einheitliche Beschilderungen machen es möglich sich überall leicht zurechtzufinden. Für ein Sport-Erlebnis »ohne Nebenwirkungen« wurde bei den Beschilderungen und der Auswahl der Strecken Wert darauf gelegt, die Anliegen von Forst, Naturschutz und Grundeigentümern gleichermaßen zu berücksichtigen.
Es gibt heute im Naturpark Südschwarzwald bereits über 8500 km gut ausgeschilderte Wanderwege, ca. 3000 km beschilderte Mountainbikerouten und über 1300 km Nordic-Walking-Strecken.
Im Winter hat der Südschwarzwald seine ganz eigene Faszination. Hoch über dem Wolkenmeer enthüllen sich oft ungeahnte Ausblicke auf die Schwarzwaldhöhen und das Alpenpanorama vom Mont Blanc bis zur Zugspitze.
Dick verschneite Landschaften laden auf über 1.200 km ein, die verwunschene Winterwelt im Schwarzwald beim Langlaufen oder beim Schneeschuhwandern kennen zu erleben.

✪ **Der Naturpark - Schutz durch nachhaltiges Nutzen** - Naturparke zeichnen sich überwiegend durch ihre Vielfalt, Eigenart und Schönheit von Natur und Landschaft aus. Die Funktion eines Naturparks besteht nicht nur darin, die Strukturen eines großflächigen Gebietes zu schützen, sondern auch, diese sinnvoll weiterzuentwickeln. Anstatt strenge Verhaltensregeln und Gebote aufzustellen, möchte der Naturpark eine nachhaltige Entwicklung durch einen internen Ausgleich der Interessen vorantreiben.
Die reiche und intakte Natur- und Kulturlandschaft, das gesunde Mittelgebirgsklima sowie die kulturelle und biologische Vielfalt machen den Naturpark Südschwarzwald zu einem Lebens- und Erlebnisraum mit einzigartigen Qualitäten. Gemeinsam gilt es diese Landschaft für die hier lebenden Menschen, ihre nachfolgenden Generationen sowie für die Gäste der Region als vorbildliche Erholungslandschaft zu erhalten und weiter zu entwickeln. Ziel des Naturparks Südschwarzwald ist es auch, wertvolle Lebensräume für die typischen und seltenen Pflanzen- und Tierarten nachhaltig zu erhalten und zu pflegen. Zahlreiche Schutzgebiete helfen, diese Schönheiten zu bewahren. Es wurde erkannt, dass der Schutz der Natur unerlässlich ist, soll Erholung in hoher Qualität auch künftig gewährleistet werden.

Ganz gezielt fördert der Naturpark Südschwarzwald daher Projekte, die diesen Zielen dienen. Hierzu stehen Fördermittel der Europäischen Union, der Lotterie Glücksspirale sowie des Vereins Naturpark Südschwarzwald e.V. zur Verfügung.

✪ **Das Haus der Natur - Zentrum des Naturschutzes auf dem Feldberg** - Das größte und jüngste Naturschutzzentrum von Baden-Württemberg wurde im Dezember 2001 als gemeinsamer Sitz der Stiftung Naturschutzzentrum Südschwarzwald und der Geschäftsstelle des Naturparks Südschwarzwald e.V. eröffnet. In einer spannenden Ausstellung werden Besucher für die Schönheit, Einzigartigkeit und Schutzwürdigkeit der traditionellen Kulturlandschaft begeistert und sensibilisiert. Besonders für Familien mit Kindern gibt es hier viel zu entdecken.

Wälder - Wiesen - Weiden - Machen Lust auf Erholung!
Schauen Sie mal bei uns vorbei!

Weitere Infos unter: www.naturpark-suedschwarzwald.de

Häg-Ehrsberg und Belchen

Das Haus der Natur auf dem Feldberg

Anfahrt - B 31 von Freiburg bzw. Geisingen bis Titisee - B 317 - nach dem Caritas-Haus halb rechts aufwärts zum P. - Aus Richtung Freiburg bzw. Donaueschingen mit der Höllental- bzw. Dreiseenbahn über Titisee bis Bärental. Dann mit dem SBG-Bus 7300 bis Haltestelle »Feldberger Hof«, gegenüber vom Haus der Natur. Infos: Tel. 01805/779966 oder im Internet unter www. suedbadenbus.de, www.rvf.de, www.efa-bw.de und www.bahn.de.
Parken - Gebührenpflichtiger P vor dem »Haus der Natur«.

✪ **Das Haus der Natur** - Das größte und jüngste Naturschutzzentrum von Baden-Württemberg wurde im Dezember 2001 als gemeinsamer Sitz der Stiftung Naturschutzzentrum Südschwarzwald und der Geschäftsstelle des Naturparks Südschwarzwald e. V. eröffnet. Die Dauerausstellung zeigt die Entstehung der Landschaft des Südschwarzwaldes und ihre Veränderung von der Natur- zur Kulturlandschaft unter dem Einfluss des Menschen. Die Besucher sollen für die Schönheit, Einzigartigkeit und Schutzwürdigkeit der traditionellen Kulturlandschaft sensibilisiert werden. Die 3-D-Show lässt den »Feldberg und Naturpark in einer neuen Dimension« erleben. Faszinierende Stereobilder zeigen das NSG Feldberg und den Naturpark Südschwarzwald in wunderschönen Aufnahmen. Wechselausstellungen zu unterschiedlichsten Themen runden die Präsentation ab. Im umfangreichen Jahresprogramm finden sich nicht nur »Natur«-Veranstaltungen, Vorträge, Wanderungen und Führungen mit Ranger oder Förster, sondern auch Kunst und Musik, Kabarett und Kultur, traditionelles Handwerk, Feste und Märkte. Kleine Besucher können das Junior-Ranger-Abzeichen und im Winter das Trapper-Abzeichen erwerben. Vor dem Haus der Natur werden die wichtigsten Gesteine des Schwarzwaldes präsentiert. Vom uralten Gneis bis zum »jungen« Gletschergeschiebe gibt es detaillierte Angaben über deren Fundort, Entstehung und Verwendung. Hinter dem Haus liegt der wunderschön gestaltete und gepflegte Feldberggarten. Entlang eines rollstuhltauglichen Rundwegs findet man die Erläuterungen zu Lebensräumen, Tieren und Pflanzen am Feldberg. Termine für Führungen und Exkursionen im Programmheft oder unter www.naturschutzzentren-bw.de.
✪ **Öffnungszeiten** - Di. bis So. 10-17 Uhr, vom 11.6.-25.7. und in den Schulferien in Baden-Württemberg täglich. Am 25.12. geschlossen.
✪ **Weitere Informationen** - Haus der Natur, Dr.-Pilet-Spur 4, 79868 Feldberg, Tel. 07676/9336-30, Fax: 07676/9336-33, E-Mail: naturschutzzentrum@naz-ssw.bwl.de - Im Haus befindet sich auch eine Zweigstelle der Tourist-Information i der Gemeinde Feldberg. Tel. 07676/ 9336-66.

Blick zum Feldberg

Haus der Natur, Feldberg

TOUR
01

Sasbach - Leiselheim - Jechtingen - Sasbach

13½ km

4 Stdn.

Charakteristik - Ein Rundweg - zugleich geschichtlicher Rundweg von Leiselheim - durch die drei Teilorte der Gesamtgemeinde Sasbach zum begeisterten Schauen, zum Lernen und zum Wein genießen.
Anfahrt - A 5 bis Riegel, L 117 bis Sasbach. - Bahnhof der Kaiserstuhlbahn. - Busverbindungen von Freiburg, Emmendingen und Breisach.
Parken - Großer öffentlicher P bei der Limburghalle.

Sasbach am Kaiserstuhl - Der hübsche Wein- und (früher) Fischerort wurde im Jahre 839 erstmals genannt und geht vermutlich auf die Zeit der Römer zurück, die auf dem nahen Limberg ein Kastell errichtet hatten. Später bauten die Zähringer hier die Befestigung »Limburg«, auf der 1214 Kaiser Rudolf von Habsburg geboren wurde. Die heutigen Reste der Burg lassen ihre einstige Bedeutung erkennen. Sehenswert ist auch die Pfarrkirche; ihr Chorturm ist noch romanisch, der übrige Bau und die Innenausstattung barock.
Der Rundweg - Vom P bei der Limburghalle auf der Zollstraße, über die L 104 und auf der Weinstraße bis über die Bahnlinie. Dort Wegweiser, Markierung [Rote Traube mit Blättern = Rundweg der Gemeinde Sasbach] und [Gelbe Raute]. Auf dem Teersträßchen durch Obstanlagen nach Leiselheim.
Leiselheim - Das malerische Winzerdorf mit nur ca. 400 Einwohnern ist der kleinste und jüngste Sasbacher Ortsteil. Drei ortsgeschichtliche Wanderwege mit vielen Informationstafeln führen zu historischen Gebäuden, zu alten Grenzsteinen und erinnern an den 1737 hier geborenen Flugpionier Carl Friedrich Meerwein. Auf der Gemarkung Leiselheim fand man Spuren der Band- und Schnurkeramiker und der Michelsberger Kultur (Jungsteinzeit). Nach dem Aussterben der Üsenberger kam Leiselheim an die Markgrafen von Hachberg bzw. Baden und wurde so evangelisch.
Fortsetzung Rundweg - Durch die Scheuernbergstraße kommt man zum Ortsmittelpunkt am Stockbrunnen, einem Vierröhrenbrunnen von 1607. Die Inschrift » Wer sich z' Lissele will ernähre...« erinnert an das entbehrungsreiche Leben der Leiselheimer Winzer. Sehenswert ist die Kirche mit gotischem Chor und barockem Langhaus sowie der Orgel von 1789. Beim Stockbrunnen, Wegweiser, mit den bisherigen Markierungen, außerdem [Kirschbaumpfad], die Scherchstraße aufwärts in die Reblage Hermannsberg. Herrlicher Blick über Rheinebene und Vogesen. Im Wald eben weiter auf einem Lössweg, die dortigen Höhlen dienten als Zuflucht im Zwei-

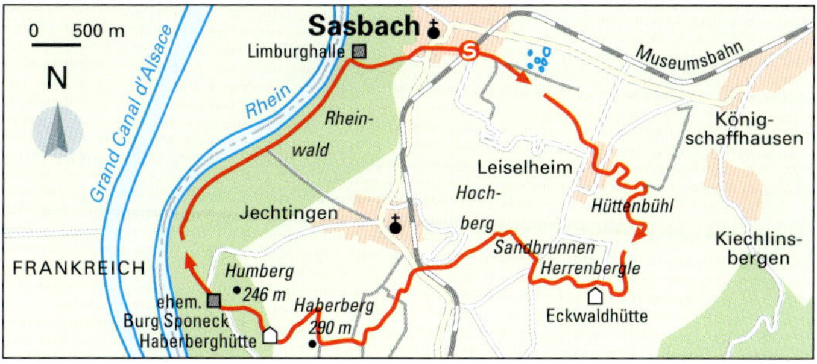

ten Weltkrieg. Aus dem Wald zum Wegweiser [Hüttenbühl], dort links (auch Bienenfresserpfad) wieder im Wald aufwärts. Bei schönem Blick vom Waldrand auf die Nachbarorte Kiechlinsbergen und Königschaffhausen rechts ab (!) zur Eckwaldhütte (Rast- und Grillplatz). An der Hütte links abwärts, Wegweiser [Bischoffinger Weg]. Hier kann man zurück nach Leiselheim und über die Reblage Gestühl nach Sasbach abkürzen. Weiter durch die Reblage Herrenbergle abwärts, über die L 113 in die Reben vom Sandbrunnen, Wegweiser. Erneute Abkürzung nach Leiselheim möglich. Am Fuße des Hochberges weiter nach Jechtingen.

✪ Jechtingen - Funde aus der Jungsteinzeit belegen die lange Geschichte des Weinortes, der ebenso wie Leiselheim Teil des alten Reichsfiskus Sasbach war. Fachwerkhäuser aus dem 17. bis 19. Jh. prägen das Ortsbild. Das wohl meist fotografierte Gebäude ist die Galerie des Künstlers Albert Schneider (»Alberto«) mit ihrer bunten Fassade. Als Wahrzeichen Jechtingens gilt die Burg Sponeck, neben der Ausgrabungen eines Römerkastells zu sehen sind.

➡ Fortsetzung Rundweg - In Jechtingen am südlichen Ortseingang links über die L 104 auf die Weinstraße, an der Winzergenossenschaft vorbei durch das Linsental auf den Haberberg. Die Markierungen [Rote Traube] und [Gelbe Raute] gelten wie bisher. Am Waldrand trifft man auf die Gemarkungsgrenze zu Burkheim (Feldkreuz mit Ruhebank). Beim Wegweiser [Am Haberberg] rechts in den Wald bis zur Haberberghütte, Wegweiser. Danach geradeaus in den Rebberg, schöner Blick über Jechtingen zum Limberg. Hier Abkürzung zurück nach Jechtingen (Markierung [Grüne Traube]) möglich. Links abwärts weiter bis zum Wegweiser [Habersattel]. Großartiger Blick in Richtung Vogesen. Dort rechts weiter und in den Wald bei Wegweiser [Wegkreuz Ehrlacher], von hier ab auch Wiedehopfpfad. Das Kreuz selbst steht 20 m weiter im Wald. Über den Humberg, Wegweiser, abwärts zur Ruine Sponeck: Am Standort eines römischen Grenzkastells aus dem 4. Jh. v. Chr. ließ Rudolf von Habsburg um 1285 die Burg erbauen. Von 1333 bis 1806 befand sich die Anlage im Besitz von Mömpelgard/Württemberg und verfiel seit dem 17. Jh. 1807 gelangte das gesamte Schlossgut an das Großherzogtum Baden und wurde 1856 Privatbesitz. Im Jahr 1917 erwarb der Maler Hans Adolf Bühler die Burg und ließ 1930 den Turm als Atelier wieder aufbauen. Eine Besichtigung ist nicht möglich. Von der Ruine in die Rheinebene hinunter. Beim Wegweiser auf dem Rheinauenweg (zusätzliche Markierung) links ab und durch den Auenwald zum Rhein. Am Rhein entlang in nördlicher Richtung bis zum Gebäude des Segel- und Rudervereins. Dort rechts auf der Straße Dorfinsel zurück zum P bei der Limburghalle.

TOUR
02

Sasbach - Wissenschaftlicher Lehrpfad

6½ km

2 Stdn.

Charakteristik - Wunderschöner Rundweg mit prächtigen Ausblicken über Rheintal, Vogesen und Kaiserstuhl. Der 1977 angelegte Lehrpfad bietet einzigartige naturkundliche und geschichtliche Zeugnisse aus Geologie und Mineralogie, Allgemein- und Flussgeschichte, Naturschutz und Landschaftspflege, Forstwirtschaft, Obst- und Weinbau, Rheinbau und Wasserwirtschaft sowie Landeskunde. Die ursprünglich über 100 Lehrtafeln wurden durch große und farbige naturkundliche Bildtafeln ergänzt. Eine umfangreiche Broschüre ist für 7,50 € beim Bürgermeisteramt erhältlich.
Anfahrt - wie S. 20..
Parken - Großer öffentlicher P am Rhein (gegenüber Gasthaus »Zur Limburg«).

Der Rundweg - Auf der Landstraße 50 m links, rechts den Serpentinenpfad auf Stufen hoch, Wegweiser gegenüber. Tafel 1. Markierung [Schwarzer Löwe auf Gelb] (das Gemeindewappen) und [Gelbe Raute], anfangs auch Wiedehopfpfad. Bitte beachten (!): Naturschutzgebiet und Absturzgefahr, besonders an den Rändern der Steinbrüche. Beim Wegweiser [Limburg - Graben] links in den

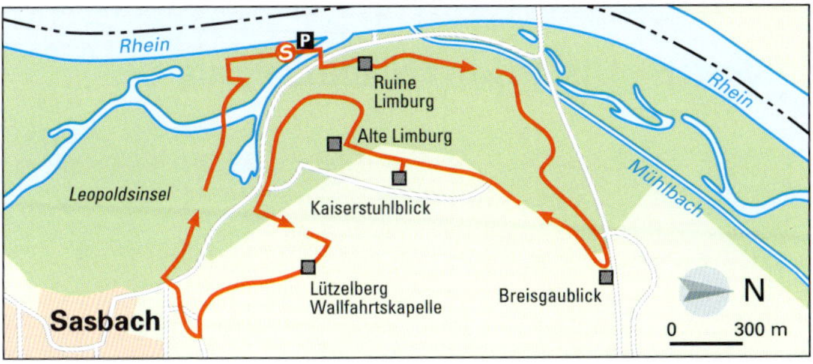

Innenhof der Ruine Limburg. Belegt ist, dass Berthold I. von Zähringen 1078 die Limburg bewohnte, urkundlich erwähnt wurde die Anlage 1215 unter den Grafen von Habsburg. 1701 wurde die Burg als Ruine bezeichnet. Lohnender Abstecher hinauf zum Kreuz mit Ausblick über den Rhein. Durch den Torbogen steil abwärts in den Burggraben, am Wegweiser [Steinbruch-Nord] links abwärts, an Westwall-Bunker vorbei. An der Gabelung rechts aufwärts. Rechts in den Steinbruch mit Infotafel zur Geologie. Weiter aufwärts bis zum Waldrand, Wegweiser [Keltenwall]. Abstecher links bis zum AP Breisgaublick mit Orientierungstafel, etwa 100 m. Zurück zum Waldrand, Info über keltische Stadt und Wall. Auf ebenem Fahrweg durch das Rebgelände. Nach der Info-Tafel über das Römische Kastell Stichweg rechts zum AP Vogesenblick. Zurück auf den Fahrweg. Nach der Info-Tafel »Mittelalterliche Vorburg« links zum AP Kaiserstuhlblick. Vor der Kulisse des Schwarzwaldes und seiner Vorbergzone sieht man den Kaiserstuhl und im Vordergrund links den Lützelberg mit der Wallfahrtskapelle und Sasbach, sowie rechter Hand die Auhöhe des Eichert, die Rheinauen und den mächtigen Steinbruch VII. Großartige Aussicht mit ausführlichen Erläuterungen. Tafel »Steinzeitdorf«, Rastplatz, Pavillon. Weiter zu den Mauerresten der frühmittelalterlichen Alten Limburg über Steinbruch VII (fränkisch, 6.-8. Jh., Rundturm 10. Jh.). Absturzgefahr **(!)**. Rechts abwärts auf schmalem Pfad, Schützengräben des Zweiten Weltkrieges. Vorsicht **(!)** am Rande des Steinbruchs VII. Auf breiterem Weg abwärts, links in den ziemlich zugewachsenen Steinbruch VII mit geologischen Erläuterungen. Beim Wegweiser [Steinbruch-Süd] links weiter abwärts (jetzt wieder auch Wiedehopfpfad), entlang der L 117. Abzweigung auf Teerweg links aufwärts durch den Weinberg am Lützelberg in Richtung Lützelbergkapelle, Markierung [Schwarzer Löwe auf Gelb] und [Gelbe Raute]. Schmaler Pfad rechts aufwärts bis zur barocken Wallfahrtskapelle. Nach deren Besuch rechts abwärts auf dem Stationenweg in das Neubaugebiet. Straße Im Weingarten links, Limburgstraße rechts. Über die L 117, Brücke über den Altrheinarm in den Rheinauewald, rechts, an der Kläranlage vorbei, über den Hochwasserdamm, links zum Rhein, rechts 200 m auf dem Uferweg, dann durch eine Furt über den Altrhein zurück zum P.

TOUR
03

1½ Stdn.

Endingen - Historischer Stadtrundgang

Anfahrt - A 5 Karlsruhe - Basel, Ausfahrt Riegel. - Bahnstation Endingen an der Kaiserstuhlbahn.
Parken - Zahlreiche beschilderte P.

Endingen - Mit den Winzerdörfern Amoltern, Kiechlinsbergen und Königschaffhausen ist Endingen eine der größten Weinbaugemeinden in Baden. Über 1000 Kirschbäume verwandeln die Umgebung von Amoltern im Frühjahr in ein Blütenmeer. Kiechlinsbergen beeindruckt mit dem spätbarocken Klosterbau (1778 nach Plänen von Peter Thumb erbaut), der Bergkirche St. Petronilla mit Barockaltären aus dem Kloster Tennenbach und einer fränkischen Hofanlage von 1544. Königschaffhausen wird geprägt vom Wein- und Kirschenanbau, dem sich auch das Kirschenmuseum widmet.
Aus der Geschichte - Die alemannische Siedlung des 6. Jh. wurde erstmals 862 urkundlich erwähnt. Die Stadtgründung erfolgte 1285/86 durch die Herren von Üsenberg. Nach deren Aussterben kam Endingen 1379 unter die Landesherrschaft der Habsburger, nach dem Untergang des Heiligen Römischen Reiches Deutscher Nation 1805 zum neu gegründeten Großherzogtum Baden.
Der Rundgang - 1) Marktplatz mit Rathaus, 1617 als Kornhaus mit spätgotischen und Renaissance-Stilelementen erbaut; der Staffelgiebel wird vom »Laubenmännle« gekrönt. - 2) Altes Rathaus (1527). Kostbare, gläserne Standesscheiben von 1528/29 im Bürgersaal. Seit 1973 Kaiserstühler Heimatmuseum zu Themen wie Brauchtum, Handwerk, sakrale Kunst, Weinbau etc. - 3) Haus Krebs (Neues Rathaus). Einer der schönsten Barockbauten Endingens mit wuchtigem Portal und kunstgeschmiedetem Balkongeländer, 1775 erbaut, als Apotheke, Rechtsanwaltskanzlei und Schuhfabrik genutzt, seit 1936 Rathaus (Stadtkämmerei). - 4) Tennenbacher Klosterhof. Spätgotisches Wohnhaus mit Staffelgiebel, um 1555 vom Kloster Tennenbach erbaut. - 5) Lederfabrik Loesch. Bau 1847, seit der Stilllegung Raum für Kulturveranstaltungen. - 6) Wallfahrtskirche St. Martin. Nach Abriss der mittelalterlichen Kirche 1846 Bau des heutigen Gotteshauses. Zwei Glocken des 13. Jh., Sakramentshäuschen von 1471. Wallfahrt zur »Weinenden Muttergottes« in der Nacht vor Christi Himmelfahrt. - 7) Stadtpfarrkirche St. Peter. Erste Erwähnung 1256, heutiger Bau im Stil des Barock und Klassizismus von 1773-75. Altar- und Deckengemälde von Johann Pfunner. Stiefel-Orgel von 1779. - 8) Ev. Kirche (1908). - 9) Üsenberger Hof. Zweistöckiges Fachwerkhaus mit spätgotischen Fresken (1495), heute Vorderösterreich-Museum und Kaiserstühler Verkehrsbüro i. - 10) Käserei Risch. 1901 erbaut, seit 1997 Käserei-Museum mit über 200 Exponaten aus dem 19. und 20. Jh. und einer modernen Hof-

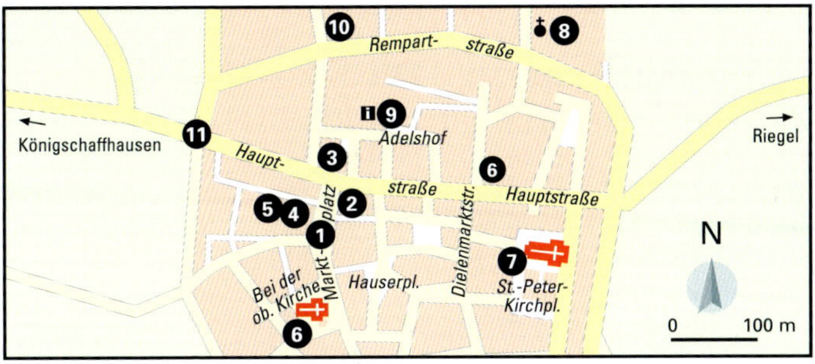

und Hauskäserei. - 11) Stadttor und Stadtmauer. Nach Erhalt des Stadtrechts 1285/86 baute man die Stadtmauer. Von den vier Stadttoren ist nur noch das Königschaffhauser Tor (erstmals 1319 erwähnt, 1581 in der heutigen Form ausgebaut) erhalten. Ehemaliges Stadtgefängnis, heute Zunft- und Museumsraum der Narrenzunft. **Weitere Sehenswürdigkeiten** - Mit den Brunnen ist das Brauchtum eng verbunden. Der älteste Weihnachtsbrauch, das »Heiliwog-Holen«, findet an den öffentlichen Brunnen statt. Der »Jokili« entsteigt an Fastnacht dem Ratsbrunnen. - Die St. Katharinenkapelle wurde 1402 erstmals erwähnt und 1862 neu aufgebaut und ist ein beliebtes Ausflugs- und Wallfahrtsziel. Mit 492 m ist der Katharinenberg der höchste Punkt auf Endinger Gemarkung.

Kaiserstuhl-Tuniberg - Die Sonnenterrasse zwischen Schwarzwald und Rhein

Wie Inseln tauchen die Weinberge von Kaiserstuhl und Tuniberg aus der Oberrheinebene zwischen Schwarzwald und Vogesen auf. Sie sind vulkanischen Ursprungs und gehören zu den sonnenreichsten und wärmsten Regionen Deutschlands. Die höchste Erhebung ist der Totenkopf mit 557 m ü. M. Die einzigartige Natur, die berühmten Weine und die hervorragende regionale Küche sind ihre Aushängeschilder. Auf über 400 km Wanderwegen und neuen Themenpfaden kann man die einzigartige Kulturlandschaft, seltene Tier- und Pflanzenarten und heimelige Weindörfer entdecken.

✪ **Geologie und Klima** - Nach der Auffaltung der Alpen und dem Einbruch des Oberrheingrabens schoben vor ca. 13-18 Mio. Jahren vulkanische Eruptionen aus dem Grund dieses Grabens ein Gebirge hoch, das später teilweise wieder abgetragen und von gewaltigen Stürmen mit Löss bedeckt wurde, einem eiszeitlichen Verwitterungsstaub - der heutige Kaiserstuhl war entstanden. Zwischen 1950 und 1984 erfolgte eine umfangreiche Umgestaltung zu größeren, durch Wege erschlossenen Terrassen. Südlich davon liegt der flache Bergrücken des Tunibergs. Das milde, fast mediterrane Klima, zusammen mit den fruchtbaren Lössböden und Wärme spei-

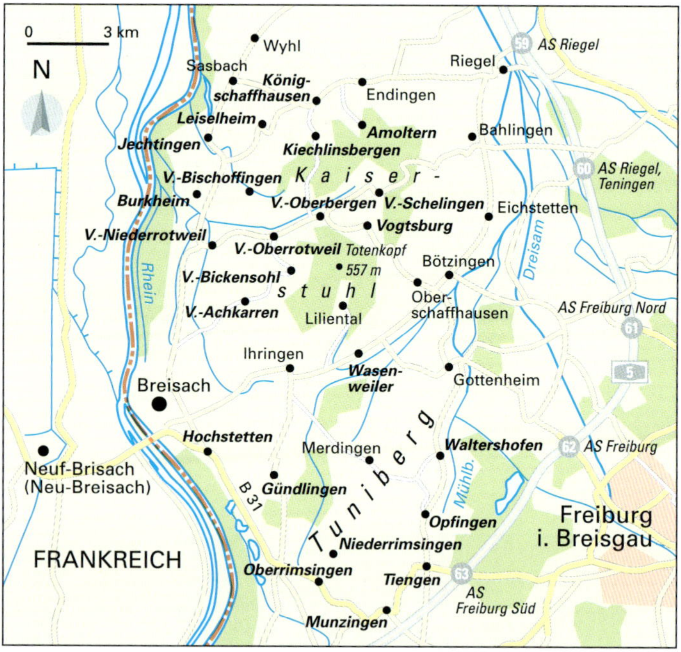

cherndem Vulkangestein, bietet ideale Voraussetzungen für den Weinbau. Darüber hinaus findet man hier außergewöhnliche Gesteinsarten und eine seltene Tier- und Pflanzenwelt.

Weinbau - Sowohl am Kaiserstuhl als auch am Tuniberg führten die Römer den Weinbau ein, die ersten urkundlichen Erwähnungen stammen aus den Jahren 769 bzw. 888 n. Chr. Der Kaiserstuhl ist mit 4177 ha Rebfläche das größte der neun badischen Weinanbaugebiete, dazu kommen 1077 ha am Tuniberg. In beiden Gebieten dominieren die Burgundertrauben. 77% der Gesamtfläche werden von genossenschaftlich organisierten Winzern bewirtschaftet.

TOUR 04

Bahlingen - Endingen - Riegel - Bahlingen

13 km

3½ Stdn.

Charakteristik - Attraktiver Rundweg durch das Weinbaugebiet des nördlichen Kaiserstuhles mit schönen Aussichten und mäßigen Steigungen. Im Sommer wird es auf dem sonnig gelegenen Weg sehr heiß.
Anfahrt - A 5 bis Riegel, dann L 116. - Von Freiburg A 5 bis Teningen, dann K 5140. - Kaiserstuhlbahn von Freiburg. - Busverbindungen, u. a. von Freiburg und Emmendingen.
Parken - P für Gäste beim Landgasthof Zum Lamm, sonst öffentlicher P beim Rathaus oder großer P bei der Festhalle.

Bahlingen (180-460 m) - Das idyllische Winzerdorf am Ostrand des Kaiserstuhls wurde 762 erstmals erwähnt. In der Lage »Silberberg« werden 280 ha Reben angepflanzt. Die Bergkirche von 1454 besitzt ein spätgotisches Kruzifix und moderne Fenster. Viele liebevoll restaurierte Winzerhäuser sowie über 20 interessante Steinskulpturen sind im Dorfkern zu sehen.

Der Rundweg - Vom Landgasthof Zum Lamm bis zum Rathaus. Die Webergasse aufwärts, links an der Schule und Festhalle vorbei. Rechts die Hohlgasse aufwärts. Wegweiserstandort Hohleimen-Höhe (229 m), links auf Markierung [Gelbe Raute] und [Blaue Traube = Winzerpfad] in Richtung Leimen. Nach 600 m Wegweiser [Leimen], dort rechts auf dem Katharinenpfad Richtung Habstalhütte. Oberhalb des Silberbrunnens (Tafel: Sage vom Silberbrunnen) in wechselnder Richtung bis zur Habstalhütte. Grillplatz, Orientierungstafel, schöne Aussicht auf die Vorbergzone und den Schwarzwald. Von der Hütte auf zahlreichen Stufen in den Wald hinauf. Auf dem breiten Waldweg (Waldlehrpfad) rechts in Richtung Endingen, Markierung weiterhin [Gelbe Raute]. Am Waldrand links, asphaltierte Straße überqueren (!), im Hohlweg aufwärts, dann Zickzack

abwärts wieder bis zur befestigten Straße. Am Weinbau-Denkmal vorbei - hier kann man nach Riegel oder zurück nach Bahlingen abkürzen - bis zur Festhalle in Endingen. Eine Stadtbesichtigung ist höchst empfehlenswert (S. 24). An der Festhalle der Markierung [Gelbe Raute] und Kirschbaumpfad nach Osten in Richtung Riegel folgen. Der Weg führt durch mehrere sehr schöne Löss-Hohlwege. Auf dem Engelberg (schöne Aussicht) Wegweiser, Abkürzung nach Bahlingen möglich. Am Standort einer ehemaligen Marienkapelle vorbei nach Riegel. Dort sind das Mithrasheiligtum u. a. aus der Römerzeit und der Aufstieg zur Michaelskapelle (toller Rundblick) lohnenswert. In Riegel beim originellen Denkmal »Mutter Erde« auf dem Steinkauzpfad (Themenpfad), Markierung [Gelbe Raute], über die Reblagen Silberberg und Eck zurück nach Bahlingen. Dort an der sehenswerten Bergkirche vorbei, auf der Kirchentreppe zur abschließenden Einkehr im

Landgasthof Zum Lamm - Der seit 1775 bestehende Betrieb ist seit über 100 Jahren in Familienbesitz. In einer gemütlichen Atmosphäre serviert man exzellente Gerichte aus der regionalen Küche. Im »Kulinarischen Kalender« stehen wechselnde Spezialitäten der Saison, u. a. Wild, Fisch, Spargel, Pfifferlinge etc. Regelmäßig kann man beim Sonntagsbrunch schlemmen. Zünftige Vesper. Eigene Metzgerei. Erlesene Bahlinger Weine. Die stilvollen Gästezimmer verfügen über zeitgemäßen Komfort mit TV, Internetzugang, Balkon. - Ruhetag = So. abends.

Die Themenpfade am Kaiserstuhl-Tuniberg

Seit 2007 besteht am Kaiserstuhl ein in Deutschland einmaliges, in sich konsistentes Netz an regionalen Themenpfaden. Acht Themenachsen erschließen den Kaiserstuhl von Süden nach Norden und von Westen nach Osten und führen den Wanderer zu Smaragdeidechsen, wilden Orchideen, Lösshohlgassen, seltenen Vogelarten und vielen weiteren, teilweise in Deutschland einzigartigen Naturschätzen. Ergänzt werden die Themenpfade durch lokale Themenrundwege in den einzelnen Orten, die ebenfalls unter ein naturorientiertes Motto gestellt sind. Eingangsportale an den Einstiegen informieren die Wanderer über den Verlauf und die Besonderheiten des Weges. Durch die Themenwege entstand ein weitläufiges und im gesamten Kaiserstuhl einheitlich markiertes Wandersystem mit insgesamt 422 km, das mit dem Wegenetz des Schwarzwaldvereins abgestimmt und verknüpft wurde und dem Wanderer viele Kombinationsmöglichkeiten eröffnet. Der Querweg »Schwarzwald-Kaiserstuhl-Rhein« und der Rheinauenweg sowie viele lokale Wanderwege verbinden schließlich den Kaiserstuhl-Tuniberg mit umliegenden Wanderzielen und dem Schwarzwald. Eine ausführliche Broschüre mit Wanderkarte und Hinweisen zu Kombinationsmöglichkeiten mit anderen Themenpfaden und lokalen Themenwegen ist bei allen Tourist-Informationen der Region erhältlich.

Die acht Themenachsen

➡ **Neunlindenpfad:** Ihringen - Totenkopf (Neunlindenturm) - Eichelspitzturm - Katharinenkapelle - Endingen - knapp 17 km - ca. 4 Stunden.

➡ **Katharinenpfad:** Vogtsburg-Oberrotweil - Kiechlinsberger Eck - Katharinenkapelle - Bahlingen - knapp 13 km - ca. 3 Stunden.

➡ **Steinkauzpfad:** Ihringen-Wasenweiler - Bötzingen - Eichstetten - Bahlingen - Riegel - knapp 18 km - ca. 4 ½ Stunden.

➡ **Badbergpfad:** Vogtsburg-Oberrotweil - Vogtsburg-Oberbergen - Eichstetten - Teningen-Nimburg - knapp 15 km - ca. 4 Stunden.

➡ **Wiedehopfpfad:** Breisach - Vogtsburg-Achkarren - Vogtsburg-Oberrotweil - Vogtsburg-Burkheim - Sponeck - Sasbach-Jechtingen - Sasbach - Limberg - knapp 30 km - ca. 8 Stunden (ggf. 2 Tagesetappen).

➡ **Kirschbaumpfad:** Sasbach - Sasbach-Leiselheim - Endingen-Kiechlinsbergen - Endingen-Amoltern - Endingen - Riegel - 21 km - ca. 5 ½ Stunden.

➡ **Bienenfresserpfad:** Ihringen - Vogtsburg-Bickensohl - Vogtsburg-Oberrotweil - Vogtsburg-Bischoffingen - Endingen-Königschaffhausen - knapp 16 km - ca. 4 Stunden.

➡ **Knabenkrautpfad:** Breisach - Hochbuck - Ihringen - Liliental - Vogelsangpass - Bötzingen - 21 km - ca. 5 ½ Stunden.

TOUR
05

Eichstetten - Geopfad

9,4 km

3 Stdn.

Charakteristik - Der Geopfad ist der schönste von sieben Themenwegen auf der Gemarkung Eichstetten und führt durch ausgedehnte Rebterrassen in den Wald und auf die Eichelspitze, von der ein 2006 errichteter Aussichtsturm einen großartigen Rundblick bietet. Der Rundweg auf größtenteils ungeteerten Wegen ist ausgezeichnet markiert mit der [Blauen Glockenblume] und streckenweise zusätzlich mit der [Gelben Raute]. Bis zur Eichelspitze erläutern 13 kleinere Tafeln die Geologie und andere naturkundliche Themen. Zwischen Tafel 11 und 12 ist ein steiler Anstieg auf die Eichelspitze zu bewältigen, sonst verläuft der Weg mäßig steil und eben. Der 2½ km lange Rückweg ist ebenfalls markiert, bietet jedoch keine Erläuterungen.
Anfahrt - A 5 bis Teningen - L 114 über Nimburg oder A 5 bis Freiburg-Nord - Landstraße über Hugstetten. - Haltestelle Kaiserstuhlbahn. - Busse von Bahlingen, Riegel, Endingen, Sasbach.
Parken - Gäste-P beim Gasthaus Zum Ochsen. Öffentliche P im Altweg oder beim Samengarten.

Eichstetten (189 m) - Malerisch am Kaiserstuhl-Osthang gelegener Ort mit Weinbau und Gemüseanbau. Schöne alte Fachwerkhäuser, Rathaus und Brücke aus dem 18. Jh. Dorfmuseum mit jährlich wechselnden Ausstellungen und entsprechenden Thementagen.
Der Rundweg - Vom Gasthaus Zum Ochsen in den Altweg. Auf diesem bis zum Samengarten der Stiftung »Kaiserstühler Gärten«. Der Samengarten dient der Erhaltung und Züchtung alter, selten gewordener Gemüsesorten. Dort beginnt 100 m links der Geopfad an einer großen Info-Tafel. Der Geopfad führt zunächst über die Asphaltstraße, dann bald links an einer Weinbergsböschung entlang (Lössstollen) in das Rusental, Wegweiser. Dort geht der Badbergpfad rechts ab, der Geopfad in einer Schlinge zurück; dann nach der Kreuzung mit dem Fahrweg wieder links aufwärts zu einem wundervollen Blick über den Ort und die Breisgauer Bucht zum Schwarzwald, Hütte und Orientierungstafel. An der Hütte rechts hoch bis an den Wald, Abstecher links in den Steinbruch. Danach auf Asphaltweg links, beim Wegweiser [Überm Pfaffental] links aufwärts in Richtung Eichelspitze (Mauerreste eines röm. Gutshofes 300 m östlich). Am Waldrand rechts und dann links aufwärts in den Wald, Wegweiser [Rütte]. Breiter Waldweg, an der Tafel Rüttefelsen kleiner Abstecher auf Treppe. Links die Tannenlochhütte, rechts aufwärts zur Robert-Meier-Hütte (436 m), Rastplatz, Blick zu den Badbergen. Kurz vorher links aufwärts zur Eichelspitze, davon

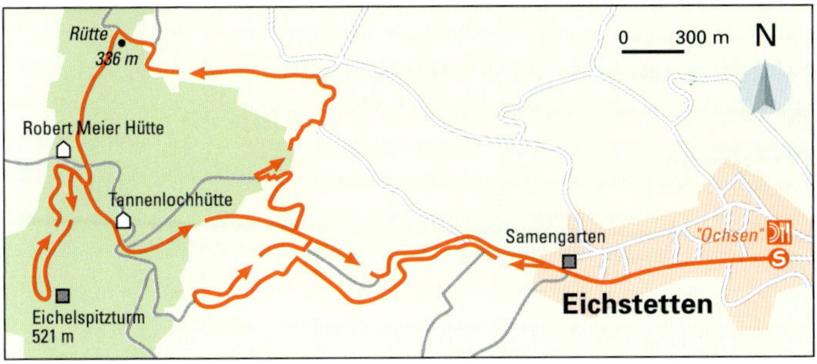

600 m auf steilem, 800 m auf bequemem Weg. Auf der Eichelspitze (521 m) AT mit 143 Stufen, 42,50 m hoch, Aussichtsplattform in 28 m Höhe. Reste einer Einsiedelei (»Bruderhäusle«). Herrlicher Rundblick über Kaiserstuhl, Breisgauer Bucht, Schwarzwald und Vogesen, bei guter Sicht bis zum Straßburger Münster, zur Hornisgrinde und dem Schweizer Jura. Zurück zur Tannenlochhütte und zum Besucher-P Eichelspitzturm, ziemlich gerade auf Asphaltsträßchen abwärts zum P beim Samengarten oder weiter in den Ort und zur gemütlichen Einkehr im Gasthaus Zum Ochsen.

Gasthaus Zum Ochsen - Traditionsreiches, liebevoll restauriertes Haus mit Gartenwirtschaft im schönen Innenhof. In den Gasträumen im altdeutschen Stil serviert man exzellente Gerichte der feinen badischen Küche, frisch nach Saisonangebot zubereitet. Vesper. Köstliche Weine vom Eichstettener Lerchenberg und Herrenbuck. Mittlere Preise. - Ruhetag = Mo. ganztägig, Di. bis 17.30 Uhr.

Weitere Themenwege auf Eichstettener Gemarkung:

➡ **Eisvogelweg** an der Dreisam zum Nimburger Bahnhof (2 km).
➡ **Südweg** durch das nicht flurbereinigte Gebiet an der Grenze zur Bötzinger Gemarkung (8,5 km).
➡ **Nordweg** über flurbereinigte Flächen am Hättlinsberg (6 km).
➡ **Eichelspitzturmweg** (5,9 km).
➡ **Steinkauzpfad** (s. S. 29).
➡ **Badbergpfad** (s. S. 29).

TOUR
06

Niederrotweil - NSG Büchsenberg - Achkarrer Schlossberg - St. Pantaleon - Niederrotweil

7 km

2 ½ Stdn.

320 m

Charakteristik - Eindrucksvoller Rundweg mit zwei sehenswerten Kirchen und drei Naturschutzgebieten. Weite Rebflächen.
Anfahrt - A 5 bis Riegel, L 117, 113 über Endingen. - Von Freiburg-Süd A 5 bis Bad Krozingen, B 31 Richtung Breisach, L 113. - Kaiserstuhlbahn über Breisach oder Endingen, Bus von Bötzingen.
Parken - Großer Gäste-P beim Gasthaus Kaiserstuhl.

Gasthaus Kaiserstuhl - Weithin bekanntes Haus mit sehr komfortablen Gästezimmern. In der gemütlichen Gaststube oder in der Weinlaube kann man sich mit köstlichen Gerichten aus einer sehr ambitionierten Küche verwöhnen lassen. Regionale Speisekarte. Zubereitung mit Kräutern aus dem eigenen Garten. 118 Weinsorten! Mittlere bis gehobene Preise. - Ruhetag = So. ab 15 Uhr u. Mo.
Der Rundweg - Vom Gasthaus Kaiserstuhl zunächst zur Wehrkirche St. Michael mit wundervollem Schnitzaltar, der dem Meister H. L. (wie der im Breisacher Münster) zugeschrieben wird. Zurück auf die Landstraße, an der Schlosserei [ohne Markierung] links aufwärts, über die Bahnlinie, am Steinbruch rechts halten. Nach der Wegbiegung mit Pietá rechts abwärts bis zur Asphaltstraße. Im Rechtsbogen Wegekreuzung mit Leitplanken, dort links aufwärts (!), beim 2. Weg mit beiderseits hoher Böschung rechts (links auffälliger Strommast im Acker). An der Rebterrasse zuerst geradeaus, danach gleich links, am Waldrand entlang. Im Wald rechts bis zum Wegweiser [Büchsenberg] (250 m). Ab hier [Gelbe Raute]. Am Wegweiser kann man nach rechts in das NSG Büchsenberg (Flaum-

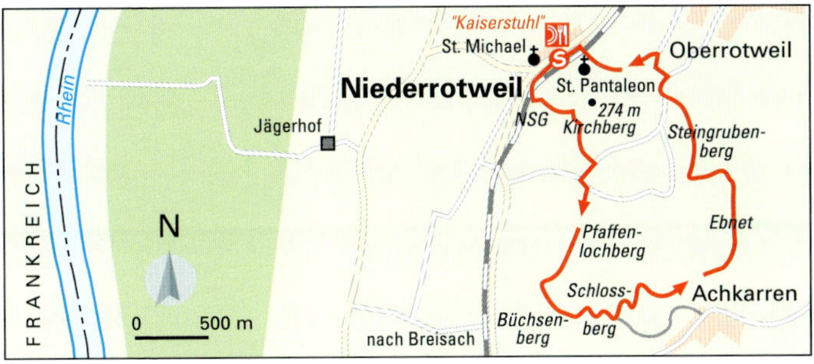

eichenwald mit Diptam, Blüte im Mai) und zum dortigen Steinbruch abzweigen (1,2 km). Zum Achkarrer Schlossberg geradeaus, dann links am Waldrand bis Wegweiser [Sonnental]. Links weiter zum Wegweiser [Römerweg]. Hier rechts auf dem Wiedehopfpfad 1,2 km zum Gipfel des Achkarrer Schlossberges (352 m), Wegweiser, Rastplatz, Pavillon, schöner Blick auf Achkarren. Reste der Burg Höhingen, Info-Tafel. Dem Wegweiser folgend abwärts Richtung Oberrotweil, auf dem Panoramaweg bis zum Kreuz von 1864, Wegweiser [Hofackerkreuz]. Rechts mit [Roter Raute auf gelbem Grund = Querweg Rhein-Kaiserstuhl-Schwarzwald] und Wiedehopfpfad bis zum NSG Ebnet, Wegweiser, links abwärts Richtung Oberrotweil/St. Pantaleon, [Gelbe Raute], danach am Waldrand des Steingrubenberges rechts abwärts, beim Kreuz links halten in Richtung St. Pantaleon. Beim Wegweiser [Heerweg-Schießergass] dem [Gelben Punkt] nach oben links folgen. Erste Gabelung rechts, zweite Gabelung links, am Waldrand zur Wallfahrtskirche St. Pantaleon. Auf dem Stationenweg über die Bahn zur Landstraße, auf dieser 300 m links zum Gasthaus Kaiserstuhl.

TOUR **07**

Liliental - Rundweg zum Neunlindenberg

Charakteristik - Klassischer Rundweg im Liliental und zum höchsten Berg des Kaiserstuhls.
Anfahrt - Aus Ihringen 2 km in Richtung Wasenweiler, von Wasenweiler 1 km, Zufahrt zum Liliental (beschildert) weitere 3 km.
Parken - Großer öffentlicher P.

8 km
2½ Stdn.
270 m

Das Liliental - 1957/58 erwarb die Landesforstverwaltung Baden-Württemberg den Lilienhof, vorher im Besitz des Grafen August von Bismarck, des Freiherren von Wogau und der Sektdynastie Henkell. Das Schloss von 1897 existiert nicht mehr. Heute ist das Li-

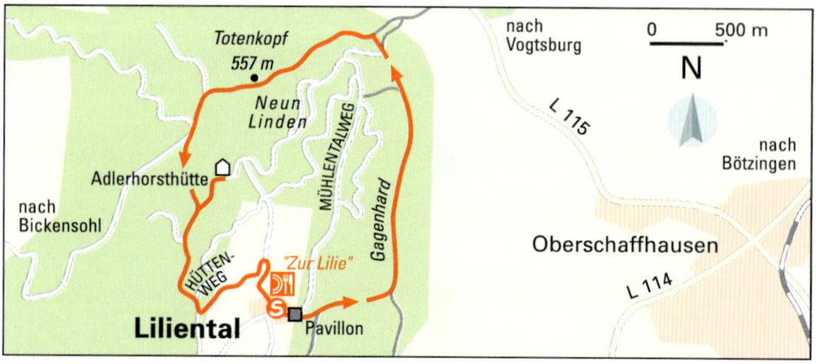

liental forstliches Versuchsgelände mit Samenplantagen, Arboreten und einer reichen Flora und Fauna (Orchideen, Schmetterlinge).
Der Rundweg - Gegenüber der Gaststätte Zur Lilie, Wegweiser (290 m), auf dem Mühlentalweg zum Unteren Fischweiher, [Gelbe Raute], zugleich Knabenkrautpfad. Beim Fischweiher mit Pavillon rechts ab, aufwärts durch den Buchenwald zum Gagenhard, Wegweiser, und weiter zur Hasenbeinmatte (410 m), Wegweiser. Jetzt links bis zum nächsten Wegweiser nach 100 m. Dort im Linksbogen mäßig steil aufwärts auf dem Neunlindenpfad, zuerst 800 m auf breitem Weg mit schönen alten Grenzsteinen. Rechts ab, die letzten 600 m (jetzt auch [Blaue Raute auf Gelb]) auf schmalem, sehr steilem Weg zum Neunlindenberg (556 m). Großartiger Rundblick vom AT, Rastplatz. Der Totenkopf (557 m) mit Fernsehturm bleibt westlich. Vom Neunlindenberg weiter in südlicher Richtung bis zum Adlerhorstsattel. Mehrere Wegweiser, links abwärts zur Adlerhorsthütte, [Gelbe Raute], schöner Blick auf Freiburg und Schwarzwald. Evtl. Wegverlängerung über Lenzenberg - Ihringen. Nach der Hütte breiter Hüttenweg rechts, bei kleinem Pavillon links abwärts, in Kehren durch das Arboretum, an Spielplatz vorbei, zurück zur
Hist. Wandergaststätte Zur Lilie - In den gemütlichen Gasträumen oder im schönen großen Biergarten serviert man gutbürgerliche Gerichte oder ein zünftiges Vesper, dazu Bier vom Fass und offene Weine. Kinderteller. Selbst gebackene Kuchen. Untere bis mittlere Preislage. - Ruhetag = Di.

Torbogen und Kirche in Sasbach

Blick auf das herbstliche Endingen

TOUR
08

Breisach - Auf den Spuren der Geschichte

1-2 Stdn.

Anfahrt - A 5, Ausfahrt Riegel - L 113 über Endingen. - A 5, Ausfahrt Teningen - L 114 über Eichstetten. - A 5, Ausfahrt Freiburg-Mitte - L 115 Gottenheim - K 4995 - L 114. - A 5, Ausfahrt Bad Krozingen - B 31. - SBG- und SWEG-Busse, u. a. von Freiburg, Colmar, Riegel, Endingen, Vogtsburg. - Breisgau-S-Bahn von Freiburg - Gottenheim - Ihringen.
Parken - Viele kostenlose P, z. T. mit Parkscheibe, im Zentrum, Nähe Rheinufer, beim Bahnhof und bei der Stadteinfahrt Süd.

Breisach - Die Europastadt zwischen Schwarzwald und Elsass liegt in der goldenen Mitte zwischen Freiburg und Colmar, zwischen Straßburg und Basel, nur einen Steinwurf entfernt von den Rebhängen des Kaiserstuhls und des Tunibergs.
Aus der Geschichte - Der steile Basaltfelsen des Breisachbergs war schon in vorchristlicher Zeit besiedelt. Im 3. Jh. n. Chr. erbauten die Römer hier ein Kastell. Der Burgbau erfolgte um 1200 durch den Zähringer Berthold V. Unter König Rudolf von Habsburg wurde Breisach 1273 Freie Reichsstadt und erhielt ein neues Stadtrecht. Die Stadtbefestigung wurde ab 1315 gebaut. Im 16. Jh. entstand eine der stärksten Festungen Europas, um die eine Dauerfehde zwischen Habsburgern und Franzosen entbrannte, bis sie 1741-1745 im Auftrag Maria Theresias geschleift wurde. 1793 kam es zur fast vollständigen Zerstörung durch die Franzosen. 1805 ging Breisach an Baden über. Im Zweiten Weltkrieg wurde die Stadt zu 85 % zerstört und danach unter Erhaltung des alten Stadtbildes wieder aufgebaut. Am 9. Juli 1950 sprachen sich die Breisacher als erste in Europa in einer Abstimmung mit 96 % der Stimmen für ein einiges und freies Europa aus, Basis des Ehrentitels »Europastadt«.
Unterstadt-Tour - Beginn am Marktplatz, einst mittelalterlicher Hafenplatz, mit dem Europabrunnen und dem Büro der Breisach-Touristik. An der Südostecke steht die 1) Spitalkirche St. Martin (17./18. Jh.), einziger Rest des im Zweiten Weltkrieg zerstörten Heiliggeistspitals, heute städtischer Konzert- und Veranstaltungsraum. Durch die Marienau zu Resten der 2) Stadtmauer (14. Jh.) Auf einer Treppe durch die Reblagen auf den sagenumwobenen Eckartsberg mit herrlichem Rundblick von der Terrasse mit Baden-Denkmal (1806/1856). Abstieg in östlicher Richtung zum Standort des im Bauernkrieg 1525 zerstörten 3) Zisterzienserinnenklosters Marienau. Das 4) Sparkassengebäude war 1945-1953 Sitz der Stadtverwaltung im kriegszerstörten Breisach. In der Rheinstraße bestehen seit 1920 die 5) Engel-Lichtspiele. Am Eckhaus schräg gegenüber die Sandsteinfigur des »Pfyfferkönigs«, einer historischen Gestalt der mittelalterlichen Kesslertage und der »Brysacher Fasent«.

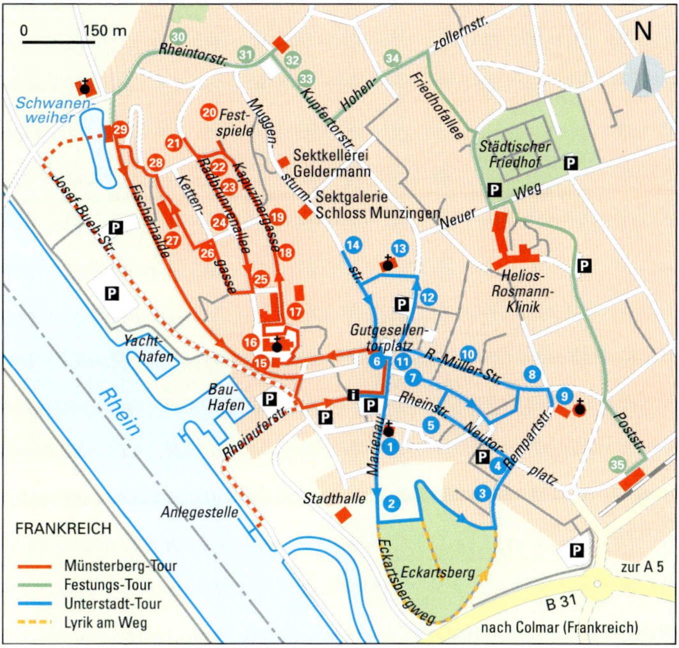

Am Marktplatz rechts zum 6) Gutgesellentor von 1402, heute Zunftstube und Museum der Breisacher Narrenzunft. Schräg gegenüber die hier seit 1798 bestehende 7) Stadtapotheke. Durch die Stuckgasse zur Ecke Richard-Müller-Straße/Rempartstraße mit der mittelalterlichen Stadtmauer und dem 8) Ehem. Schanzhof als Teil der Barockfestung, gegenüber die 9) Ev. Martin-Bucer-Kirche (1967/68). Richard-Müller-Straße zur 10) Ehem. Rentmeisterei, herrschaftliche Güter- und Kassenverwaltung von 1632, heute Weingut Müller. Das 11) Hotel Kaiserstühler Hof (ursprüngliches Schildrecht 1300) war in der Badischen Revolution 1848/49 Treffpunkt der Breisacher Demokraten. Rechts in die Kupfertorstraße, bis 1793 Standort des 12) Breisgauischen Waisen-, Zucht- und Arbeitshauses. Gegenüber die 13) St. Josephskirche mit dem Alten Friedhof, im 17./18. Jh. unter Einbeziehung des Schwedenturms von 1466 als Friedhofskapelle erbaut, auf dem Friedhof Grabsteine aus dem 18./19. Jh. An der Muggensturmstraße wenige Meter rechts ein weiteres Stück der 14) mittelalterlichen Stadtmauer.

➡ **Münsterberg-Tour** - Vom 6) Gutgesellentor über die Münsterbergstraße durch den 15) Hagenbachturm, ehem. Bürgergefängnis, benannt nach dem 1474 hier inhaftierten burgundischen Landvogt Peter von Hagenbach. Vorbei am Ehrenmal für die Opfer der Kriege und die Heimkehrer (ehem. Standort des 1793 zerstörten Schiffer-Zunfthauses »Zum Anker«) und über den Hans-Loy-Aufstieg zum 16) St. Stephansmünster, erbaut im 12.-15. Jh. im romanischen und gotischen Stil, im Zweiten Weltkrieg stark zerstört. Im Inneren bedeutende Kunstwerke, u. a. monumentales Wandgemälde »Das Jüngste Gericht« von Martin Schongauer (1488-1491), Reliquienschrein mit Gebeinen der Stadtpatrone St. Gervasius und St. Protasius (1496), Sandstein-Lettner (1500), Hochaltar von Hans Loy (1523/26), Hl. Grab (1517), Renaissance-Kanzel (1597). Grabsteine und Epitaphe aus dem 14.-18. Jh. Auf der Nordseite des Münsterplatzes (unter dem Pflaster Fundamente eines Römerkastells aus dem 3./4. Jh.) das 1953 im historischen Stil wieder aufgebaute Rathaus, daneben die Skulptur »Europa greift nach den Sternen«. An der Ostseite, in der Nähe des spätklassizistischen Münsterpfarrhauses (1817/18) stand bis 1675 der Hexenturm. Durch die Kapuzinergasse zum 17) Ehem. Franziskanerkloster (1302-1793) mit Komödienhaus und Gymnasium, von 1822-1945 befand sich hier das Amtshaus mit Bezirksamt, Amtsgericht und Gefängnis. Wenige Meter weiter zum ehem. Standort des 18) Kapuzinerklosters (1624-1793). An der Ecke zur Pforrgasse stand bis ca. 1700 die im 15. Jh. erbaute 19) Alte Kanzlei. Am Ende der Kapuzinergasse das markante Fachwerkhaus »Zum Schlossberg«. Der 1874 erbaute 20) Tullaturm am Schlossplatz erinnert an den »Bändiger des wilden Rheins«, Johann Gottfried Tulla (1770-1828), und dient als Aussichtsturm. Durch die Tullagasse rechts zum Augustinerberg und zum ehem. Areal des vor 1271 gegründeten und 1793 zerstörten 21) Augustinerklosters. Durch die Radbrunnenallee zum 1536 neu erbauten Haus »Zum Sternen« (1319 erstmals erwähnt, 1643-1793 Sitz der Stadtverwaltung) mit prächtigem Renaissance-Portal. An der gegenüberliegenden Hauswand monumentales Gemälde (2001) mit der Darstellung des Gerichtstages über den burgundischen Landvogt Peter von Hagenbach am 9. Mai 1474. In der Mitte der Allee erhebt sich der 24) Radbrunnenturm über dem ca. 41 m tiefen Trinkwasserbrunnen; einst auch mittelalterliches Rathaus und Gerichtsstätte mit Folterkammer, heute Ausstellungs- und Konzertraum des »Kunstkreises Radbrunnen«. Weiter zum südlichen Ende der Allee und dem 25) Herren-Zunfthaus »Zur Roten Kuppe« mit prächtigem Portal; hier wurde der »Sonnenkönig« Ludwig XIV. 1673 bei seinem Aufenthalt in Breisach empfangen; 1674-1681 Tagungsort des »Conseil Souverain d' Alsace« (Oberstes Gericht und Parlament des Elsass unter französischer Herrschaft). Rechts in die Martin-Schongauer-Straße (an deren Ende schöner Blick durch die Pforte der Bajakel-Treppe in die Rheinebene und zu den Vogesen) und erneut rechts in die Kettengasse zum 26) Pforrhaus, 1511 erbaut durch die Patrizierfamilie von Pforr, im Zweiten Weltkrieg zerstört, danach verändert wieder aufgebaut mit Erkerreliefs des Bildhauers Karl Heinz Engelin. An der parallel verlaufenden Ursulinengasse Gedenktafel an das 27) Kloster Notre Dame (1736-1793); im nördlichen, wieder aufgebauten Gebäudeteil Kloster St. Ursula und Schulhaus (1820-1927), nach erneuter Zerstörung und Wiederaufbau seit 1950 Volks- bzw. Grundschule. Am Ende der Schul- und der Goldengasse steht das wohl im 12. Jh. erbaute 28) Kapftor. Über die Kapftorstiege zum Rheintorplatz mit Holzpfeilern der alten Rheinbrücke (um 1500) und dem 1678 durch den französischen Festungsbaumeister Jacques de Tarade zum Schutz der Rheinbrücke erbauten 29) Rheintor. Reicher Figurenschmuck an der Westfassade, im Inneren seit 1991 das Museum für Stadtgeschichte.

Festungs-Tour - Vom 29) Rheintor nördlich entlang der Rheintorstraße, ehem. »Judengasse«, zum 30) Synagogenplatz, der 1998 mit den Umrissen der 1804 erbauten und in der Reichspogromnacht zerstörten Synagoge und einem Mahnmal neu gestaltet wurde. Nördlich davon liegt der Alte Jüdische Friedhof (Neuer Israelitischer Friedhof an der Isenbergstraße). Gegenüber dem Synagogenplatz das Ehem. Gasthaus »Zu den drei Königen« und das heutige »Blaue Haus« (Hs. Nr. 3), einst Gasthaus »Zum Peter« und 1829-1941 31) Jüdisches Gemeindehaus, nach aufwändiger Restaurierung heute Veranstaltungs- und Dokumentationsstätte zur jüdischen Geschichte Breisachs und der Region. Am gleichnamigen Platz das 1641/43 erbaute 32) Kupfertor, heute Sitz zweier Breisacher Narrengruppen, davor der Gauklerbrunnen mit Hinweis auf die weltbekannte Breisacher Artistenfamilie Traber. Auf der rechten Seite der Kupfertorstraße stand die 1588 erbaute und 1971 bei einem Brand zerstörte 33) Zehntscheuer, zeitweise als Reiterstall und Kaserne genutzt. Einige Meter weiter die Ehem. Bercherbrauerei, die im 19. Jh. auf den Grundmauern des ehem. Zeughauses erbaut wurde und an die Festungszeit im 17./18. Jh. erinnert. An der gegenüberliegenden Hohenzollernstraße die um 1900 erbauten 34) Ehem. Kasernen, bis 1918 belegt, danach zivil genutzt, 1945-97 französische Garnison, heute nach Restaurierung und Umbau moderne Wohnanlage. Auf der Kupfertorstraße zum Marktplatz oder über die Friedhofallee zur Helios-Rosmann-Klinik am Neuen Weg. Durch deren Park, dessen Strukturen und Erhebungen die 1741/45 geschleifte Festung erkennen lassen, über die Zeppelin- und Poststraße zum 1913/14 erbauten 35) Bahnhof, von dem Verbindungen in Richtung Kaiserstuhl, Tuniberg und Freiburg, aber auch nach Colmar und Neuf-Brisach bestehen.

TOUR
09

Freiburg - Historischer Stadtrundgang

1½ Stdn.

Anfahrt - A 5, Ausfahrt Freiburg-Mitte. - B 31 aus Richtung Donaueschingen und Titisee-Neustadt. - ICE-Bahnhof.
Parken - Parkleitsystem. Günstig für den Rundgang: P Rotteck.

Freiburg im Breisgau - Neben dem beeindruckenden Münster lädt die malerische Altstadt zu einem Spaziergang ein.
Der Rundgang - Das 1) Colombischlösschen, eine Villa im Stil der englischen Neugotik, erbaut 1859-1861, thront auf einer Anhöhe, die früher eine Bastion der Barockfestung Vaubans war und an deren Südhang der Freiburger Glaciswein angebaut wird, und beherbergt heute das Archäologische Museum. Durch die Turmstraße zum ältesten Rathaus der Stadt, der 2) Gerichtslaube, 1278 erbaut, 1552 mit einem Ratssaal aufgestockt. Das 3) Alte Rathaus wurde Mitte des 16. Jh. aus mehreren älteren Häusern zusammengefügt, heute sind hier die Amtsstuben der Bürgermeister und Stadträte untergebracht. An der von zwei Glöckchen gekrönten Giebelfront der österreichische Doppeladler. Im 4) Neuen Rathaus, entstanden 1896-1901 durch den Umbau eines Renaissance-Doppelhauses, tagt heute der Gemeinderat. Auf dem Pflaster das Wappen Freiburgs mit seinen acht Partnerstädten. Gegenüber dem Alten Rathaus erhebt sich Freiburgs zweitälteste 5) Kirche St. Martin (Chor 1262, Langhaus 1318), die durch die »Barfüßermönche« (Franziskanerorden) gegründet wurde. Durch die Franziskanerstraße zum 6) Haus zum Walfisch (1514-1516) mit prächtigem spätgotischem Portalerker; im 16. Jh. Wohnsitz des Gelehrten Erasmus von Rotterdam. Kaiser-Joseph-Straße kurz links zum spätgotischen Stadtpalais 7) Basler Hof (1494-1496) mit markantem Erker und Wasserspeiern; während der Reformation 1587-1677 Exilresidenz des Basler Domkapitels. Am Münsterplatz steht das ab ca. 1200 erbaute 8) Freiburger Münster. Neben dem spätromanischen Chor und dem gotischen Querhaus und Hahnentürmen repräsentiert das Querhaus-Portal an der Südseite die Schnittstelle der beiden Stilrichtungen. Um 1220 wurde das Langhaus errichtet, als dreischiffige Halle erhöht und mit den typisch gotischen Strebepfeilern versehen. In die Hochgotik fällt der Bau des Glockenturms, der in einem mit Maßwerk durchbrochenen Turmhelm mit Kreuzblume an der Spitze in 166 m Höhe ausläuft. Vom Turm bietet sich eine fantastische Aussicht. Die Vorhalle des Münsters ist von einer reichen mittelalterlichen Bildersprache geprägt. Der »Fürst der Welt« reicht der reizenden Venus neben ihm eine Rose. Sein Rücken ist jedoch von Würmern zerfressen und die nackte Versuchung ist, als Zeichen ihrer Sündhaftigkeit, mit einem Bocksfell versehen. Ein Engel in der Ecke mahnt: »vigale et orate« (»wachet und betet«). An der Nord-

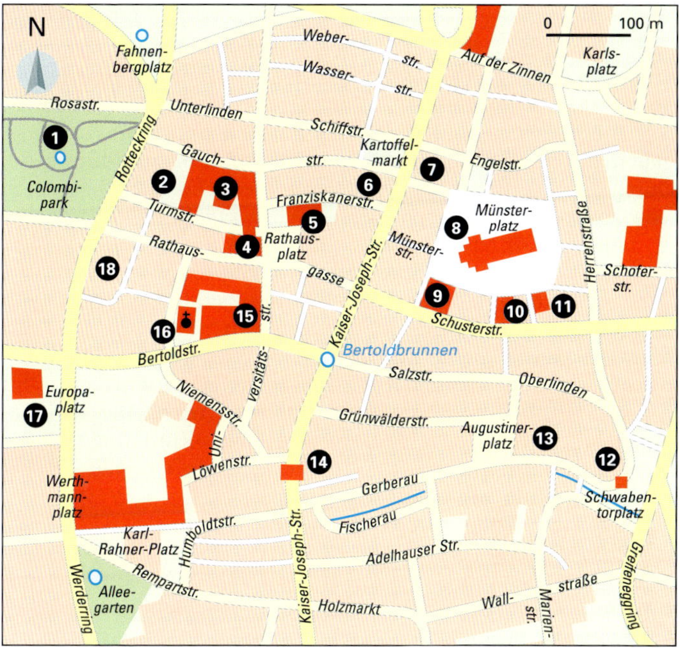

und Südwand finden sich die fünf törichten und fünf klugen Jungfrauen aus dem Gleichnis des Matthäus-Evangeliums, daneben die Figurengruppe der Sieben Freien Künste. In der Mitte des zweigeteilten Portals steht Maria mit Jesus auf dem Arm. Das Innere ist vor allem von den schönen, farbigen Fenstern geprägt, die überwiegend von den Zünften gestiftet und nach ihnen benannt wurden, z. B. das dreibahnige Bäckerfenster (Nordseite, 2. Westjoch), das die Legende der Hl. Katharina erzählt und an der unteren Leiste als Insignien der Zunft Brezeln und Wecken aufweist. 1354-1513 erfolgte der spätgotische Ausbau des Chors mit Umgang und Kapellenkranz. Die Chorkapellen wurden von reichen Familien als eigene Andachts- und Begräbnisstätten errichtet. Das berühmteste Kunstwerk des Münsters ist der Hochaltar (1512-1516) von Hans Baldung, genannt Grien, mit der Darstellung der Marienkrönung. An der Südseite des Münsterplatzes steht das barocke 9) Erzbischöfliche Palais (1756) mit seiner siebenachsigen, vollkommen symmetrischen Fassade. Bis zu seiner Zerstörung 1944 residierten hier die Freiburger Erzbischöfe; seit dem Wiederaufbau beherbergt es die Domsingschule. Das 10) Historische Kaufhaus, ein ehem. Zoll-, Handels- und Finanzgebäude, wurde 1520-1532 nach Plänen des Münsterbaumeisters Lienhart Müller errichtet und zeugt von der großen Bedeutung Freiburgs als mittelalterliches Handelszentrum. Die Fassade über den vier Arkaden zeigt unter den Baldachinen drei Generationen der Habsburger-Dynastie. Das 1761 erbaute 11) Wentzingerhaus beherbergt das Museum für Stadtgeschichte. Johann Christoph Wentzinger (1710-1797), Maler, Architekt und einer der besten Bildhauer seiner Zeit am Oberrhein, ließ hier sein spätbarockes Domizil errichten und versah das Treppenhaus mit Deckengemälden. Durch ein winziges Gässchen links des Wentzingerhauses gelangt man in die Herrenstraße und folgt dieser rechts bis zur Münzgasse. Durch die Münzgasse und an deren Ende rechts über die malerische, von mittelalterlichen Gebäuden gesäumte Konviktstraße zum 12) Schwabentor, eines von einst fünf Stadttoren der Befestigungsanlage. 1901 wurde es im Zuge der »Neugotisierung« um das Dreifache aufgestockt und mit einem Bild des Stadtheiligen St. Georg geschmückt. Durch das Schwabentor führte früher eine alte Handelsstraße, an die heute noch der Name Salzstraße und die Darstellung eines schwäbischen Salzkaufmanns am Tor erinnern. Im Tor ist die Zinnfigurenklause untergebracht. In der Nähe, stadteinwärts, steht das älteste Gasthaus Deutschlands »Zum Roten Bären« (seit 1387). Nach dem Schwabentor rechts in die Gerberau, entlang des Bachs und der »Insel« zum Augustinerplatz mit dem 13) Augustinermuseum. Der Baukern stammt aus dem späten 13. Jh. und diente den Augustinereremiten als Kloster. Seit 1926 wird das Gebäude als Museum für oberrheinische Kunst vom Mittelalter bis zum Barock genutzt. Vorbei an Resten der mittelalterlichen Stadtmauer in die malerische Schneckenvorstadt, vermutlich benannt nach den »Schnecken« genannten Wendeltreppen einiger alter Gasthäuser, die einst hier standen. Von der Gerberau links zum ehem. Gewerbekanal, dem man durch die Fischerau folgt. Hier wohnten früher die Fluss- und Runzfischer. Der Kanal wurde von der Dreisam abgezweigt, um den Mühlen, Edelsteinschleifereien und Gerbern Wasserkraft zu liefern. Am Ende der Fischerau liegt stadteinwärts das 14) Martinstor (1202), das ebenfalls um die Jahrhundertwende gotisiert und aufgestockt wurde. In der Umgebung stehen einige schöne große Gebäude aus dieser Zeit. Durch das Martinstor und die untere Kaiser-Joseph-Straße zum Bertoldbrunnen, einem Denkmal zu Ehren der Stadtgründer und Hauptkreuzung der Stadt. Links durch die Bertoldstraße weiter zur 15) Alten Universität mit der 16) Universitätskirche, die im 17./18. Jh. als Kolleg von den Jesuiten erbaut wurden und nach der päpstlichen Aufhebung des Ordens 1773 in den Besitz der Hochschule übergingen. Durch die Bertoldstraße zum 17) Stadttheater am Europaplatz. Die leichte Anhöhe, auf der es steht, ist der Rest einer Bastion des Festungsringes von Vauban. Der einst prunkvolle Theaterbau von 1910 wurde 1944 zerstört, nach Kriegsende rasch wieder aufgebaut und später bis 1998 renoviert. Über den Rotteckring zurück in Richtung Colombischlösschen passiert man das 18) Schwarze Kloster, das 1708-1710 von den Ursulinerinnen erbaut wurde. Die Kirche hat einen schönen Innenraum mit feinen Stuckaturen und alter Ausstattung. Im Klosterkomplex ist u. a. die Städtische Galerie Schwarzes Kloster untergebracht.

Die Freiburger Innenstadt mit Blick zum Schönberg

Das St. Stephansmünster, das Wahrzeichen von Breisach, thront hoch über der Stadt

TOUR
10

1½ Stdn.

Emmendingen - Historischer Stadtrundgang

Anfahrt - An der B 3. - A 5, Ausfahrten Riegel, Teningen, Freiburg-Nord. - L 186 von Waldkirch. - Bahnhof mit RE- u. RB-Anschluss. - SBG-Busse, u. a. von Freiburg, Rust, Waldkirch, Elzach. SWEG-Busse, u. a. von Endingen, Bahlingen, Eichstetten.
Parken - Steinstraße, Hochburger Straße. Gebührenfreier P Festplatz (ca. 5 Min. Fußweg zum Marktplatz).

Emmendingen - »Das Tor zum Schwarzwald und Kaiserstuhl« liegt inmitten der lieblichen Landschaft des Breisgaus mit weitem Blick über die Rheinebene bis zum Kaiserstuhl.
Aus der Geschichte - 1094 erste urkundliche Erwähnung. - 1418 Marktrecht. - 1590 Stadtrecht. - 1774-87 Amtszeit von J. G. Schlosser als Oberamtmann, der mit Cornelia, einer Schwester Goethes, in erster Ehe verheiratet war. Cornelia starb 1777 in Emmendingen und wurde auf dem Alten Friedhof beigesetzt. - 1784 Flugversuch durch C. F. Meerwein. - 1835 Gründung der Mechanischen Hanfspinnerei (heute Ramie AG). - 1845 Eröffnung des Emmendinger Bahnhofs an der Strecke Mannheim - Basel. - Im 19./20. Jh. Eingemeindungen umliegender Dörfer, seit 1973 Große Kreisstadt und Landkreissitz mit heute ca. 26000 Einwohnern.
Der Rundgang - 1) Marktplatz, im 15. Jh. angelegt, mit barocken Bürgerhäusern. 1997 Neugestaltung, 2006 Rekonstruktion des Stockbrunnens aus dem 18. Jh. - 2) Altes Rathaus, 1729, barock, Balkon mit Rokoko-Gitter. Über dem Hauptportal der Badische Hausorden der Treue und das Stadtwappen. An der Nordwestseite in einer Wandnische die Büste des Markgrafen Karl Wilhelm (1709-38), der den Rathausbau förderte. Der nicht allgemein zugängliche Bürgersaal dient repräsentativen Zwecken. Im Rathaus befindet sich seit 1997 das erste und einzige Dt. Tagebucharchiv. An der Südostseite des Rathauses der Kleine Marktplatz mit den Wappen der Emmendinger Stadtteile auf einem Blumentrog und einem Brunnen, der J. W. von Goethe, C. F. Meerwein und F. Boehle gewidmet ist. - 3) Ev. Stadtkirche, 2. Hälfte des 15. Jh. Spätgotischer Chor, um 1490. Langhaus, 1813-15 umgebaut, 1903-05 durch zwei polygonale Anbauten erweitert. Neugotischer Turm, 1858/59. Spätgotisches Altarkreuz. Grabplatten und Epitaphe der Markgrafen von Baden und Hachberg. - 4) Markgrafenschloss. Renaissancebau mit achteckigem Treppenturm. Ursprünglich Hof des Klosters Tennenbach, 1588 Umbau zum Schloss. 1590 Ort des »Emmendinger Religionsgesprächs«. Später Land- bzw. Burgvogtei. 1833 Übergang in Stadtbesitz und Hospital bis 1908, heute Stadtgeschichtliches Museum. Am Schlossplatz das Jüdische Museum im Gebäude der Mikwe, des ehem. jüdischen Ritualbades. - 5) Lenzhäuschen, Sommerhäus-

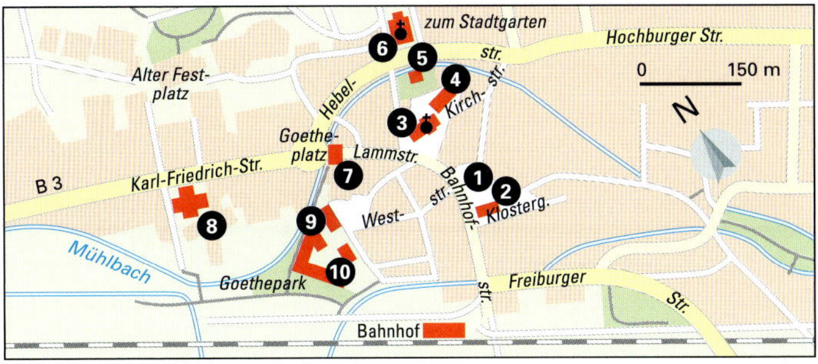

chen des Schlosses, benannt nach dem Sturm-und-Drang-Dichter J. M. R. Lenz, der 1777-79 als Schützling von J. G. Schlosser in Emmendingen lebte. - 6) Kath. Pfarrkirche St. Bonifatius, neugotisch, Chor und Querschiff 1894/95, Langhaus und Turm 1911-13. Im Chor der dem schwäbischen Meister Friedrich Herlin von Nördlingen zugeschriebene, dreiteilige Flügelaltar von 1473. Das als Altar dienende Triptychon erzählt die Weihnachtsgeschichte. - 7) Stadttor, letzter erhaltener von einst drei Tortürmen entlang der Stadtmauer und Wahrzeichen Emmendingens. 1706 mit einem Türmchen versehen, 1929 um eine zweite Durchfahrt erweitert. Galerie im Tor . - 8) Amtsgericht/»Neues Schloss«, 1789/90 nach Plänen von C. F. Meerwein im klassizistischen Stil als Witwensitz erbaut, später Landvogtei. Im Ziergiebel das badische Wappen. - 9) Schlosserhaus, ehem. »Gremppischer Hof«. Ab 1588 im Besitz der Markgrafen von Baden und Wohnsitz des obersten Beamten der Markgrafschaft Hachberg. Ursprünglich barock, im 19./20. Jh. stark verändert. 1774-87 Wohnsitz von Oberamtmann J. G. Schlosser; eine Gedenktafel am Eingang erinnert an seine namhaften Gäste. - 10) Rathaus, 1992 erbaut mit Glasgang zum Stuck'schen Haus, dessen Gewölbe einst als Lagerkeller der gleichnamigen Brauerei diente; davor ein Mosaik mit den Wappen der Emmendinger Partnerstädte. Im Innenhof die Skulptur »Eva und Borchert« von K. Bobek. Am westlichen Treppenhausturm eine Lichtinstallation von C. Hildebrand mit 21 Neonelementen wichtiger Gebäude und Ereignisse der Stadt. Im Foyer des Sitzungssaales der »Bürgermeisterbaum« des Emmendinger Bildhauers E. Thomann mit den Namen aller seit 1590 amtierenden Bürgermeister und Oberbürgermeister.

✪ Weitere Sehenswürdigkeiten - Stadtgarten, weitläufiger Park mit seltenen Bäumen, Ausgangspunkt der vom Schwarzwaldverein markierten Rundwege um Emmendingen. Daran angrenzend der terrassenförmige Bergfriedhof mit herrlicher Aussicht auf die Breisgauer Bucht, Südschwarzwald, Kaiserstuhl und Vogesen. - Goethepark mit Goethesäule zur Erinnerung an Goethes Besuche in Emmendingen. - Wasserrad am ehem. Standort einer Mühle, heute Wasserkraftwerk. - Ruine Hochburg, zweitgrößte Burganlage in Baden. - Skulpturenweg im Mühlbachpark. - Jubiläumsturm 50 Jahre Baden-Württemberg auf dem Eichberg nördlich der Stadt.

INFO

Das ZweiTälerLand - Elztal & Simonswäldertal im Herzen des Schwarzwaldes

Anfahrt - A 5 Karlsruhe - Basel, Ausfahrt Offenburg, B 33 bis Haslach, B 294 nach Elzach. Oder Ausfahrt Freiburg-Nord, B 294 nach Waldkirch/ Elztal. - A 81 Stuttgart - Singen, Ausfahrt Rottweil, B 462 Richtung Schramberg, B 294 nach Elzach. Oder Ausfahrt Geisingen, B 31/33 bis Hinterzarten, B 500 Richtung St. Märgen/Glottertal, B 294 nach Waldkirch. - Vom ICE-Bahnhof Freiburg im Breisgau mit der Elztalbahn (Breisgau-S-Bahn) zu den Bahnhöfen Buchholz, Batzenhäusle, Waldkirch, Kollnau, Gutach, Bleibach, Niederwinden, Oberwinden oder Elzach, mit SBG-Bussen in die Seitentäler.

✪ **Das ZweiTälerLand** - Im Elztal und Simonswäldertal haben sich sechs Orte zum ZweiTälerLand zusammengeschlossen. Die 270 km^2 große attraktive Ferienregion beginnt ca. 15 km nordöstlich von Freiburg. Mehrere hundert Kilometer markierter Wanderwege - von gemütlichen Talwanderungen bis zur anspruchsvollen Tour auf den sagenumwobenenen Kandel - erschließen das Gebiet, aber auch für Kulturinteressierte bieten sich viele Sehenswürdigkeiten.

✪ **Biederbach (400-700 m)** - Der malerisch gelegene staatlich anerkannte Erholungsort mit 1700 Einwohnern zeigt sich als ursprüngliches Schwarzwalddorf, in dem es noch einige traditionelle Holzhäuser mit Schindeldach zu entdecken gibt.

✪ **Elzach (362-1150 m)** - Das Bild des staatlich anerkannten Erholungsortes (zusammen mit Oberprechtal und den Stadtteilen Prechtal, Yach und Katzenmoos, insgesamt 7000 Einwohner) wird dominiert vom Turm der spätgotischen Pfarrkirche St. Nikolaus im historischen Stadtkern. Die Elzacher Fasnet ist eine der meistbesuchten Veranstaltungen im alemannischen Raum.

✪ **Gutach im Breisgau (287-911 m)** - Hier fließen Elz, Siegelbach und Wilde Gutach zusammen. Gutach gewann im Jahr 2000 den Kreiswettbewerb »Unser Dorf soll schöner werden« und ist mit den Ortsteilen Siegelau, Oberspitzenbach und dem staatlich anerkannten Erholungsort Bleibach (insgesamt 4300 Einwohner) ein beliebtes Wanderziel. In der Bleibacher St. Georgskirche kann man den berühmten »Bleibacher Totentanz« aus barocken 34 Ölbildern bewundern. Beeindruckend ist die Anlage der 1864 gegründeten Nähseidenspinnerei Gütermann AG.

✪ **Simonswald (300-1200 m)** - Die malerisch in das Simonswäldertal eingebettete, von der Wilden Gutach durchflossene Gemeinde (3100 Einwohner) liegt an der Deutschen Uhrenstraße und blickt auf eine lange Uhrmachertradition zurück. Natur pur erlebt man an den Zweribach-Wasserfällen im Ortsteil Wildgutach.

✪ **Waldkirch (243-1243 m)** - Preisgekrönt präsentiert sich der staatlich anerkannte Luftkurort (mit den Ortsteilen Kollnau, Siensbach und Suggental): 1997 erhielt die 20000-Einwohner-Stadt den Bundespreis Tourismus und Umwelt und trägt seit 2002 als zweite deutsche Stadt das Siegel »cittaslow - lebenswerte Stadt«. Die Traditionen der Edelsteinschleiferei und des Orgelbaus, der alle drei Jahre beim Internationalen Orgelfest seinen Höhepunkt findet, sind bis heute lebendig. Das Elztalmuseum dokumentiert die regionale Geschichte und zeigt viele Dreh- und Jahrmarktorgeln. Im Schwarzwaldzoo kann man seltene Tierarten wie Zwergziegen, Uhus, Bären, Nandus und Kängurus beobachten. Der wärmste Ortsteil Buchholz ist bekannt für seinen Beeren-, Obst- und Weinanbau.

✪ **Winden im Elztal (310-1080 m)** - Mit den Ortsteilen Oberwinden und Niederwinden (insgesamt 2800 Einwohner) liegt der staatlich anerkannte Erholungsort am Fuße des 907 m hohen Hörnlebergs, auf dem die Wallfahrtskirche »Unserer Lieben Frau« viele Besucher anzieht. In Winden konnten sich alte Traditionen wie das Strohschuhmachen und das Schindelmachen bis heute erhalten.

Wanderwege im ZweiTälerLand

➡ **Heimatkundlicher Wanderweg Oberprechtal** - 4½ km - 2 Stdn. - 18 Infotafeln vermitteln Wissenswertes zu Landschaft und Natur, Land- und Forstwirtschaft sowie zur Geschichte des Ortes.

➡ **Brotweg Elzach-Yach** - 11 km - ca. 3 Stdn. - Der Themenweg dokumentiert die gravierenden Veränderungen des bäuerlichen Lebens im Schwarzwald und zeigt wie trotzdem alte Traditionen am Leben gehalten werden.

➡ **Hirtenweg Elzach-Yach** - 19 km (verkürzbar auf 10, 13 und 17 km) - ca. 5 Stdn. - Auf den Spuren der Yacher Hirtenkinder beschäftigen sich die 14 reich illustrierten Infotafeln mit der Weidewirtschaft in der Region.

➡ **Walderlebnispfad am Hörnleberg** - 3 km - 2½ Stdn. - Als Mischung aus Lehrpfad, Sinnespfad und Ökoralley vermittelt der Weg an 14 mit lustigen Waldmännchen gestalteten Stationen altersgerecht für Kinder und Erwachsene viele Informationen rund um den Wald.

➡ **Simonswälder Mühlenwanderweg** - 6 km - 3 Stdn. - Der reizvolle, gut beschilderte Rundweg verbindet die historischen Impressionen von fünf alten Mühlen mit dem vielseitigen Landschaftserlebnis des Simonswäldertales und seiner Seitentäler.

➡ **Buchholzer Wein- und Naturlehrpfad** - 3½ km - 1 Std. - Auf dem Weg durch die Reben mit herrlichen Ausblicken informieren 29 Tafeln den Wanderer über die Geschichte des Weinortes Buchholz, den Weinbau und die Kellerwirtschaft.

➡ **Kinderwanderweg zur Kastelburg** - ca. 40 Min. - für Kinderwagen geeignet - Die Kastelburg ist eines der Wahrzeichen Waldkirchs. Begleitet von acht mannshohen Ritterfiguren, die Geschichten von der Burg und den Rittern erzählen, erreicht man die stattliche Burgruine und genießt den Blick über die Stadt.

TOUR
11

Obersimonswald - NSG Bannwald Zweribach - Zweribachwasserfälle - Obersimonswald

Charakteristik - Imposanter Weg mit teils fast alpinem Charakter, u. a. durch einen interessanten Bannwald und zu romantischen Wasserfällen. Gutes Schuhwerk und Trittsicherheit notwendig! Ein Abstecher (hin und zurück 1,2 km) zu den Hirschbachwasserfällen ist möglich.
Anfahrt - wie S. 46. - **Parken** - Gäste-P Gasthof-Hotel Engel. Wander-P etwas unterhalb jenseits der L 173 und der Wilden Gutach.

11 km

3½ Stdn.

500 m

Gasthof-Hotel Engel und Gästehaus Christine - Seit 1636 in Familienbesitz, ein weithin bekanntes Haus mit guter Tradition. Lage, Ausstattung, Atmosphäre, Küche, Keller und Service sind absolut überzeugend. Großzügige Komfortzimmer. Repräsentative Gasträume, zwei Terrassen. Die kreative, gehobene Küche bietet Fisch aus eigenem Forellengewässer, Wild aus eigener Jagd sowie Saisonspezialitäten, Vesper und hausgemachte Kuchen und Torten. Leicht gehobene Preise. - Ruhetage = Mo. und Di.
Der Rundweg - Die Wanderung beginnt beim Wander-P unterhalb des Gasthof-Hotel Engel. Wegweiser, in Richtung Zweribachfälle (4½ km), [Rote Raute auf Gelb], links auf Nebenstraße Am Hohrain aufwärts. Schöne Ausblicke. Nach etwa 1 km links auf unbefestigtem Heideckweg weiter bis zum AP Heideck (592 m). Wegweiser Richtung Zweribach, auf der Wiese abwärts. Nach 30 m rechts, vorbei am Haldenhof bis zum Wald-P bei der Brücke über den Zweribach, Wegweiser [Haldenschwarzhof]. Hier beginnen das NSG und der Bannwald Zweribach. Rechts am Zweribach aufwärts, [Blaue Raute], 200 m nach der Linkskehre rechts, auf schmalerem Weg ständig steil aufwärts, am schmucken Bruggerhof vorbei bis

zur Hofstatt des 1984 abgebrannten Brunnenhofes (Wegweiser [Brunne 750 m]). Kleine hölzerne Kapelle, Unterstellhütte, Rastplatz. Hier teilen sich die Wege. Nach links gelangt man auf steilem, steinigem, beschwerlichem Weg, [Gelbe Raute], zu den weniger spektakulären Hirschbachfällen, von dort weiter nach St. Märgen (5 km). Rechts führt ein ebenfalls steiler und steiniger Fußweg, [Blaue Raute], zu den großartigen Zweribachwasserfällen, auf Stufen und Treppen am Wasserfall hoch und über diesen hinweg, mit Geländern und Drahtseil gut gesichert. Wegweiser [Zweribachfälle Brückle 800 m]. Nach den Wasserfällen steil aufwärts, dann links auf breiterem Waldweg zum Langeck (924 m). Schöner Platz zur Rast. Dort auf der Teerstraße rechts, Wegweiscr [Beim Langeckhof], Richtung Obersimonswald/Engel 6 km, mit [Gelber Raute] auf breiten Waldwegen, immer den hölzernen Wegweisern [Obersimonswald] folgen. In Rechtsbogen links steil abwärts auf dem schmaleren Schurtenhofweg, aus dem Wald und hinunter zum Schurtenhof. Dort links auf Teerstraße zurück zum Wander-P und zum Gasthof-Hotel Engel.

TOUR **12**

Obersimonswald - Kilpachtal - Brend - Martinskapelle - Nonnenbachtal - Obersimonswald

15,7 km

5 ½ Stdn.

700 m

Charakteristik - Weiter, meist mäßig steiler, teils aber auch steiler Weg mit großem Höhenunterschied aus dem Simonswälder Tal auf den Kamm des Gebirges. Vom Brend mit seinem Aussichtsturm eröffnet sich ein herrlicher Ausblick. Auf dem Rückweg folgt ein Besuch der Donauquelle an der Martinskapelle.
Anfahrt - Über Freiburg/Waldkirch oder über Furtwangen/Gütenbach. - Busverbindungen aus beiden Richtungen.
Parken - Bei der Kirche oder Gäste-P beim Gasthof Zur Erle.

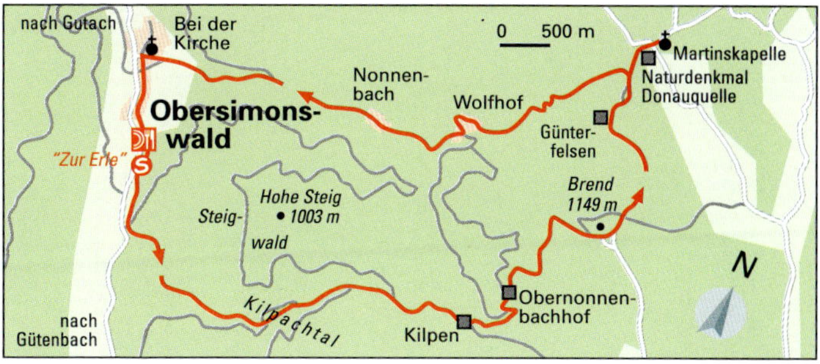

Der Rundweg - Vom Gasthaus Zur Erle auf dem Gehweg an der Landstraße zum Hotel Engel. Dort beim Wegweiser [Obersimonswald Engel] durch das Kilpachtal aufwärts. Bei allen Abzweigen geradeaus, [Blaue Raute]. Beim Wegweiser [Kilpen] schöner Rückblick. Dort links, [Gelbe Raute], Richtung Brend. Zuerst Teerstraße abwärts zum Obernonnenbachhof (Gedenkstein, Kreuz, Kapelle). Über eine Weide aufwärts bis zum Waldeingang. Weiter mit der [Gelben Raute] im Wald steil aufwärts, den Brendweg kreuzend, bis zu großer Kreuzung, Wegweiser [Brendberg]. Weiter geradeaus aufwärts, am Brendhäusle, Wegweiser, vorbei auf den Brend (1148 m, AT, Berggasthaus). Vom Brendturm auf dem [Westweg = Rote Raute], am Naturfreundehaus, dem Günterfelsen (runde Felsklötze) und dem Kolmenkreuz vorbei, zur Martinskapelle (1110 m). Europ. Wasserscheide Rhein/Donau, Kapelle. Unterhalb des Kolmenhofs Ursprung der Breg, eines der beiden Donau-Quellflüsse. Zurück zum Kolmenkreuz, Wegweiser, mit der [Blauen Raute] steil abwärts zum Wolfhof. Von dort im Nonnenbachtal immer geradeaus auf Teersträßchen, vorbei an Höfen und einer Marienkapelle, bis Obersimonswald. Auf dem Gehweg an der Landstraße aufwärts zum

Gasthof Zur Erle - Traditionsreiches Haus, seit 1886 im Familienbesitz. Zeitgemäß eingerichtete Gästezimmer. Gemütliche Gaststube, Terrasse, Garten. Kreative Küche mit regionalen und Saisonspezialitäten. Vegetarische Gerichte, Vesperkarte. Spielplatz, eigenes Fischwasser, Garage, Gäste-P. Mittlere Preise. - Ruhetag = Mo.

Bauernhof im Elztal im Frühling

TOUR 13

16½ km

4½ Stdn.

350 m

Oberbregenbach - Neukirch - Balzer Herrgott - Hexenloch - Brennersloch - Oberbregenbach

Charakteristik - »Wo Täler Löcher heißen«: Vom Höhenrücken mit großartiger Aussicht hinab in enge, typische Schwarzwaldtäler mit wilden Bächen und strammer Wiederaufstieg zur Höhe - ein Rundweg, der etwas Kondition verlangt. Glanzpunkte: Naturdenkmal Balzer Herrgott, Hexenlochmühle, Brennersloch.
Anfahrt - B 500/Schwarzwaldhochstraße von Furtwangen bzw. von Titisee bis Neueck. - L 173 durch das Simonswäldertal. - SBG-Busse u. a. von Freiburg, Waldkirch, Simonswald, Gütenbach, Furtwangen.
Parken - Große Gäste-P bei den beiden Gasthöfen.

Landgasthof »Zum Hirschen« - Traditionsreicher, beliebter Landgasthof mit behaglichen Komfortzimmern, stilvollen, gemütlichen Gasträumen und Gartenterrasse. Die feine bodenständige Küche, bekannt für ihre Filets und Rumpsteaks, verarbeitet nur Fleisch aus eigener Zucht (Charollaisrinder), außerdem werden Wild-, Lamm- und Fischgerichte, Gourmet-Menüs, vegetarische Speisen, Saisonspezialitäten und Vesper geboten. Mittlere Preise. - Ruhetag = Mi.

Oberbregenbach - Balzer Herrgott - 1¼ Stdn. - Vom Gasthof Zum Hirschen aus rechts zur Straße. Nach 100 m Wegweiser [Balzer Herrgott], [Gelbe Raute]. 20 m links neben der Straße, dann links vor Bushaltestelle »Neueck«. Später Wegweiser [Fallengrund, Balzer Herrgott]. Rechts ein typisches Heidenhaus mit weit heruntergezogenem Dach. Immer dem befestigten Sträßchen folgen, alle Abzweige ignorieren (!). - Für Fans der gleichnamigen TV-Serie: Der Fallerhof liegt links ab im Unteren Fallengrund. - Vor dem Wander-P »Balzer Herrgott« links, dann rechts, Wegweiser [Balzer Herrgott]. Eine mächtige Buche hat einen Christus-Korpus bis auf den Kopf zugewachsen.

Balzer Herrgott - Hexenloch - 1½ Stdn. - Beim Balzer Herrgott dem Wegweiser [Hexenlochmühle] folgen. Dann rechts, [Gelbe Raute], in einen schmalen Waldpfad steil abwärts, der in einen Forstweg mündet, links weiter. Dann rechts mit dem Wegweiser [Hexenlochmühle] in Waldpfad. Links abwärts zur Hexenlochmühle. Sie besitzt zwei Mühlräder, eine Besonderheit im Schwarzwald.

Hexenloch - Brennersloch - Unterbregenbach - 1 Std. - Im Hexenloch auf kleiner Straße am Heubach bis zum Behahof. Dort links, Wegweiser [Brennersloch, Neueck]. Am Grillplatz vorbei stetig aufwärts. Herrlicher Weg durch das Brennersloch mit dem Bregenbach. Romantischer Felseinschnitt, Rappenfelsen, Kupferhäusle, Lochmühle. An der Gabelung Wegweiser [Oberes Brennersloch] folgen, an der erneuten Gabelung am Wegweiser [Bregenbach] orientieren. Beim Kirnerhof rechts ab, Wegweiser [Ilbenhof]. Dort liegt der

Landgasthof Hotel Ochsen - Urgemütlicher Schwarzwälder Gasthof mit komfortablem Gästehaus in ruhiger Waldrandlage. Sauna, Schwimmbad, Liegewiesen. Vielseitige gutbürgerliche Küche aus Hausschlachtung (eigene Rinder- und Schweinezucht; Spezialität: Ochsensteak), Wild, fangfrische Forellen, Vesper. Dosenwurstverkauf. Moderate Preise. - Ruhetage = Mo. ganz, Di. bis 16.30 Uhr.

Rückweg nach Oberbregenbach - ¾ Std. - Zwei Varianten: 1.) Weiter nach Neukirch, dort der Hauptstraße links folgen. Bei der B 500 links den Weg über die Wiese zum Landgasthof Zum Hirschen. - 2.) Zurück zum Kirnerhof und Richtung Oberbregenbach.

Kolmenhof - Der Quellenwanderweg

Charakteristik - Der teils anspruchsvolle Weg führt an der Europäischen Wasserscheide zur Elz- und Bregquelle, vorbei an den bemoosten Günterfelsen auf den Furtwanger Hausberg Brend.
Anfahrt - B 33/B 500 von Offenburg (A 5) bzw. Villingen-Schwenningen (A 81), zwischen Furtwangen und Schönwald auf die K 5730 ins Katzensteigtal abzweigen, bei der Piuskapelle links Richtung Donauursprung/Kolmenhof.
Parken - Gäste-P beim Höhengasthaus Kolmenhof.

12 km

3½ Stdn.

Furtwangen - Der Erholungsort ist die höchstgelegene Stadt Baden-Württembergs (850-1150 m) und hat mit seinen Stadtteilen Linach, Rohrbach, Schönenbach und dem staatlich anerkannten Luftkurort Neukirch ca. 10 000 Einwohner. Das Deutsche Uhrenmuseum zeigt die weltweit umfassendste Sammlung von Schwarzwalduhren und gibt einen Einblick in die Geschichte, Tradition und Entwicklung des Schwarzwaldes. ÖZ: April-Okt. tägl. 9-18 Uhr, Nov.-März tägl. 10-17 Uhr, Führungen tägl. 14 Uhr. - In die 1950er Jahre entführt das Museum »Gasthaus Arche« seine Besucher mit original eingerichteten Gästezimmern, verschiedenen Ausstellungen (u. a. auch zur Geschichte des Hauses) und einem Archiv/Multimediaraum. Weitere Besonderheiten sind ein Orchestrion (»Elektrisches Klavier«), ein alter Billardtisch und eine Freiluft-Kegelbahn. ÖZ: So. 14-17 Uhr. - Die 1825 erbaute Hexenlochmühle in Neukirch ist in 4. Generation seit 1839 in Familienbesitz und diente einst als Sägemühle. Das Inventar ist noch erhalten und kann besichtigt werden. Das große Wasserrad hat einen Durchmesser von 4 m! In der einstigen Kuckucksuhren-Werkstatt kann man heute in einer gemütlichen Schwarzwaldstube einkehren. Der Mühlenladen bietet typische Schwarzwälder Souvenirs an. ÖZ: April-Nov. täglich 9.30-18 Uhr, Mitte Dez. bis März täglich außer Mi. 10-17 Uhr).
Quellenwanderweg Tour 1 - Schon zu Beginn der Wanderung am Höhengasthaus Kolmenhof gibt es viel zu entdecken. Die kleine Martinskapelle wurde im 15. Jh. erbaut. Unterhalb der Kapelle, neben dem Gasthaus, befindet sich die Bregquelle, der Hauptquellfluss der Donau. Wenige Meter in Richtung Brend ist die hier verlaufende Europäische Wasserscheide Donau/Rhein markiert. Vor dem Gasthaus Martinskapelle folgt man nun der [Roten Raute = Westweg] in Richtung Brend. Nach knapp 1 km liegen rechts etwas versteckt im Wald die Günterfelsen. Weiter auf dem Hauptweg gelangt man nach einem weiteren Kilometer auf den Brend (1149 m) mit seinem Aussichtsturm, der herrliche Blicke über den Feldberg

bis in die Schweizer Alpen bietet. Vor dem Brendturm kann man auf Deutschlands längster Sitzbank eine Pause einlegen (Grillplatz). Man geht ein kurzes Stück zurück bis zum Naturfreundehaus und biegt im Wald rechts ab, hinab in das Katzensteigtal. Dabei folgt man immer der [Gelben Raute] in Richtung Katharinenhöhe. Man passiert die Piuskapelle und geht kurz parallel zur K 5730 Richtung Furtwängle. Nach 200 m zweigt ein Weg rechts in Richtung Schönwald zur Katharinenhöhe ab. Auf dem Höhenweg folgt man der [Blauen Raute] in Richtung Martinskapelle/Brend. Nach ca. 2 km kommt man auf die Straße. Hier lohnt sich ein Abstecher zur Skiroller-Strecke mit Biathlon-Anlage im Gebiet Weißenbach. Im NSG Briglirain trifft man auf die [Rote Raute = Westweg], die vorbei an der Elzquelle zurück zum Kolmenhof führt.

Höhengasthaus-Restaurant Kolmenhof - Wunderschön gelegenes Ausflugsziel direkt an der Donauquelle, Elzquelle und St. Martinskapelle. Liebevoll eingerichtetes Restaurant (Sammlung antiker Küchengeräte) und geschmackvolle Komfortzimmer. Traditionelle, regionale Speisen aus einheimischen Produkten. Vollwertküche. Gartenwirtschaft. Großer Kinderspielplatz. Mittlere Preise. - Ruhetag = Do. ab 14 Uhr, Fr. ganztägig.

Quellenwanderweg Tour 2 - 22 km - ca. 4 ½ Stdn. - Wander-P Escheck - Stöcklewaldturm - Galgen - Brigachquelle - Grieshaberhöhe - Oberes Prisental - Prise - Hubertusquelle/Gutachquelle - Herrenwälderweg - Baslertal - Schaiben - Escheck.

Das Ferienland im Schwarzwald

Das Ferienland im Schwarzwald liegt im Herzen des Naturparks Südschwarzwald inmitten einer traditionsreichen, vielgestaltigen Erholungs- und Urlaubslandschaft und umfasst die fünf Städte und Gemeinden Triberg, Schonach, Schönwald, Furtwangen und St. Georgen. Gesunde Luft, intakte, unberührte Natur und ein großes Freizeitangebot machen hier jeden Urlaub zu einem unvergesslichen Erlebnis.

✪ **Triberg** - In dem heilklimatischen Kurort mit seinen Ortsteilen Nußbach und Gremmelsbach gibt es viel zu erleben. Deutschlands höchste Wasserfälle stürzen über 163 m in die Tiefe und sind auch bei abendlicher Beleuchtung und im Winter ein faszinierendes Naturschauspiel. Im dortigen neu eröffneten Naturerlebnispark gibt es ein Spinnennetz, einen Kultplatz, ein Felsenmeer und v. a. m. zu entdecken. Das Schwarzwald-Museum zeigt u. a. vergessene Handwerkskunst und mechanische Musikinstrumente. Ebenso sehenswert sind die barocke Wallfahrtskirche »Maria in der Tanne« mit dem kleinen Fachwerk-Mesnerhäuschen und der holzgeschnitzte Rathaussaal von 1926, in dem eindrucksvolle Szenen aus dem Schwarzwälder Leben dargestellt sind.

✪ **Schonach** - Der familienfreundliche Wintersport- und Luftkurort, gelegen in einem schönen Hochtal, beeindruckt mit der weltgrößten Kuckucksuhr im Eble-Uhrenpark in Schonachbach. Ebenso imposant ist die Langenwaldschanze, die Heimatschanze aller Schwarzwälder Springer-Asse und Austragungsort des FIS Weltcups in der Nordischen Kombination. In der Heimatstube sind Trachten, Möbel und andere nostalgische Erinnerungsstücke ausgestellt, u. a. die berühmte, von Meinrad Spath erbaute, größte mechanische Weihnachtskrippe im Alpenraum, deren Wert von Experten auf ca. 500 000 € geschätzt wird.

✪ **Schönwald** - Aus mächtigen Schwarzwälder Hofgütern entwickelte sich rund um die Kirche der heutige gepflegte heilklimatische Kurort. Vor 250 Jahren wurde hier die erste Kuckucksuhr gebaut. Heute bietet der mehrfach als besonders familienfreundlich ausgezeichnete Urlaubsort ein abwechslungsreiches Unterhaltungsprogramm und zahlreiche Einrichtungen für Kur, Wellness und Sport.

✪ **Furtwangen** - Der geschäftige Erholungsort mit seinen Stadtteilen Linach, Rohrbach, Schönenbach und dem als Luftkurort anerkannten Neukirch liegt inmitten einer einmalig schönen Landschaft. Auf der Martinskapelle entspringt die Breg, der größte Quellfluss der Donau. Das Deutsche Uhrenmuseum zeigt die größte Uhrensammlung Deutschlands. Beliebte Wander- und Ausflugsziele sind der 1150 m hohe Brend mit Aussichtsturm und den Günterfelsen (Granitformation), der Balzer Herrgott, ein Christuskörper, der fast vollständig in den Stamm einer Buche eingewachsen ist, und die romantische Hexenlochmühle mit Restaurant und Laden. Lohnenswert ist auch ein Besuch der Hinterbauernhofmühle in Linach und der Obstbrennerei auf dem Rothenhof.

St. Georgen - Die lebendige Bergstadt liegt an der Rhein-Donau-Wasserscheide. Die Schwarzwaldbahn erreicht hier ihren höchsten Punkt. In ländlicher Umgebung konnten sich die Ortsteile Langenschiltach, Peterzell, Stockburg, Oberkirnach und Brigach ihren eigenen Charakter bewahren. Das in seiner Art wohl einzigartige Deutsche Phonomuseum zeigt anhand historischer Geräte die Entwicklung der Phonogeschichte seit dem 1877 von Thomas Alva Edison erfundenen Phonographen. Die Arbeitsweise einer typischen Schwarzwälder Hofmühle mit zwei Mahlwerken erlebt man in der restaurierten, denkmalgeschützten Kobisenmühle.

Wandern im Ferienland

Mit einer Gesamtlänge von ca. 1000 km besitzt die Region eines der größten süddeutschen Wanderwegenetze. Die bei den Tourist-Informationen im Ferienland erhältliche Wanderkarte 1:30000 gibt dem interessierten Wanderer einen Eindruck von den vielfältigen Wandermöglichkeiten. Darüber hinaus laden Themenwanderwege zu interessanten Streifzügen durch das Ferienland ein.

Die Schneckenwanderung - ca. 23 km (verkürzte Familientour 8 km; Rückweg mit dem Bus möglich) - ca. 6 Stdn. - Der »langsamste Wanderweg des Schwarzwaldes« führt von den Parkplätzen oberhalb der Triberger Wasserfälle (P »Adelheid«) nach Schönwald, von wo man zu Fuß oder mit dem SGB-Bus zum Ausgangspunkt zurückkehrt. Mit allen Sinnen soll die Natur, auch anhand von 11 kleinen Aufgaben am Wegesrand, erlebt und genossen werden.

Der Schonacher Schalensteinpfad - 2½ km - ca. 45 Min. - Rund um Schonach gibt es ungewöhnlich viele Schalen- und Näpfchensteine, deren Entstehung bis heute nicht eindeutig geklärt ist. Der Rundweg zu den Naturdenkmälern mit so fantasievollen Namen wie »Teufelstritt« und »Geisterfelsen« lädt jeden Wanderer zu eigenen Deutungen ein.

4-Schanzen-Wanderung - Tour 1: 14 km - Tour 2: 18 km - Auf zwei verschiedenen Routen kann man auf den Spuren der erfolgreichen Skisportler aus dem Ferienland wandeln und die imposanten Anlagen der Langenwaldschanze (ÖZ Anlaufturm: im Sommer Mi. ab 14 Uhr, für Gruppen auf Anfrage bei der Tourist-Info Schonach, Tel. 07722/964810), der Adlerschanze (Führungen Mai bis Oktober jeden Do. 10 Uhr ab Tourist-Info Schönwald, Tel. 07722/860832), der Obertalschanze und der Kohlheppschanze bestaunen.

Die Quellenwanderung - siehe Seite 55/56.

Der St. Georgener Heimatpfad - 16 km - ca. 4 Stdn. - Der Rundweg führt »vom Glockenspiel (Marktplatz) über die Brigachquelle zu den Glashöfen«. Auf 20 Infotafeln werden Besonderheiten und Sehenswürdigkeiten aus Heimatkunde und -geschichte, Kultur- und Naturdenkmale, Geologie und Botanik erläutert.

TOUR
15

Schönwald - Hogenhof - Stöcklewaldturm - Hubertuskapelle - Baslertal - Schönwald

14 km

4 Stdn.

Charakteristik - Sehr schöner, angenehmer Rundweg durch eine abwechslungsreiche Schwarzwaldlandschaft, mit einem herrlichen Panoramablick vom Stöcklewaldturm und zur idyllisch gelegenen Hubertuskapelle.
Anfahrt - B 33/B 500 von Offenburg (A 5 Karlsruhe - Basel) bzw. Villingen-Schwenningen (A 81 Stuttgart - Singen), bis Triberg im Schwarzwald, dann B 500 Richtung Titisee-Neustadt bis Schönwald im Schwarzwald.
Parken - Gäste-P beim Hotel Dorer.

Der Rundweg - Vom Hotel Dorer gelangt man über die Furtwanger Straße und die Alte Straße zur Passhöhe Escheck. Von dort mit Wegweiser [Baslertal/Stöcklewaldturm 5,2 km] auf geteertem Weg in südöstlicher Richtung mit schönem Blick ins Tal von Furtwangen zum Waldrand. (Den ersten Teil des Weges kann man auf dem ungeteerten Fußweg zurücklegen, der parallel am Waldrand entlang verläuft.) Am Waldrand weiter mit [Blauer Raute], dann geradeaus in den Wald. Rechts in Schotterweg mit [Blauer Raute] und Wegweiser. Aus dem Wald hinaus auf eine Lichtung mit Bank (hier trifft die Variante auf den Hauptweg). Geradeaus weiter und in den Wald, [Blaue Raute]. Vorbei an der Gedenktafel Eckhof (1564-1908). Lichtung mit Wiese oberhalb des Hogenhofes, an der Kreuzung in den Wald, [Blaue Raute]. An der Weggabelung Fohrenbühl (1030 m) links auf den Mittelweg Pforzheim - Waldshut, von nun an [Rote Raute mit weißem Balken], Wegweiser [Stöcklewaldturm], [S 1]. Bald geht es aus dem Wald hinaus; linker Hand sieht man die Höfe von Ober-Tiefenbach. Bis zum nächsten Waldstück und der Markierung weiter geradeaus folgen. Rechts liegt eine Lichtung mit Grill- und Picknickplatz beim Hinteren Stöckle. Am Wegweiser [Stöcklewaldturm, 0,4 km] geradeaus weiter, über Forststraße und steil den Berg hoch bis zum Stöcklewaldturm (1069 m) mit Wanderheim (Einkehr- und Übernachtungsmöglichkeit). Der 25 m hohe Turm wurde 1894 erbaut und bietet einen tollen Panoramablick zu den Vogesen, zum Feldberg, zur Schwäbischen Alb und zu den Alpen. Wie auf dem Hinweg 400 m zurück bis zum Wegweiser, dort rechts Richtung Hubertuskapelle mit Wegweiser [Hubertuskapelle 1,2 km] und [Gelber Raute]. Bergab durch den Wald, dann durch die offene Wiesenlandschaft zur romantischen Hubertuskapelle mit Teich. Die ehemalige Hauskapelle des Unteren Gutenhofes wurde 1990 vom Heimatverein Schönwald renoviert. Eine Tafel erinnert an den Unteren Gutenhof (1500-1876). Rechts versteckt im Wald liegt die Gutachquelle. An einer Gabelung im lichten Laub-

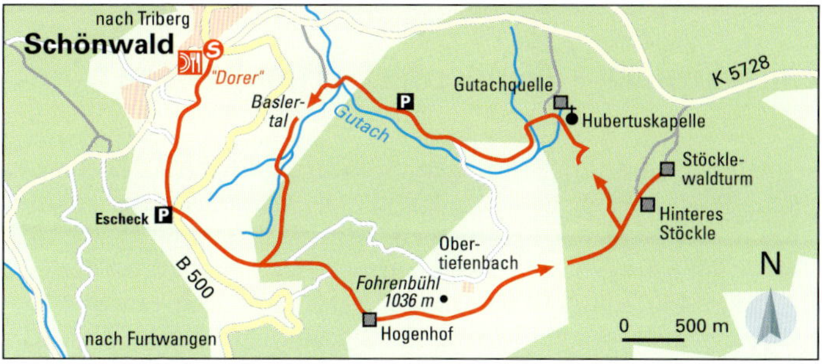

wald links mit [Gelber Raute] und Wegweiser [Herrenwälder Weg 1,2 km], [Schönwald 4 km]. Bald im Wald bergauf, dann durch Felder und Wiesen bis zur Teerstraße an der Kreuzung Herrenwälderweg (975 m). Geradeaus weiter mit [Gelber Raute], Wegweiser [Baslertal/Schönwald]. Vorbei an einem Wander-P auf der rechten Seite. Bei den Häusern über die Gutach (Blick nach Schönwald) und bis zur Gabelung, nun links mit [Gelber Raute] und Wegweiser [Escheck] ins Baslertal. An der nächsten Gabelung rechts mit der Markierung, am Waldrand links halten (verblasste [Gelbe Raute] am Strompfeiler). Am Brunnen vorbei und auf Wiesenweg kräftig aufwärts. Bis zu einem Bauernhof, dann auf geteertem Weg aufwärts in den Wald (Markierung an der Scheune). Oben trifft man auf den Hinweg und geht rechts zurück zur Escheck und von dort nach Schönwald zur verdienten Einkehr im

Hotel Dorer - Renommiertes Haus am Kurpark mit behaglichen Komfortzimmern und Suiten. In den gemütlichen Gasträumen herrscht eine angenehme Atmosphäre, in der man die regionalen Spezialitäten und kulinarischen Highlights aus Frankreich und Italien genießt. Die kreative, gehobene Küche legt Wert auf eine sorgfältige Produktwahl und bietet auch Saisonspezialitäten im »Kulinarischen Kalender« sowie herzhafte Vesper. Attraktive Pauschalangebote, u. a. Wander- und Wellnessarrangements. Verleih von Fahrrädern und Nordic-Walking-Stöcken. Mittlere und leicht gehobene Preise. - Kein Ruhetag.

Unterkirnach - Wanderdorf - Wanderwege

Anfahrt - A 81 Stuttgart - Singen, Ausfahrt Villingen-Schwenningen, Beschilderung Richtung VS-Villingen folgen, bei der 4. Ampel rechts Richtung Furtwangen, Kurgebiet Villingen, danach Beschilderung Unterkirnach beachten. - A 5 Frankfurt - Basel, Ausfahrt Offenburg, Richtung Villingen-Schwenningen, auf der B 33 bis St. Georgen bleiben, direkt nach dem Ortsschild rechts Richtung Furtwangen/Brigach/Oberkirnach/Unterkirnach. - Bahnstation Villingen/Schwarzwald (ca. 8 km von Unterkirnach), von dort bestehen ebenso Busverbindungen wie von St. Georgen und Furtwangen.
Parken - Große P, Esperantoweg, Nähe Kath. Kirche.

✪ **Unterkirnach** (800-1000 m) - Der Luftkurort am Schnittpunkt von Kirnach- und Schlegeltal zeichnet sich vor allem durch seine familienfreundlichen Urlaubsangebote aus und gewann als Landes- und Bundessieger den Wettbewerb »familienferien in Deutschland«.
✪ **Sehenswertes** - Die Katholische Kirche besitzt eine prachtvolle Innenausstattung. Der Kieschtockbrunnen ist den Unterkirnacher Fastnachtsfiguren gewidmet. Die Kirnachmühle wurde 1995 bis 1997 nach historischem Vorbild erbaut. Das oberschlächtige Wasserrad treibt das Mahlwerk an. In der Backstube wird einmal wöchentlich Holzofenbrot gebacken. Neben der Mühle kann man einen Spaziergang durch den im Stil eines Bauerngartens angelegten Heilkräutergarten unternehmen. Der Wildpflanzenpark am Talsee ist weit über Baden-Württemberg hinaus einmalig. Auf ca. 2 ha Gelände wurden fast 3000 t Schotter- und Gesteinsmaterial aufgeschüttet, Hügel, Wasserläufe und Tümpel modelliert und Wildpflanzen der Umgebung auf verschiedenen Böden und Gesteinen angesiedelt. Eine informative Beschilderung macht den Besucher mit der Natur und dem Konzept des Naturgartens vertraut.
✪ **Ferienspaß für Groß und Klein** - Wetterunabhängiges Spielvergnügen bietet die Spielscheune auf drei Ebenen mit über 1000 m² Sport- und Spielfläche. Kinder bis 12 Jahren können sich im Ballpool austoben, rasant die Rollenrutsche hinabfahren oder auf dem Kletternetz bis in den Dachfirst klettern und dann in der Röhrenrutsche nach unten sausen. Für die größeren Gäste gibt es Billard, Dart, Tischfußball und Airhockey sowie eine multifunktionale Spielfläche mit Halfpipe, Basketballfeld, Kletterwand u. v. m. Im Kinderland Schlossberg kann man klettern, mit Flößen über den Teich fahren, mit der Seilbahn über Abgründe schweben und auf einer langen Rollenrutsche rasant ins Tal hinabfahren. Landleben hautnah ermöglicht der Kinderbauernhof, wo sich die Tiere auf Streicheleinheiten freuen und kleine Besucher beim Füttern helfen

dürfen. Wellness und Erholung bei jedem Wetter bietet das Hallenbad aqualino. Die Wassertiefe des Schwimmbeckens wechselt halbstündlich von 180 cm auf 135 cm und wird einmal wöchentlich (Do. nachmittag) auf 34-102 cm angehoben, so dass große und kleine Wasserratten, ob Schwimmer oder Nichtschwimmer, voll auf ihre Kosten kommen. Auch für Wellness und Entspannung ist gesorgt: Die Jetstream-Anlage verwöhnt mit warmem Wasser, im Dampfbad und in der finnischen Sauna kann man vom Alltagsstress abschalten. Im Sommer steht den Besuchern bei schönem Wetter eine Liegewiese mit großem Kinderspielplatz zur Verfügung. Ein ganzjähriges Aktiv-Kinderprogramm, kulturelle und sportliche Angebote für Erwachsene sowie ausgezeichnete Kinderbetreuungs-

Die Hexenlochmühle in Furtwangen-Neukirch

Die Kirnachmühle in Unterkirnach mit dem Heilkräutergarten

möglichkeiten runden das Ferienangebot für Familien ab. Ein attraktiver Spar-Tipp ist die Unterkirnacher Gästekarte, die freien Eintritt in das Hallenbad, die Spielscheune und den Kinderbauernhof sowie weitere Vorteile (u. a. kostenlose Teilnahme an Mühlenbesichtigungen und geführten Wanderungen) beinhaltet.

➡ **Wanderwege** - Ca. 130 km gut ausgeschilderte Wanderwege erschließen die reizvolle Umgebung Unterkirnachs. Geführte Wanderungen abseits der nachfolgend genannten, markierten Routen führen die Gäste zu so manchem besonderen Kleinod.

➡ **Zum Breitbrunnen** - Markierung [B] - 6,7 km.
➡ **Zum »Waldeck«** - Markierung [W] - 15,9 km.
➡ **Zur »Forelle«** - Markierung [Fo] - 8,3 km.
➡ **Nach Herzogenweiler** - Markierung [H] - 13,4 km.
➡ **Zur Friedrichshöhe I** - Markierung [F 1] - 10,9 km.
➡ **Zur Friedrichshöhe II** - Markierung [F 2] - 14,5 km.
➡ **Zur Romäusquelle** - Markierung [R] - 6,3 km.
➡ **Zum Wildgehege Salvest** - Markierung [WS] - 4,8 km.
➡ **Zum »Großen Bauer-Linde«** - Markierung [GB] - 9,9 km.
➡ **Zum »Schwanen«** - Markierung [S] - 12,5 km.
➡ **Zum »Neuhäusle-Auerhahn«** - Markierung [N] - 7,1 km.
➡ **Zur Täfeletanne** - Markierung [T] - 4,2 km.
➡ **Kurzwanderwege** - Markierungen [1], [2], [3], [4].

TOUR **16**

Fohrenbühl - Mooswaldkopf/Gedächtnishaus - Spittel - Kapfhäusle - Heuwiese - Grusenloch - Moosenmättle - Fohrenbühl

11 km

3 ¼ Stdn.

Charakteristik - Sehr angenehmer und abwechslungsreicher Rundweg mit teilweise herrlichen Ausblicken. Landschaftlicher Höhepunkt im wahrsten Sinne des Wortes ist der Gedächtnisturm auf dem Mooswaldkopf mit einer eindrucksvollen Rundsicht. Aber auch sonst bieten sich schöne Panoramen, vor allem in der idyllischen Landschaft des Sulzbachtals.
Anfahrt - A 81, Ausfahrt Rottweil - B 462 Schramberg - L 108 über Lauterbach. - A 5, Ausfahrt Offenburg - B 33 über Haslach, Hausach, Gutach nach Hornberg - L 108 Richtung Schramberg. - SBG-Bus 7484 von Hornberg (Bahnstation), Lauterbach und Schramberg.
Parken - Großer Gäste-P Landgasthof-Restaurant Schwanen.

Fohrenbühl (800 m) - Die Passhöhe ist ein idealer Ausgangspunkt für bequeme Spaziergänge und attraktive Wanderungen. Neben

Wanderwegen bietet der Fohrenbühl neue, ausgeschilderte Nordic-Walking-Strecken und Mountainbike-Routen. - Renommiert ist der Fohrenbühl auch als Wintersportplatz mit Skilift, 15 km Langlaufloipen und Rodelmöglichkeiten. - Berühmt ist der alljährliche, zu Pfingsten stattfindende Schellenmarkt, der seit über 400 Jahren urkundlich nachgewiesen ist und früher den Schwarzwälder Hirtenbuben vorbehalten war. - Die Straße von Hornberg nach Schramberg wurde 1783/84 von Württemberg gebaut.

Fohrenbühl - Mooswaldkopf (Gedächtnishaus) - Spittel - Kapfhäusle - Heuwiese - 1 Std. - Auf der Passhöhe rechts vom Landgasthof-Restaurant Schwanen auf der kleinen Teerstraße Richtung Wald, Wegweiser [Gedächtnishaus 0,8 km] und Markierung [Rote Raute mit weißem Balken]. Nach 100 m rechts auf den Waldweg und in Serpentinen steil aufwärts, bis man das Gedächtnishaus auf dem Mooswaldkopf (881 m) erreicht. Vom Turm genießt man einen herrlichen Rundblick über den Schwarzwald, zu den Alpen und zur Schwäbischen Alb. Am Wegweiser und Grenzstein (1842) zwischen Baden und Württemberg mit Markierung [Gelbe Raute] und Wegweiser [Spittel 1,0 km] links am Haus vorbei und auf einem geschotterten Weg bergab in den Wald. Nach 200 m mit der Markierung und dem Wegweiser links auf den grasüberwachsenen Weg und stetig bergab. An der nächsten Gabelung geradeaus hinunter zum Bauernhof mit Scheune, Markierung [Gelbe Raute] und etwas später Wegweiser [Sulzbach, Posthaltestelle]. Geradeaus auf geteertem Zufahrtsweg bis vor zur Kreuzung Spittel (760 m), dort rechts auf der Straße weiter mit Wegweiser [Kapfhäusle 1,4 km] und Markierung [Gelbe Raute]. Nach 200 m an der Abzweigung nach links mit der Markierung und Wegweiser. An einer Aussichtsbank vorbei, kurz danach vom Teerweg weg und mit Markierung [Gelbe Raute] geradeaus auf einem Wiesenpfad am Zaun entlang (nicht rechts in den Wald zum Trimm-dich-Pfad!). Sehr idyllisch geht es hinab zum Bach und auf einem schmalen Steg hinüber. Zwischen eingezäunten Weiden hinauf zum Vogtsbauernhof mit Mühle. An der ausladenden Linde (ND) mit Markierung [Gelbe Raute] wenige Meter geradeaus, dann vor der Scheune links ab. (Geradeaus weiter und dann rechts auf der Fahrstraße könnte man einen Abstecher zur hübschen Sulzbacher Kirche unternehmen.) Nun bald recht kräftig bergauf, einer Rechtskurve folgen, an einem Wegkreuz vorbei und bis zur Wegkreuzung am Kapfhäusle (schön renovierter, denkmalgeschützter und mit Stroh gedeckter Schwarzwaldhof). Aussichtsbank. Von dort bestehen Abkürzungsmöglichkeiten Richtung Kohlplatz oder Grusenloch. Gegenüber dem Wegweiser mit Markierung [Blaue Raute] auf einem schmalen Pfad in den Wald und abwärts. Nach 200 m erreicht man unten die Teerstraße und den Rotwasserparkplatz. Zuerst 50 m nach rechts, dann links auf der Straße stetig bergauf zur Heuwiese, Markierung [Blaue Raute], [Kinzig-Neckar-Weg]. Herrliche Sicht auf die Höhenlandschaft mit Gehöften und Wiesen.

Heuwiese - Grusenloch - Moosenmättle - Fohrenbühl - ca. 2¼ Stdn. - Kurz vor der Heuwiese zweigt der Wanderweg (Mittelweg) links ab, Markierung [Rote Raute mit weißem Balken], Wegweiser [Grusenloch 1,4 km]. Bequemer, breiter Waldweg. Bei gut sichtbarer Markierung links bergauf zur Kreuzung Grusenloch an der Fahrstraße. Dort rechts mit Markierung [Gelbe Raute] auf der Teerstraße ca. 1½ km bis zum Moosenmättle. Freier Blick auf die Hochebene. Rechts weiter lädt ein Picknickplatz zu einer erholsamen Rast ein. Nun links dem Wegweiser [Fohrenbühl/Gedächtnishaus] und Markierung [Blaue Raute] immer bergauf folgen und geradeaus weiter zum Kohlplatz. Dort links auf dem Mittelweg mit [Roter Raute mit weißem Balken] in den Wald und 1,4 km bis zur Teerstraße zum Gedächtnishaus; auf dieser rechts hinab zum

Landgasthof-Restaurant Schwanen - Traditioneller Gasthof, der seit 1795 existiert und vorwiegend zur Auerhahnjagd viele prominente Gäste des Fürsten von Fürstenberg beherbergt hat. Berühmtester »Einkehrer« war Kaiser Wilhelm II. Heute wird der Gasthof in der zehnten Generation von der Familie Lauble geführt. Das gemütliche Restaurant und die wohnlichen Komfortzimmer sind mit viel Liebe zum Detail eingerichtet. Das breit gefächerte Angebot der gehobenen gutbürgerlichen Küche umfasst badische und schwäbische Spezialitäten sowie deftige Vesper - alles zubereitet aus marktfrischen Produkten. Hausgebrannte Spirituosen. Vitalitätseinrichtungen. Mittlere Preise. - Ruhetage = Di., Mi. bis 14 Uhr.

TOUR **17**

Fohrenbühl - Gedächtnishaus - Bruckhof - Kahlenberg - Rotwasser - Waldhäuser - Fohrenbühl

12 km

3 Stdn.

Charakteristik - Auf dem angenehmen und abwechslungsreichen Rundweg eröffnen sich streckenweise herrliche Ausblicke, vor allem vom Gedächtnisturm auf dem Mooswaldkopf und im malerischen Sulzbachtal.
Anfahrt - Wie Seite 65.
Parken - Große Gäste-P Gasthof-Pension Zum Adler und Landhaus Lauble (auch Garagen).

Gasthof-Pension Zum Adler - Seit 1780 besitzt der »Adler« sein Schildrecht. Wo früher die Fuhrleute auf ihrer beschwerlichen Fahrt durch den Schwarzwald Rast hielten, treffen sich heute die Feriengäste zur erholsamen Einkehr. Die Familie Moosmann betreut das Haus bereits in der vierten Generation. Freundliche Komfortzimmer mit liebevoll bemalten Bauernmöbeln. Gasträume mit gemütlicher Atmosphäre. Vielseitige gehobene Küchc, badisch und schwäbisch. Neben allen »Klassikern« auch Maultaschen, Hausmacher Wurst, Vegetarisches. Spargel- , Pilz-, Wildwochen. Mittlere Preise. - Ruhetage = So. ab 19 Uhr, Mo. ganztägig.

Fohrenbühl - Mooswaldkopf (Gedächtnishaus) - Bruckhof - Kienbronn - Kahlenberg - Rotwasser - 1¾ Stdn. - Vom Landhaus Lauble Richtung Gasthof-Pension Adler, davor links auf befestigtem Weg hinüber zum bewaldeten Fuß des Mooswaldkopfes. Im Wald aufwärts mit Wegweiser [Gedächtnishaus], [Rote Raute mit weißem Balken] zum Gedächtnishaus des Schwarzwaldvereins auf dem Mooswaldkopf (881m). Vom AT nach zwei Seiten sehr weite Ausblicke. Orientierungstafeln. Rechts ab mit Wegweiser [Bruckhof] und zu einer Gabelung. Hier links abwärts, zunächst durch Wald,

dann über freies Gelände nach Bruckhof. K 5528 queren und geradeaus zu breitem befestigtem Querweg. Links nach Kienbronn, unscheinbarer Holzwegweiser [Kienbronn]. Dort links am Hang des Kahlenbergs mit Wegweiser [Rotwasser] durch Wald oder am Waldrand mit herrlicher Aussicht weiter, auch [Panoramaweg]. Links ab, [Blaue Raute]. Auf einem Wiesenweg zur Kreuzung Hasen, dahinter links Richtung Rotwasser.

Rotwasser - Kapfhäusle - Waldhäuser - Fohrenbühl - gut 1¼ Stdn. - Über die K 5528, hinüber zum Kapfhäusle und mit [Roter Raute mit weißem Balken] am Rand des Mooswaldes weiter. Wegweiser [Kohlplatz]. Linksbogen, dann scharf rechts zu Querweg. Auf diesem halb links nach Waldhäuser. Dort links ab mit [Gelber Raute] und Wegweiser [Mooswald, Fohrenbühl]. Schöner Waldweg oberhalb der Straße. Beim P rechts ab Richtung Gasthof-Pension Adler. Wer von dort zum Landhaus Lauble möchte, geht rechts auf der Straße zurück zum

Landhaus Lauble - Herrliches Schwarzwaldgasthaus in ruhiger Lage am Waldrand oberhalb eines kleinen Naturweihers. Modern ausgestattete und wohnlich eingerichtete Komfortzimmer. Gemütliche Gasträume, angenehme familiäre Atmosphäre. Regionale Gerichte und Gourmetmenüs, herzhafte Schwarzwälder Wurst- und Vesperspezialitäten aus eigener Herstellung sowie Kuchen und Torten aus eigener Konditorei. Saunawelt »Bergquell« mit Massageangeboten. Untere bis mittlere Preise. - Ruhetag = Mo.

TOUR
18

Hohenschramberg - Moosmannshöhle - Hinterholz - Wursthof - Imbrand - Hohenschramberg

Charakteristik - Ein sehr schöner und abwechslungsreicher Rundweg mit herrlichen Ausblicken auf die Fünf-Täler-Stadt Schramberg, auf Aichhalden und Sulzbach.
Anfahrt - Von Schramberg Richtung Hornberg, kurz vor Lauterbach rechts abbiegen mit Wegweiser [Ruine Hohenschramberg].
Parken - P an der Burgruine Hohenschramberg.

12 km

3½ Stdn.

200 m

Burgruine Hohenschramberg - Die nach dem Hohentwiel zweitgrößte Burganlage im Südwesten wurde ab 1457 unter Hans von Rechberg erbaut und später zur Festung erweitert. Im Dreißigjährigen Krieg wurde die Burg belagert und musste schließlich an die Soldaten des Herzogs von Württemberg übergeben werden. Im Pfälzischen Erbfolgekrieg wurde die Burg 1689 durch französische Soldaten zerstört. Zwischen 1957 und 1983 führten die Stadt Schramberg, das Landesdenkmalamt Baden-Württemberg und die Burgpioniere, eine ehrenamtliche Vereinigung, Ausgrabungen und Restaurierungsmaßnahmen durch. Der Blick von der imposanten Ruine mit Käferlesturm, Palas und Bollwerk über die Fünf-Täler-Stadt Schramberg ist grandios.
Hohenschramberg - Moosmannshöhle - Hinterholz - 1 Std. - Vom P an der Burgruine Hohenschramberg auf der Zufahrtsstraße zurück Richtung Schramberg, [Blaue Raute]. Nach ca. 10 Min. an der Gabelung mit Grillstelle und P rechts dem Wegweiser [Hinterholz] folgen, nach 20 m rechts auf Trampelpfad in den Wald, dann nach weiteren 20 m links aufwärts (!). Hübscher Pfad mit schöner Aussicht auf Schramberg, Sulgen und Aichhalden. Danach wieder geteerter Weg mit Gabelung, rechts auf Teer weiter bis Schild »Privatweg«, dort links auf Pfad weiter. Dann wieder geteert geradeaus weiter bis zur großen Wegkreuzung: Die [Blaue Raute] zweigt links nach Imbrand/Lauterbach ab, man geht jedoch geradeaus weiter Richtung Hinterholz, Wegweiser [Hinterholzstube]. - Nach 20 m ist ein Abstecher zur Moosmannshöhle (auch Haschierleshöhle) möglich: links ab mit Wegweiser [Moosmannshöhle], ca. 50 m hinter der Schranke rechts auf Waldpfad hinauf zur Höhle. - Dort mit Wegweiser [Hinterholzstube] und [Gelber Raute] immer auf dem Sträßchen weiter bis Hinterholz.
Hinterholz Stube - Traumhaft ruhige Idylle. Urgemütliche Wandergaststätte mit Gartenterrasse in herrlicher Lage. Der Hinterholzerhof, ein typischer Schwarzwälder Einzelhof, ist seit über 500 Jahren in Familienbesitz. Angenehme, ungezwungene Atmosphäre.

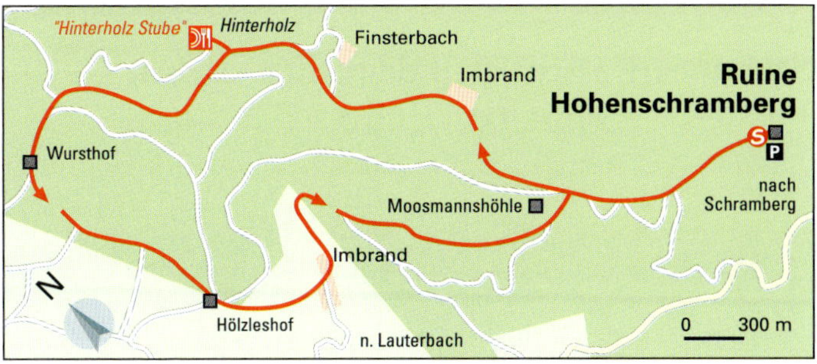

Auch für Gruppen und Familienfeiern bis 60 Personen. Abwechslungsreiche Hausmannskost. Dosenwurst aus eigener Herstellung. Schmackhafte kleine Gerichte. Flammkuchen. Kalte und warme Speisen. Wechselnde Sonntagsgerichte. Fassbier. Günstige Preise. Schöner Naturholz-Kinderspielplatz mit großer Spielwiese. - ÖZ: Täglich ab 14 Uhr, So. und Fei. ab 12 Uhr. Ruhetag = Mo.

➡ **Hinterholz - Wursthof - Imbrand - Hohenschramberg** - 2½ Stdn. - Nach der wohltuenden Rast 100 m zurück und rechts aufwärts mit Wegweiser [Heuwies/Wursthof]. Kurz vor dem Waldrand und Wursthof links mit Wegweiser [Imbrand], [Blaue Raute] auf den unbefestigten Waldmännle-Weg. An den folgenden Gabelungen immer der [Blauen Raute] folgen. Der sonnige Panoramaweg führt als Naturlehrpfad mit informativen, originellen Holzmännchen bis nach Imbrand. Am Ortseingang links, Wegweiser [Hohenschramberg], [Blaue Raute]. Schöne Aussicht in das Tal von Lauterbach, bald darauf im Wald weiter mit der [Blauen Raute] bis zur Einmündung der geteerten Straße von der Ruine Hohenschramberg nach Hinterholz. Nun rechts weiter Richtung Schramberg/Hohenschramberg, [Blaue Raute] und wie auf dem Hinweg zurück zur Ruine Hohenschramberg.

➡ **Weitere Wanderwege** ab Ruine Hohenschramberg - Geologischer Lehrpfad (1½ Stdn.) vom P der Fa. Junghans (Geißhaldenstr.) über den Lauterbacher Wasserfall zur Ruine. - Vegetationskundlicher Lehrpfad (45 Min.) von der Burg hinab nach Schramberg.

INFO

Schramberg - Schwarzwaldqualität erleben

Anfahrt - A 81 Stuttgart - Singen, Ausfahrt Rottweil - B 462 (Rottweil - Schiltach). - A 5 Karlsruhe - Basel, Ausfahrt Offenburg - B 33 Hausach - B 294 Schiltach - B 462 (Schiltach - Rottweil).
Parken - P Stadtmitte und zahlreiche ausgeschilderte P.

Schramberg (400-940 m) - Staatlich anerkannter Erholungsort mit den Stadtteilen Sulgen, Tennenbronn (Luftkurort), Heiligenbronn, Waldmössingen und Schönbronn. Malerisch im Schwarzwald gelegen besticht die Stadt Schramberg durch ihr ganz besonderes Flair. Auf hervorragend ausgebauten und beschilderten Wanderwegen kann man über sanfte, wipfelumrauschte Bergeshöhen wandern oder durch tief eingeschnittene Täler mit munter sprudelnden, kristallklaren Bächen streifen und grandiose Aus- und Einblicke genießen. Eine Vielzahl von Sehenswürdigkeiten und Freizeiteinrichtungen in Stadt und Region lädt Besucher ein, ebenso entspannte wie interessante Ferientage zu genießen. Erholungssuchende kommen ebenso auf ihre Kosten wie Liebhaber historischer Bauwerke und Technik-Fans.
Stadtmuseum - Im klassizistischen Schloss kann man in den Abteilungen Burgen, Steingut, Strohflechterei und Uhren die geschichtliche Entwicklung der Stadt erleben.
Burgen - Die Talstadt Schrambergs wird von drei Burgruinen überwacht. Von der größten von ihnen, der Hohenschramberg auf dem Schlossberg, hat man einen einmaligen Ausblick auf die Stadt. Das benachbarte »Burgstüble« lädt zur Einkehr ein.
Park der Zeiten - Im ehemaligen Villenpark des Fabrikanten Erhard Junghans kann man entspannt die Seele baumeln lassen und Kunstwerke, Spielflächen und Naturschauspiele zum Thema »Zeit« erleben.
Autosammlung Steim - Ein Highlight für alle Oldtimer-Freunde und Automobilbegeisterten. Auf einer Ausstellungsfläche von dreitausend Quadratmetern zeigt die Sammlung viele seltene Oldtimer und bietet einen interessanten Querschnitt durch die internationale Automobilgeschichte der letzten hundert Jahre.
Weitere Sehenswürdigkeiten - Astronomische Uhr am Rathaus, Falkensteiner Kapelle, Ausstellung europäische Glasmalerei und Krippen, Römerkastell, Dieselmuseum, Kloster Heiligenbronn.

Weitere Informationen
Bürgerservice und Tourist-Information
Hauptstraße 25, 78713 Schramberg
Telefon 0 74 22 / 29-215, Fax 0 74 22 / 29-209
info@schramberg.de, www.schramberg.de

Schramberg.
Fühlt sich gut an.
Beim Wandern den Schwarzwald genießen
... Mit allen Sinnen genießen: Durchs grüne Paradies wandern und kulinarische Höhepunkte erleben. Alles auf 4 angenehmen Etappen zwischen 15 und 20 km.
5 Übernachtungen mit Frühstück im Hotel, Gasthof oder Pension
1 Begrüßungsmenü
4 thematische 4-Gang Menüs
Gepäcktransfers, Wegebeschreibung, Wanderkarte, Kompass
ab EUR 375,–
pro Person
Stadt Schramberg
Schwarzwaldqualität erleben
Erleben Sie unverfälschte Natur. In Schramberg.
Genießen Sie auf Wanderungen über sanfte Bergkuppen und durch tiefe Täler das Rauschen der Tannenwipfel, das Murmeln kristallklarer Bäche oder grandiose Panoramen. Völlig stressfrei. Sagen Sie dem Alltag ade – und zeigen Sie mal wieder Ihre Beine.
Info und Buchung
Stadt Schramberg,
Abt. Tourismus
Hauptstr. 25, 78713 Schramberg
Tel. 07422/29346
Fax 07422/29209
E-Mail: info@schramberg.de
www.schramberg.de

Burgruine Hohenschramberg

Deutschlands größtes Fastnachtsmuseum »Narrenschopf« in Bad Dürrheim

Tennenbronn - Bühl - Katzenpfad - Ramstein - Schiltach - Tennenbronn

Charakteristik - Ein sehr abwechslungsreicher Rundweg mit herrlichen Ausblicken. Nach einem zünftigen, allerdings nicht allzu langen Anstieg führt die Route eben über eine einsame Höhe, um dann später in einen prächtigen Panoramaweg zu münden, der die ganze Schönheit der Schwarzwaldlandschaft offenbart. Mit einer romantischen Schlusspartie an der lebhaften Schiltach klingt ein schönes Wandererlebnis aus.
Anfahrt - L 175 Schramberg - St. Georgen. - K 5531/K 5560 von Hardt. - SBG-Busse u. a. von Schramberg, St. Georgen, Hardt.
Parken - Gäste-P beim Gasthof Adler.

9 km
2 ½ Stdn.
200 m

Tennenbronn (660 m) - Staatlich anerkannter Luftkurort im idyllischen Bernecktal, umgeben von ausgedehnten Tannenwäldern und bunten Bergwiesen. Über 100 km ausgezeichnet markierte Wanderwege und geführte Wanderungen bieten viele Möglichkeiten, den Zauber der Landschaft zu ergründen. - Die Ev. Kirche, erstmals 1179 urkundlich erwähnt, 1453 neu erbaut, wurde 1901 durch Feuer zerstört. 1902 entstand die heutige, neugotische Kirche. Im Glasfenster des Altarraums wird die Weihnachtsgeschichte dargestellt. - In den Kuranlagen steht die 460 Jahre alte Wiesenbauernmühle, die heute als kleines Museum dient. Erfrischung an heißen Sommertagen bietet das Terrassenfreibad im Erholungsgebiet Remsbach mit 74 m langer Riesenrutsche, großer Liegewiese und verschiedenen Becken mit ozongereinigtem Wasser.

Der Rundweg - Vom Gasthof Adler die Hauptstraße ca. 100 m abwärts in östlicher Richtung, Bergstraße links, Adlerstraße rechts, Friedhof. Bühlweg links, [Gelbe Raute], am Waldrand entlang, abwärts, rechts, Bach und Fahrstraße überqueren. Treppe aufwärts, links. Geräteschuppen, dort Wegweiser [Bühl - Ramstein - Schramberg]. Waldweg aufwärts, Wohnhäuser, Fahrweg, auf diesem links. Nach Doppelgarage halb rechts im Wald aufwärts, [Gelbe Raute], Wegweiser [Ramsteiner Höhe]. Am Ende einer einsamen Hochwiese am Waldrand rechts, [Gelbe Raute]. Nach 300 m links, [Gelbe Raute], wieder durch Wald. Weitere Hochwiese mit Ramsteiner Höhe und Wandertafel. Links mit Wegweiser [Hinterramstein]. Am Waldrand entlang, rechts mit Wegweiser [Hinterramstein]. Im Wald abwärts, bei Rechtskurve geradeaus (Rechtskurve weiter = Abkürzung), zur Häusergruppe Ramstein (Hinterramstein). Ausblick in das Schiltachtal und auf Sulgen. Befestigter Querweg rechts, Wegweiser [Tennenbronn]. Herrlicher Panoramaweg am Waldrand. An

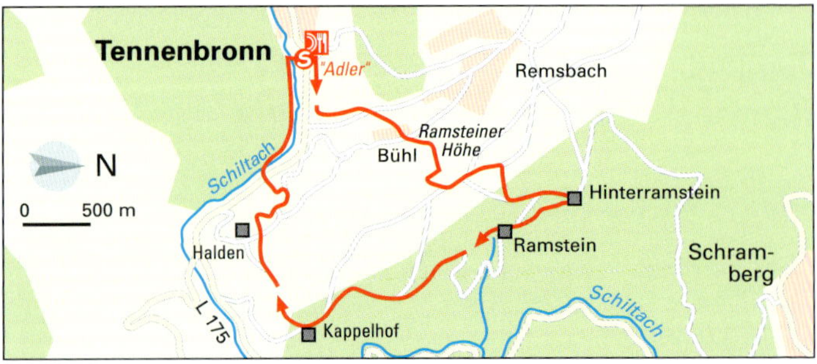

mehreren Höfen vorbei nach Kapellhof (Käppelehof). - Etwas unterhalb des Rundwegs steht die hübsche Ramstein-Kapelle, erbaut 1754, erneuert 1984/85. - Halb rechts aufwärts, Wegweiser [Halde]. Wieder traumhaft schöne Schwarzwald-Panoramen. Am Waldrand weiter. Achtung: gegenüber Einzelhaus Waldpfad halb rechts **(!)**. Hanglängs geradeaus. An Gabelung halb links abwärts, Wegweiser [Tennenbronn], schmaler Pfad talwärts. Wasserbehälter. Links an einzelnem Haus vorbei ins Schiltachtal. Fußweg ca. 100 m neben der L 175 links, [ohne Markierung]. Nach Gewerbegebäuden links, [Gelbe Raute], nach 30 m rechts, nach Haus 180/181 wieder links. Über die Schiltach, dann rechts. Reizvoller Weg parallel zum munteren Bach. Einmündung in befestigten Querweg. Rechts abwärts, Schiltachbrücke, Tennenbronn. Rechts die evangelische Kirche. Ein paar Schritte weiter lockt der Gasthof Adler zur Einkehr.

Gasthof-Pension Adler - In dem traditionsreichen Haus, seit 200 Jahren in Familienbesitz, logierte einst der Fürst zu Fürstenberg. Heute bieten die freundlich eingerichteten Gästezimmer modernen Komfort und die feine, kreative Küche verwöhnt die Gäste mit regionalen und internationalen Gerichten und Saisonspezialitäten, die frisch nach Marktangebot zubereitet werden. Wild aus eigener Jagd, Forellen aus eigener Zucht, Vegetarisches, kalte Gerichte und Desserts ergänzen die Speisekarte. Erlesene Weine aus den führenden badischen, württembergischen und internationalen Anbaugebieten, großes Spirituosenangebot. Mittlere Preise. - Ruhetag = Mo.

15 km

3¾ Stdn.

Obereschach - Rundweg Niedereschach

Charakteristik - Sehr angenehme Rundwanderung auf schönen Wegen ohne Steigungen. Wald und freie Flur mit weiten Ausblicken wechseln etwa zu gleichen Teilen miteinander ab.
Anfahrt - B 33 Triberg - Villingen-Schwenningen, zwischen St. Georgen und Villingen Abzweig über Mönchweiler. - A 81 Stuttgart - Singen, Ausfahrt Villingen-Schwenningen - B 523, Abzweig über Weilersbach. - In Obereschach: Abzweig Stumpenstraße, der Beschilderung folgen. - VSBus vom Bahnhof Villingen.
Parken - Großer P beim Café-Pension Alte Oelmühle.

Villingen-Schwenningen - Die »Doppelstadt« Villingen-Schwenningen entstand durch die Verwaltungsreform 1972. In beiden Stadtteilen gibt es viele Sehenswürdigkeiten zu entdecken. Das mittelalterliche Stadtbild von Villingen ist geprägt durch die fast vollständig erhaltene Stadtmauer mit mächtigen Wehr- und Tortürmen und schmucke Häuser mit vielen Giebeln und Erkern. Schwenningen entwickelte sich vom bäuerlich geprägten Dorf zur größten Uhrenstadt der Welt. Prachtvolle Fabrikantenvillen sind ebenso erhalten wie einige schöne Fachwerkbauten. Aus der bewegten Kultur- und Industriegeschichte Villingen-Schwenningens erzählen auch neun Museen, u. a. das Franziskanermuseumin Villingen, das Uhrenindustriemuseum und das Heimat- und Uhrenmuseum (beide in Schwenningen). Im Schwenninger Moos befindet sich der Neckarursprung. Von hier führt der 2004 eröffnete, 125 km lange Neckarweg in sechs Tagesetappen, immer dem Flusslauf folgend, nach Tübingen. - Neben den Kernstadtbezirken Villingen und Schwenningen umfasst die Stadt neun weitere Stadtbezirke: Herzogenweiler, Marbach, Mühlhausen, Pfaffenweiler, Rietheim, Tannheim, Weigheim und Weilersbach. Der idyllische Ferienort Obereschach (680-760 m) wurde 1269 erstmals urkundlich erwähnt und gehört seit 1971 als nördlichster Stadtbezirk zu Villingen-Schwenningen. Ein reizarmes Klima und reinste Luft bieten ideale Voraussetzungen zum Wandern und Radfahren.
Der Rundweg - Von der Alten Oelmühle zur K 5708. Links ab, weiter neben der Straße. An der Kreuzung geradeaus, bei Linkskurve geradeaus. Kottenweg bis Waldrand, links zu einer kleinen Kapelle und Feldkreuz. Hier [ohne Markierung] am Waldrand weiter. Rechtsbogen abwärts nach Weilersbach. Kapellenwaldstraße, W.-Becker-Straße rechts. St.-Hilarius-Straße scharf links, Unterdorfstraße links, Lindenbaumstraße rechts, Weckentalstraße links. An Rechtskurve bei Jesusfigur geradeaus (!) in den Wald. An der Kreuzung geradeaus, später Wegweiser [Niedereschach], Waldrand, Trafoturm. An Gabelung rechts, Wegweiser [Niedereschach], bei

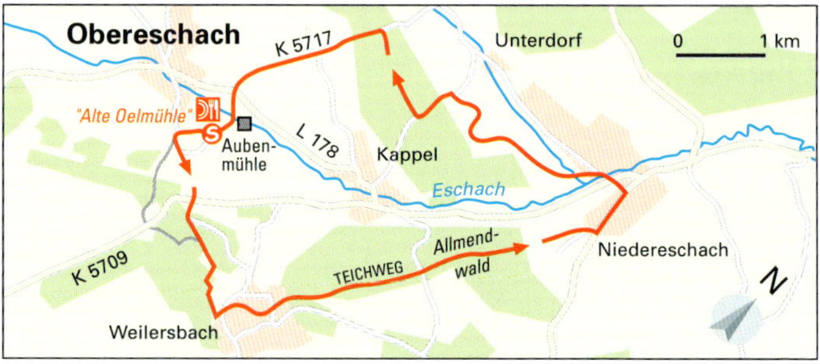

Rechtsbogen geradeaus. Allmendweg. Am Ortsrand Niedereschach an Durchgangsstraße links, [Gelbe Raute]. Obere-Lehr-Straße, Untere-Lehr-Straße links, Villinger Straße links, Eschachbrücke rechts und geradeaus. Vor P halb links, Wegweiser [Vogelkundlicher Lehrpfad]. Rechts vom Spielplatz an Dreiwegegabelung den mittleren Weg wählen, Wegweiser [Obereschach]. Nach dem Hof an Gabelung rechts **(!)**, befestigter Weg. Waldecke, Waldrand, rechts abbiegen und damit befestigtem Weg folgen. Später links mit Wegweiser [Obereschach], befestigter Weg in den Wald. Befestigter Querweg rechts, Wegweiser [Obereschach]. Querstraße/K 5717 links, [Gelbe Raute], 25 Minuten, vorbei am Winkelhof, L 178 links. Nach 1 Minute rechts abwärts zur Aubenmühle. Rechtsbogen, Eschachbrücke, Linksbogen. 1 Min. nach Betonmast rechts ab, Grasweg zum

Café-Pension Alte Oelmühle - Ein kleines Paradies mitten im Grünen mit weitläufigen Liegewiesen und Kinderspielplatz. Die behaglichen Komfortzimmer sind im rustikalen Bauernstil eingerichtet. Außerdem stehen Wohnmobil-Stellplätze zur Verfügung. Im Café mit Wintergarten und stilvollen, gemütlichen Gasträumen gibt es vorzügliche Kuchen und Torten sowie Eisspezialitäten. Die ausgezeichnete Küche ist für ihre köstlichen Forellen-Variationen (Zucht im eigenen Quellwasser) bekannt. Daneben gibt es kleine warme Gerichte und Schwarzwälder Vesper. Mittlere Preise. - Ruhetag = Do. Warme Küche von 17 bis 21 Uhr, an Sonn- und Feiertagen auch Mittagstisch.

Bad Dürrheim - Heilklimatischer Kurort und Sole-Heilbad

Anfahrt - A 81 Stuttgart - Singen, Dreieck Bad Dürrheim. - A 5 Karlsruhe - Basel, Ausfahrt Offenburg - B 33 bis zur 2. (!) Ausfahrt Bad Dürrheim. - Bahnhöfe: Schwenningen, Villingen, Donaueschingen. Bus-Anschluss.
Parken - Gut ausgeschilderte P, u. a. Stadtmitte (beim »Haus des Gastes« i bzw. Omnibusbahnhof), Solemar, Narrenschopf.

Lage - Als einziger Ort im Schwarzwald vereint Bad Dürrheim beste, reine Höhenluft mit heilender Sole, die aus der Tiefe kommt. Das Höhenklima zeichnet sich durch viele Sonnenstunden und geringe Luftfeuchtigkeit aus. Mit 700-940 m über dem Meeresspiegel ist Bad Dürrheim das höchstgelegene Solebad Europas.
Aus der Geschichte - Erste urkundliche Erwähnung 889 als »Durroheim«. Nach der Entdeckung großer Steinsalzvorkommen 1822 Aufstieg zur Kurstadt, 1851 erste Solebadeanstalt. 1974 Stadternennung. 1994 Landesgartenschau, Umgestaltung der Kurparkanlage und Umbau des Kurhauses. Heute 13.000 Einwohner. Lebendige Innenstadt entlang der Luisen- und Friedrichstraße. Die größte Maskensammlung Deutschlands ist im Fastnachtsmuseum Narrenschopf zu sehen. Das Wellness- und Gesundheitszentrum Solemar mit Sole-Erlebnis-Badelandschaft sowie Wellness-, Therapie- und Rehabereichen setzt auf die Heilkraft der Sole. Ganzjährigen Badespaß ermöglicht das Freizeit- und Familienbad Minora mit Innen- und Außenbecken, Kinder- und Babybereichen und Animationsangeboten (Kinderbetreuung, Aquajogging etc.).

TOUR 21

Bad Dürrheim - Rundweg Hochemmingen

6 km
2 Stdn.

Charakteristik- Der angenehme Rundweg führt, streckenweise auf dem Waldlehrpfad, zu einem verlockenden Einkehrziel. Auf dem Rückweg genießt man den herrlichen Panoramablick zur Schwäbischen Alb und passiert die Lourdes-Kapelle.
Anfahrt und Parken - siehe oben.

Der Rundweg - Vom »Haus des Gastes« i, in Richtung Süden, links am Rathaus 2 vorbei. [Gelbe Raute], Wegweiser [Waldlehr-

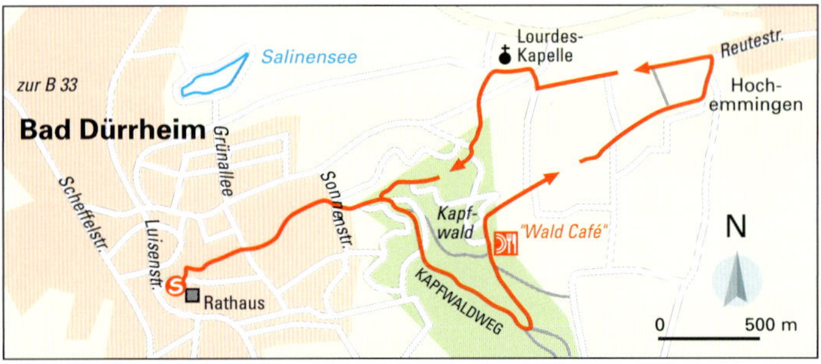

pfad, Waldcafé], Steg, Stille Musel überqueren, links ab (rechts Evangelische Kirche). An der Einmündung Wegweiser [Rundweg 1,2,3], gerade aufwärts Sonnenstraße queren, vor Brunnen halb rechts, Stufen aufwärts Richtung Kapfhütte, geradeaus, an der Gabelung halb links, Waldcaféweg, am Waldrand links zum

Waldcafé - Bekanntes, sehr beliebtes Haus in ruhiger und schöner Aussichtslage. Gepflegt rustikal eingerichtet. Große Panoramafenster mit freiem Blick in die umliegende Natur. Sonnige Terrasse. Vorzügliche, regional ausgerichtete Küche mit vielen hausgemachten Produkten, auch aus eigener Landwirtschaft: Holzofenbauernbrot, Kuchen und Obstweine. Mittlere Preise - Ruhetag = Mo.

Fortsetzung des Rundweges - Vor dem Waldcafé rechts, am Ökonomiegebäude vorbei, [Gelbe Raute], Wegweiser Richtung Hochemmingen. Asphaltierter Weg, Panoramablick auf die Alb. Nach 15 Minuten am Ortsrand Hochemmingen, Reutestraße, nach Hs. Nr. 28 links ab in die Sackstraße, gerade vorbei an Hs. Nr. 28 A, asphaltierter Weg leicht abwärts, Fahrstraße queren, Fußweg weiter zur Lourdes-Kapelle, Markierungswechsel auf [Schwarz-rote Raute]. Asphaltierten Weg verlassen **(!)**. Links aufwärts, nach 2 Minuten Autostraße queren, Weg weiter aufwärts, an der Gabelung links halten. Nach 10 Minuten Wegkreuzung, rechts ab, Markierungswechsel auf [Gelbe Raute] und Wegweiser Richtung Kurgebiet, Stadtzentrum. Am Brunnen vorbei und auf bekanntem Weg zurück zum Ausgangspunkt der Wanderung am »Haus des Gastes«.

Wandern in der wildromantischen Gauchachschlucht Hüfingen

Blick auf die Innenstadt von Villingen

TOUR

22

Behla/Hüfingen - Rundweg Eschach

16 km

4½ Stdn.

250 m

Charakteristik - Schöne, abwechslungsreiche Wanderstrecke durch offene Landschaft und stille Waldstücke.
Anfahrt - B 27 Donaueschingen - Hüfingen - Behla.
Parken - Großer Gäste-P beim Hotel Landgasthof Kranz.

Hüfingen - Das kleine Baarstädtchen mit seinen Stadtteilen Behla, Fürstenberg, Hausen vor Wald, Mundelfingen und Sumpfohren hat ca. 7700 Einwohner. Neben der malerischen Altstadt lohnt ein Besuch der Hüfinger Museen. Von der Römerzeit zeugt das Römerbadmuseum Hüfingen. Die Badeanlage gilt als eines der ältesten Kastellbäder nördlich der Alpen und bestand aus verschieden temperierten Baderäumen und einer großen Ruhehalle mit Wasserbecken. ÖZ: Mai bis Oktober So. und Fei. 14-17 Uhr, in den baden-württembergischen Sommerferien täglich 14-17 Uhr. Führungen und museumspädagogische Angebote nach Vereinbarung (Tel. 0771/6009-24). - Das Stadtmuseum - Museum für Kunst und Geschichte zeigt Werke des Hüfinger Künstlerkreises aus dem 19. Jh., eine Ausstellung zur Ur- und Frühgeschichte sowie Wechselausstellungen. ÖZ: So. und Fei. 14-17 Uhr und nach Vereinbarung unter Tel. 0771/6009-24. - Das 2007 eröffnete Schulmuseum dokumentiert 100 Jahre Schulgeschichte mit historischen Schulgeräten, Lehr- und Lernmitteln und einem historischen Klassenzimmer. ÖZ: So. und Fei. 14-17 Uhr und nach Vereinbarung unter Tel. 0771/ 6009-24.
Der Rundweg - Auf der Hauptstraße Richtung Donaueschingen, bei der Kirche Weidenbachweg links. Auf befestigtem Weg aus dem Ort und weiter geradeaus bis Hausen vor Wald, ein malerisches Haufendorf mit barocker Pfarrkirche »Peter und Paul«. Im Ort geradeaus, starke Rechtskurve, hier links in die Oberdorfstraße, geradeaus Waldstraße, aufwärts Ort verlassen. Straße geradeaus queren und auf Grasweg ca. 300 m steil aufwärts, dort rechts, [Gelbe Jakobsmuschel]. Zweiter Waldweg links Richtung Mundelfingen. Leicht abwärts und vorbei an der Kohlwaldhütte (Lichtung). Geradeaus, bis der Weg den Wald verlässt. Am ersten Wegweiser [Eschach] geradeaus weiter. Nun gibt es zwei Alternativen: 1.) Schöner Waldweg, aber nach Regen matschig: Am 2. Wegweiser [Eschach] links ab, nach 5 m rechts aufwärts in den Wald. Bei Wegweiser [Bärenholzweg], [Gelbe Raute] rechts ab. An der Gabelung rechts aufwärts. Links abwärts, [Gelbe Raute]. Waldrand. Befestigter Weg rechts. An Gabelung links, [Gelbe Raute]. 2.) Bequem auf befestigtem Weg: An beiden Wegweisern [Eschach] geradeaus weiter. Baumreihe am Weg. An Gabelung links ab auf befestigtem Weg.

Rechts an Schuppen vorbei und abwärts. Alternative 1 trifft auf 2. Bald ist Eschach sichtbar. Bis zur Hauptstraße (Brünnlestraße), dort rechts zum Dorfbrunnen. Links Bürglebuckstraße steil aufwärts, Wegweiser [Opferdingen], vorbei an der Kirche. Landwirtschaftsweg in halber Talhöhe nach Opferdingen. Im Ort bis zur Hauptstraße. Wieder zwei Alternativen: 1.) Bequem auf der Fahrstraße. 2.) Schöner Waldweg, aber nach Regen matschig und nur für trittsichere Wanderer. 1.) Auf K 5742 weiter Richtung Hausen vor Wald. Nach lang gestreckter Linkskurve folgt scharfe Rechtskurve. Direkt (!) nach der Rechtskurve rechts Waldpfad, [Gelbe Jakobsmuschel]. 2.) In Opferdingen rechts zur Kirche, Wörthgasse steil aufwärts. Auf der K 5744 ca. 600 m aufwärts bis zum Waldrand. Dort links schmaler Waldpfad (Wendtweg), Wegweiser [Behla] und [Gelbe Raute] bis zur K 5742. Hier treffen sich die Alternativen 1 und 2 wieder. Auf der Fahrstraße ca. 600 m. Nach einer lang gestreckten Linkskurve folgt eine scharfe Rechtskurve. Direkt (!) nach der Rechtskurve rechts Waldpfad, [Gelbe Jakobsmuschel]. Steil aufwärts im Wald. Bei Kreuzung geradeaus, Waldrand, geradeaus nach Behla zum

Hotel Landgasthof Kranz - Weithin bekannter Gasthof mit 150-jähriger Familientradition. Behagliche Komfortzimmer, Sauna, Solarium, Fitnessraum. In den stilvollen Gasträumen mit Kachelofen genießt man Schwarzwälder Spezialitäten, Wild- und Fischgerichte. Es wird nur Fleisch aus der eigenen Hausmetzgerei verwendet. Verkauf von Hausmacher Wurst. Mittlere Preise. - Ruhetag = Fr.

TOUR
23

Blumberg-Achdorf - Äugleinbuckweg und Scheffheuweg

5 km / 6½ km

2 Stdn. / 2½ Stdn.

200 m / 220 m

Charakteristik - Die beiden reizvollen Rundwege führen den Wanderer durch die Wald- und Flusslandschaft an der Wutach immer wieder zu interessanten Aussichtspunkten. Die herrlichen Ausblicke entschädigen für die Mühen der An- bzw. Abstiege, die bei entsprechendem Wetter rutschig sein können - festes Schuhwerk ist also unbedingt empfehlenswert!
Anfahrt - B 27 Donaueschingen - Blumberg-Zollhaus, dann K 5747 nach Achdorf. - SBG-Busse.
Parken - In Achdorf am Wohnmobilstellplatz (Äugleinbuckweg) bzw. auf dem Rathausplatz (Scheffheuweg). - Gäste-P Gasthof-Pension Scheffellinde.

Das Blumberger BahnWanderLand - Das BahnWanderLand erstreckt sich direkt an der Grenze zur Schweiz und bietet rund um den staatlich anerkannten Erholungsort eine herrliche Natur- und Freizeitlandschaft. Zu den Highlights zählen eine Fahrt mit der nostalgischen Sauschwänzlcbahn und eine Wanderung durch die wildromantische Wutachschlucht mit ihren imposanten Felsformationen. Sportliche Gäste erwartet die neue Nordic-Walking-Arena.
Äugleinbuckweg - ca. 5 km - ca. 2 Stdn. - Höhendifferenz ca. 200 m - Markierung [5 Äugleinbuckweg]. - Vom Wohnmobilstellplatz auf der Gemeindeverbindungsstraße Richtung Achdorf, vor der Wutachbrücke rechts auf geteerten Weg Richtung Klärwerk. Nach ca. 100 m (vor einem Ökonomiegebäude) rechts auf einen steil ansteigenden Teerweg, nach ca. 400 m vor einer Sitzbank rechts und entlang eines Gehölzstreifens aufwärts in den Wald. Dort auf dem Pfad geradeaus weiter (Letterngrabenwasserfall links liegen lassen) und über Serpentinen zum AP Äugleinbuck mit herrlichem Blick über das gesamte Achdorfer Tal. Auf dem Teerweg links, nach ca. 400 m bei einer Linde rechts auf die Teerstraße Richtung Überachen, dieser ca. 1,3 km mit herrlichen Panoramablicken folgen. In Überachen rechts auf den Spritzdeckenweg, nach ca. 80 m steil bergab auf Fußpfad Richtung Wutach. Unten vor der Wutachbrücke rechts und am malerischen Flussufer entlang, [Querweg Freiburg - Bodensee], zurück zum Ausgangspunkt am Wohnmobilstellplatz.
Scheffheuweg - ca. 6½ km - ca. 2½ Stdn. - Höhendifferenz ca. 220 m - Markierung [6 Scheffheuweg]. - Vom Rathausplatz auf der Blumberger Straße Richtung Eschach. Vor dem Krottenbachübergang (kurz vor Dorfende) links auf einer stetig ansteigenden Teerstraße zu Feldkreuz und Wasserreservoir. Nach 200 m links, auf

Feldweg ca. 100 m bis zum Waldtrauf, dort links. Nach weiteren 100 m AP Gemshorn mit schönem Blick auf Achdorf. Rechts steil aufwärts Richtung Scheffheu. Nach ca. 100 m wird aus dem Weg ein Pfad, der am Grat entlang, durch Fichten-, Lärchen- und Laubmischwald, steil aufwärts führt. Ebenes Wegstück zu AP mit Blick zum Eichberg, einige Meter weiter erneut AP mit Blick auf Aselfingen, Überachen und die Wutach. Nach einigen weiteren Metern auf dem ebenen Grat letzter Steilanstieg über viele Stufen zur Scheffheuhochfläche (728 m). Rechts auf Fußpfad oberhalb des Scheffheuostabhanges, der große Scheffheurutsch wird links umwandert. Nach weiteren 350 m steiler Abstieg über viele Stufen in mehreren Serpentinen. Unten Waldweg links, nach 150 m Graben überqueren und weiter auf dem später geschotterten Weg abwärts Richtung Milchweg. Nach ca. 400 m rechts auf die landwirtschaftliche Verbindungsstraße Eschach - Achdorf (»Milchweg«), über die Feldflur zurück nach Achdorf.

Gasthof-Pension Scheffellinde - Traditionsreiches Gasthaus, seit über 450 Jahren in Familienbesitz und benannt nach dem Dichter Joseph Victor von Scheffel. Das Gebäude mit markantem Stufengiebel besitzt gemütliche Gasträume, eine sonnige Terrasse mit großer Wiese und Spielplatz sowie moderne Gästezimmer. Auf der Speisekarte stehen regionale Gerichte, Wildspezialitäten aus heimischem Forst, Kuchen aus eigener Herstellung sowie erlesene badische und württembergische Weine. Mittlere Preise. - Ruhetag = Mo.

TOUR
24

Bonndorf - Wutachschlucht - Wutachmühle

13 km

3½ Stdn.

300 m

Charakteristik - Ein großartiger Weg durch den eindrucksvollsten, spektakulärsten und interessantesten Schluchtteil. Ein Weg allerdings, der besonders bei Nässe festes Schuhwerk verlangt. - Rückfahrt mit den SBG-Bussen (i. d. R. nur Mo.-Fr.). Von Ende April bis Ende Oktober an Sa., So., Fei. SBG-Wanderbusse (Fahrplan bei der Tourist-Info Bonndorf oder im Internet unter www.suedbadenbus.de).
Anfahrt - An der B 315 (von der B 314 bzw. B 317). - L 170 vom Schluchsee. - L 171 von Donaueschingen. - SBG-Busse.
Parken - U. a. an der Kirche St. Peter und Paul oder am Schloss.

Die Wutachschlucht - Bis vor ca. 70000 Jahren strömte der Fluss - 200 m höher als heute - als »Feldbergdonau« nach Osten. In der Würmeiszeit wurde diese Urdonau nach Süden zum Rhein hin abgelenkt. Danach entstand durch rückschreitende Erosionen in den geologischen Schichten Brauner und Schwarzer Jura, Muschelkalk, Keuper, Buntsandstein und Grundgebirge die heutige 170 m tiefe und 30 km lange Schlucht, eines der jüngsten Täler der Erde und eines unserer wertvollsten und vielseitigsten NSG.
Der Wanderweg - Verschiedene Einstiegsmöglichkeiten: 1) Von der Martinstraße die Bergstraße aufwärts, Philosophenweg rechts, herrlicher Panoramaweg. Linksbogen. - 2) Vom Rathaus die Brunnenstraße aufwärts, Lindenstraße, Treppe zum Philosophenweg. - Mit [Blauer Raute mit weißem Balken] über die Hochfläche zum Waldstreifen. Kräftig abwärts. Josefskapelle. Waldaustritt. - Mit schöner Aussicht abwärts auf dem Kapellenweg nach Boll (Kirche, Mühlenmuseum). Wutachstraße, beim Kruzifix Weg abwärts, NSG. Burgruinenrest Boll (Neu-Tannegg). Serpentinen hinab. Breiter Querweg rechts, [Rot-weiße Raute auf gelbem Grund]. Ehem. Bad Boll. Links ab, vor dem Steg rechts. Ebener Weg neben der hier behäbigen Wutach, vorbei an uralten bemoosten Bäumen, rechts erste Steilwände. An einer Waldöffnung bietet sich ein schöner Blick an einer Flussschnelle. Unterhalb der Felsabstürze liegen idyllische Tümpel. Danach ergießt sich ein Wasserfall über bemooste Felsen. Immer wieder entdeckt man seltene Pflanzen am Wegesrand. Eine Engstelle wird auf einem Stufenweg passiert. Bald beginnt der Ludwig-Neumann-Weg (ehem. Präsident des Schwarzwaldvereins). Anstieg, in spektakulärer Höhe entlang an jäh abfallenden Felswänden. Tolle Tiefblicke. Der Steig bleibt lange oben, die Steilabstürze sind eindrucksvoll. Schurhammer-Hütte, benannt nach dem Begründer des NSG mit Rastplatz. Felspassage. Felsstufen auf-

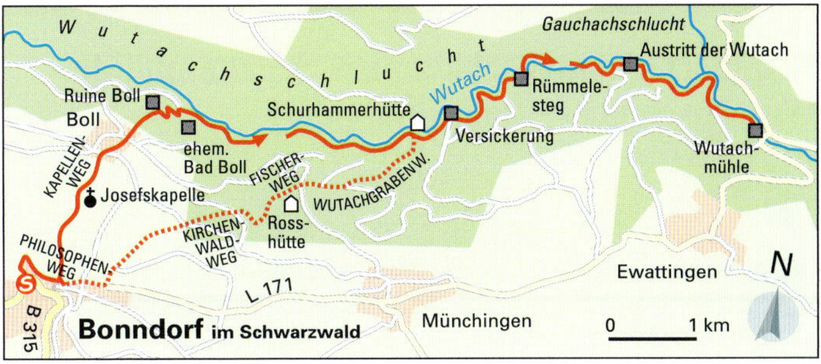

wärts, wieder unter Felsabbrüchen dahin. Dann entfernt sich der Weg für eine Weile vom Wasser, um schließlich unter Steilwänden direkt neben der Wutach herzuführen. Wunderschöne Stelle an einem mächtigen Felsrondell. Eisentreppe, Felsengalerie, darunter die Wutachversickerung (es versickert allerdings nur ein Teil des Wassers). Unter Felsüberhängen weiter. Abwärts zum neuen Rümmelesteg (1995/96). Am linken Ufer aufwärts, Rastplatz. Dann wieder an der Ach entlang bis zum Holzsteg (erb. 1966 vom SWV Bonndorf). Auf der anderen Seite hört man schon von weitem das Rauschen des vorher versickerten Wassers, das an mehreren Stellen unter den Felswänden wieder herausschießt. Romantisch weiter bis zur Mündung der Gauchach bei der überdachten Holzbrücke, 1974 erbaut vom SWV Bonndorf. - Von hier bis zur Wutachmühle noch ca. 1 km.

➡ Fußweg zurück - Wer nicht mit dem Bus von der Wutachmühle zurückfahren möchte, kehrt am besten schon bei der Gauchachmündung um. Es erwartet ihn zwar das gleiche Teilstück wie vorher, aber völlig andere Perspektiven und Eindrücke. Bei der Schurhammer-Hütte links ab, Wutachgrabenweg, [Gelbe Raute], aufwärts und rechts hinüber zur Rosshütte (1975). Rechts daran vorbei, Fischerweg weiter. An der Kreuzung mit der Münchinger Straße weiter in den Kirchenwaldweg, an der Kreuzung mit Büchleweg auf dem Tannegger Weg zur L 171. Rechts ab, Gehweg neben der Straße, Lindenstraße, Brunnenstraße, Rathaus. 10 km - 2¾ Stdn.

TOUR
25

15 km

4 Stdn.

270 m

Bonndorf - Lotenbachklamm - Schattenmühle - Wutachschlucht - Boll - Bonndorf

Charakteristik - Zwei Glanzpunkte der Ferienregion: Die romantische Lotenbachklamm und die berühmte Wutachschlucht.
Anfahrt - wie S. 86.
Parken - Gäste-P Möhringer's Schwarzwald-Hotel.

Bonndorf (700-900 m) - Staatlich anerkannter Luftkurort auf einem Hochplateau inmitten einer intakten Urlaubslandschaft. - Erste urkundliche Nennung 1223. 1806 zu Baden. - Schloss, jetzt Bibliothek und Museum, erbaut 1592-95, barockisiert 1723-26, restauriert 1976/77. Schöne Stuckarbeiten, bedeutendes Deckenfresko von Franz J. Spiegler. Schloss-Narrenstuben, über 400 Miniaturen von Theo Hany, gestaltet nach Original-Fasnet-Figuren aus Süddeutschland, »Bonndorfer Stube«, Trachtenstube, Schlosskonzerte. - Kath. Pfarrkirche St. Peter und Paul, dreischiffige Pseudobasilika, erbaut 1844-50 von J. Berckmüller. Reiche figürliche Ausstattung und ornamentale Ausmalung 1893-1900 durch F. Simmler. Renovierung 1972-74. - Kurpark mit Japanischem Garten. - Die Schwäbisch-alemannische Fasnet und das Schlossfest ziehen Besucher aus Nah und Fern an. - Originell und verlockend: das Schinkenseminar (ab 15 Personen mit Präsentation über die Herstellung von Schwarzwälder Schinken und Schinkenprobe). - Empfehlenswert: der Heimatpfad. - 16 gut beschilderte Rundwanderwege.

Der Rundweg - Von Möhringer's Schwarzwald Hotel die Rothausstraße ortseinwärts, Martinstraße weiter, Kirchstraße links aufwärts, an der kath. Pfarrkirche vorbei weiter geradeaus. Am Ortsende hinter dem Friedhof rechts. Leichter Rechtsbogen, dann links am Wasserbehälter vorbei. Querweg beim Feldkreuz links, [Gelbe Raute]. An Gabelung Galgenbuckweg halb rechts, Wegweiser [Lotenbachklamm]. Befestigter Weg zu einem Waldstreifen und dahinter durch Felder weiter, abwärts ins Tal. Querweg/Tiefentalweg links. Tiefental. Geradeaus durch Wiesen zum Wald, dort links abwärts zur L 170. Kurz links, dann rechts zur B 315 mit Bushaltestelle (SBG-Bus). Pfad scharf rechts, Wegweiser, Stufen abwärts in die Lotenbachklamm, auch lokale Markierung [5]. Zunächst wechseln sich Felspassagen, kleine Wasserfälle und Schnellen ab. Der Pfad führt dicht am Bach entlang über mehrere Stege, später in Serpentinen vorbei an Wasserfällen, und nach einem schönen Kesselfall zwischen bemoosten Felswänden und bewachsenen Hängen zum Wander-P Schattenmühle (Haltestelle SBG-Bus). Hinter der Wutachbrücke rechts, [Rot-weiße Raute auf Gelb]. Schattenmühle. Be-

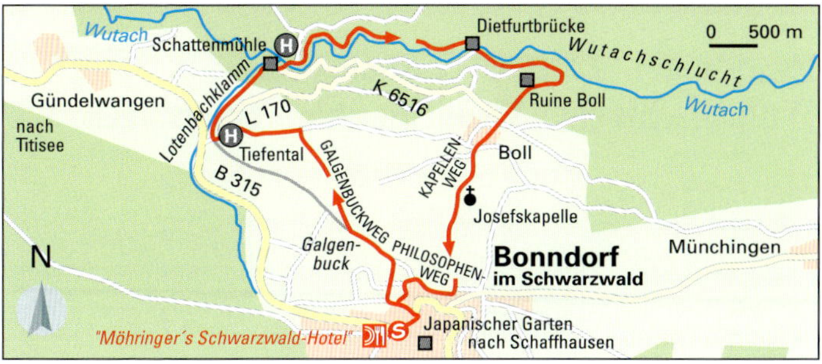

ginn der Mittleren Wutachschlucht. Hinter kleiner Brücke Pfad **(!)** halb links aufwärts **(!)**, Wegweiser. Kurz danach geht der Pfad oberhalb der gut hörbaren Wutach am Hang entlang. Dann führen Felsstufen direkt zum Flussbett. Felswände. Wiesenstück. Nach einem Anstieg geht es in stetem Auf und Ab weiter. Später bietet sich ein schöner Blick über einen längeren Flussabschnitt. Ruinen von Ober-Dietfurt. Über die Dietfurtbrücke. Konsequent der [Raute] folgen: Geradeaus, Querweg links, Stufen aufwärts, breiter Weg links. Dann Rechtsabzweig, [Blaue Raute mit Balken], Wegweiser. Serpentinen aufwärts. Rechts oben Reste der Ruine Boll. Schließlich breiter Weg nach Boll. Wutachstraße geradeaus, Kapellenweg kurz rechts, dann links aufwärts. Rückblick! Waldstreifen mit Josefskapelle. Danach durch Felder und rechts zur Baumreihe des Philosophenwegs, [RW 14], mit großartigem Blick über die Stadt. Schöner Brunnen des SWV Bonndorf. Damwildgehege. Bergstraße queren, [ohne Markierung] 30 m aufwärts, beim Steinkreuz (1974) Feldweg links zur Kirche. Wie auf dem Hinweg zurück zu

Möhringer´s Schwarzwald Hotel - Stilvolles Feriendomizil mit herzlichem Ambiente. Komfortable Wohlfühlzimmer. Lift. Gemütliche Gasträume. Großes Frühstücksbüfett. Das Küchenteam kreiert raffinierte Köstlichkeiten, auch aus der Region. 900 m^2 große Wellness- und Badewelt (Sauna, Massagen etc.). Beautycenter. Tagungszentrum (650 m^2) mit perfekter Technik. Günstige Pauschalangebote. Stimmiges Preis-Leistungs-Verhältnis. - Kein Ruhetag.

TOUR
26

Ewattingen - Gärten - Vorholzhütte - Wutachschlucht - Wutachmühle - Ewattingen

12 km

4 Stdn.

Charakteristik - Der Weg führt durch einen der spektakulärsten Abschnitte der großartigen Wutachschlucht. Vorbei an der Gauchachmündung geht es zur Wutachmühle und danach kräftig aufwärts zurück nach Ewattingen.
Anfahrt - Von Bonndorf. - Von Donaueschingen über Hüfingen. - Von Geisingen (A 81) über Blumberg, Achdorf. - BSG-Busse.
Parken - Gäste-P Gasthof Zur Burg.

Ewattingen - Das Gebiet des heutigen Wutacher Ortsteils war bereits zu vorchristlicher Zeit besiedelt, wovon Urnen- und Grabhügelfelder zeugen. Deutliche Spuren (Münzen und Grabfelder) sind auch aus römischer und alemannischer Zeit vorhanden.
Der Rundweg - Hinter dem Gasthof Zur Burg Fußweg zur Querstraße. Rechts, Wutachhalle, [Gelbe Raute], Hallenbad, Wegetafel. Ab hier weiter mit [Rotem Dreieck]. Geradeaus, Schwimmbadstraße, Querstraße kurz links, L 171 rechts. Vor der deutlichen Linkskurve Fußweg parallel zur L 171 leicht abwärts. Rechtsbogen, Abzweig halb links aufwärts. Oben befestigter Querweg rechts, an Gabelung halb links (!) Richtung Wald. Das rote Dach der Vorholzhütte dient als Wegweiser durch die Gemarkung Gärten. Am Waldrand an Vierwegegabelung halb rechts abwärts in den Wald, Sonnenrainweg. Beginn des NSG. Abzweige ignorieren. Links von einem Bächlein ins Wutachtal. Querweg rechts, [Rot-weiße Raute auf Gelb]. Erst hört man nur das Rauschen der Ach, dann führt der Weg an sie heran. Gegenüber gedeiht eine üppige Ufervegetation. Stufen aufwärts, Pfädchen hoch über dem Wasser. Holzleiter abwärts. Danach zwischen einer senkrechten Felswand und der Ach weiter. Gegenüber ist eine großartige Felsbastion zu sehen. Schöner Pfadbogen oberhalb des lebhaften Wassers. Es folgt der Abschnitt der Wutachversickerung. Es verschwindet aber nur ein Teil der Ach, was auch nur bei sehr niedrigem Stand der Wutach erkennbar ist. Rechts steigen die Feldwände jäh an. Metalltreppe und Steig unterhalb von Felsvorsprüngen. Teilweise beidseitige Drahtseilsicherung. Tolle Passage hoch über der Ach! Später links über den neuen Rümmelesteg (1995/96), weiter am linken Ufer. Bald erblickt man die Reste des früheren Stegs, auch er wurde (wie der heutige) erbaut vom Schwarzwaldverein. Aufwärts, Ruhebank, Wegweiser sowie Rettungssektor-Tafel. Abwärts und längere Zeit neben der Ach weiter. Ein Steg (mit Ausblick) führt wieder zur anderen Seite. Unterhalb einer Felswand Pfad links. Toller, z. T. seilgesicherter Ab-

schnitt. Aus den Felsspalten schießt das vorher versickerte Wasser heraus. Breitere und schmalere Pfade wechseln sich ab und führen vorbei an einem überdachten Steg, dahinter liegt die Gauchachmündung. Dem Wegweiser [Wutachmühle] folgen. Breiter Weg aufwärts, dann eben und allmählich wieder abwärts, Bühlertälerweg zur Wutachmühle. Über den Holzlagerplatz zur Fahrstraße und Bushaltestelle. Rechts ab, Linksbogen, Wegweiser. Mit [Rotem Dreieck] rechts. Wegetafel. Befestigter Weg aufwärts, Wegweiser. Nach 20 m Rechtsbogen aufwärts, Peterhaldenweg. Nach dem Waldstück Abzweig halb links. Am Waldrand aufwärts. Schöner Rückblick! Waldeintritt. Weiter aufwärts. Nach Verlassen des Waldes mündet der Weg in die Hauptstraße von Ewattingen. Auf ihr rechts zur wohltuenden Einkehr im

Gasthof Zur Burg - Das ruhig gelegene Haus zeichnet sich besonders durch seine familiäre Atmosphäre aus und verfügt über liebevoll renovierte Gasträume mit Gartenterrasse und behagliche, großzügige Gästezimmer mit Dusche/WC, TV und Balkon. Die Speisekarte ist auf die jeweilige Saison abgestimmt. Übernachtungsgästen stehen Fahrradgaragen und die Sonnenterrasse mit Liegen zur Verfügung. Ein Kinderspielplatz und eine Kegelbahn sind ebenfalls vorhanden. Attraktive Pauschalen, auch für Gruppen (z. B. inklusive geführte Wanderungen, Tanz- und Unterhaltungsabende, Menüs, Büffets, Jagdausflüge). - Ruhetag = Mo. ÖZ: Di.-So. 10-24 Uhr (warme Küche 12-14 und 17.30-21 Uhr).

In der Lotenbachklamm

Blick auf Lenzkirch mit dem Urseetal

Löffelschmiede - Holzschlag - Reichenbächle - Wutachschlucht - Haslachschlucht - Löffelschmiede

Charakteristik - Natur pur in einer großartigen, romantischen Schluchtenlandschaft mit dem belebenden Element quirlender, tosender und stürzender Wasser. Ein wahrer Hochgenuss! Sehr wichtig ist gutes Schuhwerk, vor allem in der Haslachschlucht.
Anfahrt - Von Freiburg B 31 bzw. von Triberg/Furtwangen B 500 nach Titisee - B 317/B 500 bis Abzweig B 315 - Lenzkirch - noch ca. 5 km, dann links ab, Wegweiser [Löffelschmiede]. - B 315 von Bonndorf. - SBG-Buslinie 7258 Neustadt - Lenzkirch - Bonndorf, Haltestelle Löffelschmiede.
Parken - Gäste-P Gasthaus und Pension Löffelschmiede.

13 km
3½ Stdn.
150 m

Der Rundweg - Vom Gasthaus Löffelschmiede mit [Gelber Raute], Wegweiser [Holzschlag, autofrei] über die Brücke, vor dem Steinkreuz links aufwärts zur Bushaltestelle. B 315 überqueren, breiter Weg halb links aufwärts in den Wald. Ein befestigter Weg kreuzt, hier geradeaus, Wegweiser [Holzschlag]. Später an Gabelung halb rechts. Befestigtes Sträßchen/K 4946 links **(!)**, Rechtsbogen, geradeaus. Bei Linksbogen Fußweg geradeaus weiter. Vor der B 315 rechts abwärts. Nach Linkskurve Schulstraße [ohne Markierung] halb rechts aufwärts. Ganz durch die Ortschaft Holzschlag bis zur Bonndorfer Straße (B 315). 100 m links, [Gelbe Raute], Wiesenpfädchen rechts abwärts. Waldeintritt. Rechts unten liegt der Weiher. 2 Stege führen über das Reichenbächle. Aufwärts, oben Querweg rechts, Am Mühlgraben, Wegweiser. Der schöne grasige Weg verläuft hoch über dem Bacheinschnitt und verengt sich dann zum Pfad. Rechts unten befindet sich die tiefe erdwandige Schlucht. Später bietet sich im Wald ein fast senkrechter Tiefblick zum Bach mit seinen kleinen Wasserfällen und Schnellen. Schließlich führt eine Linkskehre in die Obere Wutachschlucht. Abwärts zur sanierten holzverkleideten Stallegger Brücke (687 m). Dahinter links, [Rotweiße Raute auf Gelb]. Vorbei an der über 250 Jahre alten Stalleggtanne und einem beachtlichen Wasserfall, setzt sich der Genussweg oberhalb der lebhaften Ach fort. Später ist links unten das Kraftwerk Stallegg zu sehen. Staumauer mit Kanzel. Der Pfad verläuft weiter oberhalb der angestauten Wutach und mündet in einen breiten Weg. Hier links ab, später abwärts. Rastplatz. Hinter dem Steg über den Rötenbach links und am Hang entlang. Pfädchen links abwärts, Wegweiser [Kappel], dicht an der Wutach entlang. Dann wieder auf und ab zu einem Steg über die Gutach - kurz nach der Einmündung der Haslach auf der anderen Seite. - Die Erklärung: Als

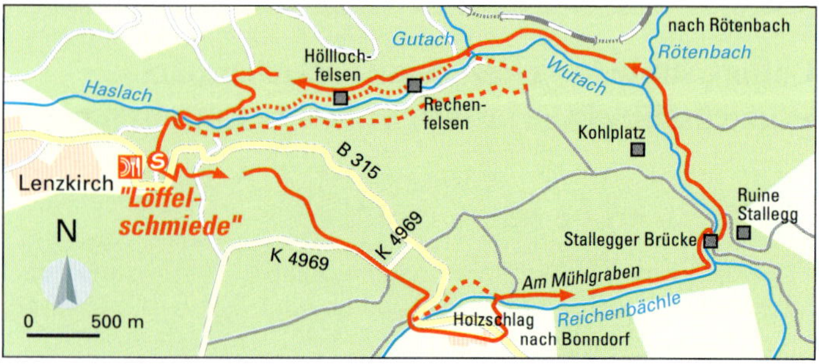

Seebach entspringt die Ach am Feldberg, durchfließt den Feldsee und den Titisee, verlässt ihn als Gutach (gute Ach) und heißt erst Wutach (wütende Ach) nach Einmündung der Haslach. - Von der Ruhebank aus gibt es mehrere Varianten für den Schlussabschnitt: 1) Parallel zur Haslach aufwärts. Bald zweigt der Pfad links ab: Eine großartige Route durch die romantische Haslachschlucht mit den Glanzpunkten Rechenfelsen und Hölllochfelsen, teils an der Ach entlang, teils hoch über die markanten Felsen. Nach dem Hölllochfelsen folgt man der [Raute] rechts hinauf zum oberen Schluchtrand. - 2) Nach dem Höllochfelsen [ohne Markierung] geradeaus, Graspfad zur Straße und Brücke. - 3) Wie 1), vorbei am Pfadabzweig, aufwärts mit der [Raute] zum Haslachhaldenweg. Links ab, Querstraße links, [ohne Markierung] zur Haslachbrücke. - 4) Von der Ruhebank über die Haslach. Kurz danach Abzweig rechts und mit der [Gelben Raute] bis kurz vor die Brücke. - Wegweisern folgen, aufwärts, unter der ehem. Eisenbahnbrücke hindurch zum **Gasthaus und Pension Löffelschmiede** - Der gepflegte Familienbetrieb liegt idyllisch direkt am Wald. Die behaglichen Gästezimmer sind mit Dusche/WC und TV ausgestattet. In den gemütlichen Gasträumen genießt man die feine badische Küche mit Forellen- und Saisonspezialitäten und kann sich unter Schatten spendenden Kastanienbäumen Eis, hausgemachten Kuchen oder ein zünftiges Vesper schmecken lassen. Kinderspielplatz. Mittlere Preislage. - Ruhetag = Di. ab 14 Uhr und Mi. ganztägig.

TOUR
28

Kappel - Zipfelsäge - Gutachtal - Hörnle - Rötenbachschlucht - Wutach - Haslach - Kappel

16 km

4-5 Stdn.

180 m

Charakteristik - Ein herrlicher Weg, der jedoch hinsichtlich der Ausdauer und Trittsicherheit einige Ansprüche stellt. Allerdings bietet er auch sehr gute Abkürzungsmöglichkeiten.
Anfahrt - Freiburg - Höllental - Titisee - Lenzkirch - Kappel. - Von Geisingen (A 81) auf der B 31 bis kurz vor Titisee-Neustadt. Rechtsabzweig, Wegweiser [Lenzkirch], in Kappel gleich nach der Kirche. - Bahn: Bhf. Neustadt, SBG-Bus bis Kappel/Kirche.
Parken - Gäste-P Schwarzwaldgasthof Zum Pfauen.

Lenzkirch-Kappel (889 m) - Der ruhige Luftkurort liegt am Südosthang des Hochfirstes - mit Blick bis zum Feldberg - und hat ca. 800 Einwohner. Der Ortskern mit dem Kurgarten wird überragt von der 1682 erbauten Kirche St. Gallus mit Zwiebelturm.
Der Rundweg - Vom Schwarzwaldgasthof Zum Pfauen mit Wegweiser [Zipfelsäge] vorbei an der Kirche St. Gallus, [Rot-weiße Raute auf Gelb]. Vor der Kurve Brändestraße geradeaus, Abzweig links, Wegweiser, [Gelbe Raute], vorbei am Friedhof. Abwärts, Linkskehre, Rechtsbogen über das Erlenbächle. Befestigter Querweg, geradeaus. Einmündung in ein Sträßchen. Nach 150 m Abzweig halb rechts, NSG. Rechtsbogen, unten die Gutach, oben die Höllentalbahn, rechts die Zipfelsäge. Hinter der Gutachbrücke aufwärts, [Blaue Raute mit weißem Balken]. Hinter der Bahnunterführung rechts, Wegweiser. Aufwärts, Waldweg parallel zur Bahn. Schöner Blick über das Gutachtal. Zwei längere Linksbogen. Hohes Bahnviadukt. Schuppen, Rechtsbogen, Pfad halb rechts abwärts. Kurz vor der untertunnelten Bahnstrecke Abzweig scharf links, Wegweiser [Hörnle], [Gelbe Raute]. - Der kürzere Weg führt geradeaus weiter in das Wutachtal. - Der Aufstieg an einem Steilhang ist bis nach Passieren des Geröllfeldes etwas mühsam. Vom Hörnle (900 m) hat man einen schönen Blick zum Feldberg. Linksbogen. Breiter Wegbogen, geradeaus. Auf dem Oberen Hörnleweg geradeaus. An der Gabelung bei den Wegtafeln halb rechts, [ohne Markierung]. Später abwärts, Querweg/Kapfweg rechts, [Gelbe Raute] zur Kapf-Hütte. Abwärts, Linkskehre, Rechtsbogen. Talwiesen (790 m). Vor dem Rötenbach Pfad rechts, [Blaue Raute mit weißem Balken]. Der überaus romantische Weg verlangt Konzentration, besonders bei Nässe. Teils geht es neben dem Bach entlang, teils hoch über ihm hinauf. Häufige Seitenwechsel. Rötenbachschlucht-Hütte. Am Steg nach dem Wasserfall rechts vorbei und Weg nach rechts, auch [Rot-

weiße Raute auf Gelb]. Links mündet der Rötenbach in die Wutach. Bald kommt der vor der Bahnunterführung verlassene Weg von vorn. Hier links abwärts, Wegweiser [Kappel], nur noch [Rot-weiße Raute auf Gelb]. Steg über die Gutach. Blick auf die Haslachmündung. Weg geradeaus aufwärts zu einem markierten Pfadabzweig. Hier gibt es 2 Wegvarianten: 1.) Pfad links durch die prächtige Haslachschlucht mit Rechenfelsen und Höllochfelsen. Vor diesem rechts hoch zum Hauptweg. - 2.) Weiter aufwärts zum breiten Haslachhaldenweg, auf ihm links (an einer Bank kommt der Weg von der Schlucht herauf). - Geradeaus, Querstraße rechts aufwärts. Nach dem Steinkreuz rechts, Grasweg geradeaus. Linksbogen zum Waldrand. Rechts an ihm entlang. Westlich der Antoniuskapelle Lindenallee links. Stationenweg 2000 mit kunstvollen Kupferkreuzen. Im Hintergrund der Feldbergturm. Steinkreuz (1971). Später folgt links eine Tafel mit Erklärungen der Kunstwerke. Querstraße rechts, Brändestraße links, Hauptstraße links, vorbei an der Kirche zur wohlverdienten Einkehr im

Schwarzwaldgasthof Zum Pfauen - Das sehr gut geführte Haus in beschaulicher Lage bietet seinen Gästen große, moderne Komfortzimmer mit Dusche, WC und Südbalkon. Behagliche Gasträume mit wohltuender Atmosphäre und großzügiger Terrasse mit schönem Ausblick. Das Küchenteam unter Leitung des Chefs versieht die Schwarzwälder und internationalen Spezialitäten mit saisonalen Akzenten. Mittlere Preise. - Ruhetag = Mo.

TOUR
29

Lenzkirch-Saig - Hochfirst - Höhenkammweg - Vögelefelsen - Batzenwaldhütte - Marienkreuz - Lenzkirch-Saig

7 km

2 Stdn.

Charakteristik - Schöne, abwechslungsreiche Wanderung mit unvergesslichen Ausblicken. Die Anstiege sind gut zu bewältigen.
Anfahrt - A 5 Karlsruhe - Basel, Ausfahrt Freiburg-Mitte, dann B 31 (s. u.). - A 81 Stuttgart - Singen, Dreieck Bad Dürrheim, A 864 Richtung Donaueschingen, dann B 31 bis Abzweigung B 317/B 500, Richtung Feldberg/Schopfheim, Lenzkirch, Waldshut. 4 km auf der B 317 bleiben, dann B 315 links Richtung Lenzkirch, nach 2 km links Richtung Saig bis Einmündung (Eckhaus links ist das Hotel Ochsen). - Busse: SBG-Bus Linie 7257, ausgehend von den Bahnhöfen Titisee, Neustadt oder Schluchsee-Seebrugg.
Parken - Gäste-P Hotel-Schwarzwaldgasthof Ochsen.

Lenzkirch-Saig - Der Heilklimatische Kurort mit ungefähr 800 Einwohnern liegt auf ca. 1000 m Höhe am Südhang des Hochfirstes und ist damit der höchstgelegene Lenzkircher Ortsteil. Der Dorfkern rund um die ehemalige Wallfahrtskirche versprüht ländlichen Charme und malerische Idylle. Ein gepflegtes Wanderwegenetz erschließt die Umgebung des zwischen Wäldern und Weiden eingebetteten Dorfes. Wintersportfans finden mit den Liften und reizvollen Loipen ideale Bedingungen vor. Ein rasantes Vergnügen ist eine Fahrt auf der kilometerlangen, abends beleuchteten Rodelbahn bis hinunter zum Titisee.

Der Rundweg - Vor dem Hotel-Schwarzwaldgasthof Ochsen Titiseestraße links Richtung Norden. 10 Min. geradeaus aufwärts, Markierung [Gelbe Raute]. Am Haus Birkenberger geradeaus **(!)**, nicht Abzweigung Hochfirstweg nutzen **(!)**. An der Wegkreuzung vor dem Hotel Waldhaus rechts Richtung Hochfirst, Markierung [Weiß-rote Raute = Querweg Freiburg-Bodensee]. Gleich wieder links, Schotterweg kräftig aufwärts, Richtung Hochfirst. Nach 5 Min. links halten, Schotterweg weiter, Serpentinen gehen. Nach 15 Min. Aufstieg wird ein Aussichtsplateau erreicht mit herrlichem Blick nach Südwesten zum Titisee. Weggabelung Luchs, links, Spitzkehre, noch 100 m zum Hochfirst (1190 m), AP mit faszinierendem Rundumpanorama. In westlicher Richtung weiter. Kleiner, schmaler Waldweg, Richtung Vögelefelsen, Batzenwaldhütte. Nach 250 m rechts weiter, dann geradeaus. Der Weg wird breiter. Nach 15 Min. bei der Abzweigung zum Vögelefelsen - rechter Hand in

Sichtweite gelegen - geradeaus. Nach 5 Min. rechts Batzenwaldhütte (1041 m), Markierung [Gelbe Raute], rechts abwärts. Bei Wegeinmündung Unterm Hochfirst (1099 m), geradeaus Richtung Marienkreuz, Saig. An Weggabelung Marienkreuz (eine Steinstele), geradeaus in den Hochfirstweg übergehend, weiter bis Haus Birkenberger, links abwärts zum Ausgangspunkt am

Hotel-Schwarzwaldgasthof Ochsen - Das imposante Gasthausgebäude blickt auf eine lange Tradition zurück und verfügt über behagliche, komfortable Wohlfühlzimmer und Nichtraucher-Ferienwohnungen sowie Hallenbad, Sauna, Dampfbad, Solarium, Fitnessraum und Tennisplatz. Kleine Gäste können sich im Spielzimmer und auf dem Kinderspielplatz amüsieren, während sich die Großen in der Wellness-Oase mit Massagen, Bädern und Kosmetikbehandlungen verwöhnen lassen. Die feine, regionale Küche bietet badische Gaumenfreuden, angepasst an die Saison und begleitet von erlesenen Weinen. Wellnesspauschalen, Wanderwochen, Familienangebote. - Kein Ruhetag.

Der Stadtmusik-Panoramaweg - 15½km - 4 Stdn. - Schöne Impressionen von Lenzkirch bietet der 2004 anlässlich ihres 160-jährigen Jubiläums von der Stadtmusik Lenzkirch eingeweihte, hervorragend beschilderte Stadtmusik-Panoramaweg. Die Route führt zu den attraktivsten Aussichtspunkten rund um Lenzkirch und eröffnet aus allen Himmelsrichtungen einzigartige Panoramablicke auf die Gemeinde im Haslachtal.

Der Schluchsee aus der Vogelperspektive

...und als attraktives Segelrevier

Schluchsee - Kurort - See - Wandern

Anfahrt - B 500 von Titisee oder von Waldshut. - B 31 von Freiburg bzw. Donaueschingen - Titisee - B 500. - Bahnstation der Dreiseenbahn Titisee - Seebrugg. - SBG-Busse, u. a. von Lenzkirch, Titisee, St. Blasien, Menzenschwand.
Parken - Mehrere ausgeschilderte P, u. a. Bahnhofstraße, Fischbacher Straße oder unterhalb der Schluchseehalle.

✪ **Schluchsee - Ort** (950 m) - In dem aus einer Waldsiedlung entstandenen Ort wurden schon 1866 die ersten »Luftkurgäste« verzeichnet. Aber erst zwischen 1920 und 1930 erfolgte - gefördert durch den Bau der Dreiseenbahn - neben dem wirtschaftlichen Aufschwung auch eine deutliche Zunahme des Fremdenverkehrs. Heute bietet der Heilklimatische Kurort ein umfassendes Gesundheitsangebot (u. a. bei Atemwegserkrankungen, Herz- und Kreislaufstörungen, Erschöpfungszuständen) und vielseitige Sportmöglichkeiten: Baden, Tauchen, Angeln, Surfen, Segeln, Paddeln, Radfahren, Tennis, Golf, u. v. a. Dem Wanderer bieten sich ca. 160 km markierte Wege. Wanderkarte und Wanderpass gibt es bei der Kurverwaltung i. Es bestehen gute Wintersportmöglichkeiten (Skilift, Loipen, 60 km Winterwanderwege, Rodelbahn, Pferdeschlitten). Kulturelle Veranstaltungen finden im Kurhaus statt. Sehenswert ist die ursprünglich 1275 errichtete und 1980 weitgehend abgerissene und neu erbaute Kath. Pfarrkirche St. Nikolaus mit eindrucksvollem Kreuzweg (1985) und spätmittelalterlichem Zwiebelturm.
✪ **Der Schluchsee** - Der größte Schwarzwaldsee entstand in der letzten Eiszeit, der Würmeiszeit. Große Talgletscher schoben sich vom Feldberggebiet weit in die Täler hinab und hobelten tiefe Becken aus, die sich nach dem Abschmelzen des Eises mit Wasser füllten. Der ursprüngliche Schluchsee hatte allerdings nur eine Länge von 3 km. Der heutige See entstand durch Anstauung: 1929-32 wurde im oberen Schwarzatal die Staumauer errichtet und der Wasserspiegel dadurch um 30 m angehoben. Dabei mussten Häuser und die alte Poststraße aufgegeben werden. Die beeindruckenden Maße des Wasserkraftwerks am Schluchsee: Nutzbarer Beckeninhalt 108 Mio m^3 - größte Länge 7,5 km - größte Breite 1,5 km - Rauminhalt der Schluchseesperre 124000 m^3 - größte Höhe der Staumauer über Gründungssohle 63,5 m - Kronenlänge 240 m - Kronenbreite 3,7 m. Bereich und Abstufung des riesigen Kraftwerk-Systems: Windgfällweiher 966,5 m - Schluchsee 930 m - Albbecken 736,5 m - KW Häusern 723 m - Mettmabecken 717,5 m - KW Witzau 474,5 m - KW Waldshut/Rhein 310,82 m. Von den unteren Kraftwerken wird mit billigem Nachtstrom das Wasser in die höheren Speicherbecken zurückgepumpt - zur Abdeckung des Spitzenverbrauchs.

Heute ist der Schluchsee ein bedeutendes Wassersportzentrum. Einen direkten Seezugang besitzt das Spaß- und Freizeitbad AQUA FUN in Schluchsee. Ausflugsschiffe verkehren ab dem Strandbad Schluchsee, Aha, der Staumauer und Seebrugg.

Terrain-Kurwege - **TK 1-4** von Schluchsee ausgehend. - **TK 5** rund um den Riesenbühl. - **TK 6** von Hinterhäuser. - Länge von 1,9 bis 7 km - Höhendifferenz von 25 bis 130 m.

TOUR

30

Rund um den Schluchsee

18 km

4½ Stdn.

Charakteristik - Der einzigartige Rundweg offenbart dem Wanderer die ganze Schönheit der Schluchseelandschaft. - Wem die ganze Strecke zu weit ist, der kann von Schluchsee bis Seebrugg und/oder von Unteraha bis Schluchsee den Zug benutzen. - Skizze auf S. 101.

➡ Schluchsee-Ort - Bahnhof Seebrugg - 3 Möglichkeiten: 1) Der schönste Weg: Von der Kurverwaltung ℹ zum Kirchplatz. Vorbei an der Kirche St. Nikolaus, Kirchsteige rechts abwärts, Faulenfürster Straße 10 m links, befestigter Weg rechts aufwärts, [Rote Raute mit weißem Balken], Wegweiser [Seerundweg]. Schluchseehalle. Walderlebnispfad Kohlgrube. Waldweg aufwärts. Breiter Querweg rechts. Wegweiser. Lehrtafeln. An Gabelung geradeaus. Rechtsbogen. B 500 überqueren. Fußsteig oberhalb der Bahn links. Steg rechts über die Bahngleise und links zum Bahnhof Seebrugg. - 2) Vom Bahnhof Schluchsee neben der B 500 und weiter wie 1). - 3) Mit der Dreiseenbahn (ggf. gratis mit der KONUS-Gästekarte).

➡ Bahnhof Seebrugg - Unterkrummenhof - Vom Bahnhof Straße geradeaus und vor der Jugendherberge rechts, wieder zur B 500. Neben ihr rechts oberhalb des Sees mit schönem Ausblick. Über die Staumauer. Dahinter rechts, [Blaue Raute mit weißem Balken], Wegweiser. Jägergutweg. Kiosk, Bootsvermietung. Tafel »Vesperstube Unterkrummenhof«. Linksbogen. Es folgt ein Wegabschnitt mit wunderbaren Ausblicken, u. a. hinüber zum Ort Schluchsee. Vorbei am Einlaufwerk der Schluchseewerk AG (hier beginnt 45 m unter dem Seespiegel der 6,2 km lange Stollen, der das Schluchseewasser zum Kraftwerk Schwarzabruck führt). Immer in Ufernähe bleiben! Der Jägergutweg geht über in den Seeweg. Der Unterkrummenweg zweigt mit der bisherigen Markierung halb links ab und man folgt nun der [Gelben Raute]. Bei der Umrundung der Kaiserbucht wird der Krummenbach überquert. Bald danach ist ein willkommenes Einkehrziel erreicht:

Vesperstube Unterkrummenhof - In herrlicher Aussichtslage genießt man auf der Terrasse die Rast. Die gutbürgerliche Küche versorgt den hungrigen Wanderer mit leckeren Gerichten, u. a. mit deftigem Vesper, Schmalz- und Käsebroten, Speckeiern, Bockwurst, Eintöpfen. Hausgemachter Kuchen. Günstige Preise. - Ruhetag = Mo. (außer Juli, August, September und an Feiertagen).

➡ Unterkrummenhof - Schluchsee-Ort - Auf breitem Panoramaweg zum Wald und allmählich wieder zum Seeufer. Von Wald und Wasser begleitet, erreicht man den Nordwestzipfel des Sees, den man auf der Muchenländer Brücke passiert. Rechtsbogen und südlich von Aha wieder an den See heran. Hübscher Weg zur Straßenbrücke. Fußweg neben der B 500 zum Fußgängertunnel. (Links zum Bahnhof Aha, von dem man mit der Dreiseenbahn nach Schluchsee zurückfahren kann - mit der KONUS-Gästekarte gratis.) Auf dem Gehsteig noch ein Stück weiter, dann Fußweg halb rechts zum See. Es folgt ein zauberhafter Abschnitt mit wunderschönen landschaftlichen Eindrücken. Nach ca. 3 km biegen die Bahngleise links ab. Den Wegabzweig parallel dazu (mit [Rotem Punkt]) kann man nehmen. Allerdings versäumt man dabei eines der malerischsten Teilstücke des Seerundwegs. Der erhöhte Pfad geradeaus [ohne Markierung] führt direkt über den Seespiegel. Zwischen einem Grashang und dem See erreicht man den Vorsprung mit dem Pavillon Amalienruhe. Prächtiger Ausblick, u. a. über den See und den Ort Schluchsee zum Riesenbühlturm. 20 m zurück und halb rechts. Oberhalb des Bootshafens weiter. Linksbogen, befestigter Weg etwas aufwärts, Wegweiser [Seeuferweg]. Nach ca. 25 m Weg rechts. Hinter dem Atelier Kunstforum zur Bahnstrecke und rechts zur Treppe. (Der Weg geradeaus führt rechts neben der Bahn direkt zum Bahnhof Schluchsee.) Mit Wegweiser [Ortsmitte] über die Holzbrücke. Danach Fußsteig über den Durchlass zur Schluchseebucht. Fahrstraße überqueren, Wegweiser [Ortsmitte], Eschenweg rechts, Unterführung der Freiburger Straße (B 500). Aufwärts, links um das Kurhaus und das Rathaus zur Kurverwaltung ℹ.

Weitere Wanderwege

➡ Schluchsee - Unterfischbach - Fischbach - Wasserwegle - Hinterhäuser - Vogelhaus - Kreuzwaldweg - Schluchsee - ca. 11 km.

➡ Schluchsee - Faulenfürster Str. - Spannerhausweg - Mühlenweg - Faulenfürst - Glasweg - Kellermannsweg - Schluchsee - ca 8 km.

➡ Schluchsee - Schlageterweg - Aha - Windgfällweiher - Altglashütten - ca. 8 km. - Rückfahrt mit der Dreiseenbahn.

➡ Schluchsee - Aha - Lachenrütteweg - Farnwitte - Hochkopfweg - Caritasheim - Haus der Natur/Feldberg - ca. 14 km. - Rückfahrt mit dem Bus bis Bärental, von dort mit der Dreiseenbahn.

TOUR
31

16 km

4 Stdn.

150 m

Hinterhäuser - Unterfischbach - Schluchsee - Faulenfürst - Steina - Lindenhof - Hinterhäuser

Charakteristik - Abwechslungsreicher Rundweg in schöner Landschaft, der den heilklimatischen Kurort Schluchsee mit seinen Ortsteilen Fischbach-Hinterhäuser und Faulenfürst verbindet.
Anfahrt - Von Schluchsee L 156 Richtung Lenzkirch, nach Unterfischbach rechts, Wegweiser [Hinterhäuser]. - L 156 von Lenzkirch Richtung Schluchsee, nach Oberfischbach links, Wegweiser.
Parken - Gäste-P gegenüber Berggasthof Alpenblick.

Der Rundweg - Vom »Alpenblick« Anfahrtsstraße westlich, [Gelbe Raute], Brisgovenkapelle (1924/25). Am Waldrand links, Straße weiter, [TK 6]. Nach ca. 10 Min. an Baumgruppe links, Wegweiser [Schluchsee]. Wiesenweg mit Blick zum Riesenbühlturm abwärts zum Rotenhof. [Ohne Markierung] über die L 156 und den Fischbach. Links zum Ortsende von Unterfischbach, [Gelbe Raute], Wegweiser. Blick zum Schluchsee. Geradeaus zur Unterführung der L 156. Mattenweg, Schmidtenberg, [ohnc Markicrung], Schluchsee. Fischbacher Straße, vorbei an Post und Kurverwaltung i zum Kirchplatz (Kirche St. Nikolaus, S. 100), Kirchsteige abwärts, Faulenfürster Straße links, [Rote Raute mit weißem Strich], später [Gelbe Raute], Einmündung in die K 4968. Waldeintritt, Fußweg neben der Fahrstraße. Nach ca. 200 m Kellermannsweg halb links, Wegweiser. Stiller Waldpfad, Ruhebank. Geradeaus, jetzt Glasweg. Mit [Gelber Raute] zur K 4968, dann K 4967 nach Faulenfürst zum **Höhengasthof-Pension Rössle** - Stattliches Haus von 1842, seit 1867 in Familienbesitz. Gemütliche Zimmer und Ferienwohnungen im Schwarzwälder Stil. Behagliche Gaststuben, Terrasse, Biergarten. Traditionelle Küche (u. a. Schäufele, Hirschgulasch, Fein-

schmeckerforelle), zubereitet aus Produkten aus eigener Landwirtschaft oder der Umgebung. Kulinarische Themenwochen. Spielplatz, Streichelzoo. P am Haus. Günstige Preise - Ruhetag = Mo.

Fortsetzung Rundweg - Hinter dem »Rössle« K 4967 links, vorbei an der Kapelle, [ohne Markierung] Neuäcker links, Im Gässle rechts. Befestigter Weg geradeaus, bei Rechtsbogen unbefestigt geradeaus, Wassertretbecken (links). Mehrere Wegbogen. Spielplatz. [Gelbe Raute]. Parallel zur Stromleitung zum P mit Rastplatz. Mühlenweg rechts. Über die K 4967 in den Wald, Mittelweg [Rote Raute mit weißem Balken], Wegweiser [Steinatal]. Heitermoosweg, an Kreuzung geradeaus. Im Wald Querweg links, dann halb rechts. Steg über die Steina, dahinter links, Wegweiser. Kurz danach Pfad scharf rechts aufwärts, Wegweiser, oben links. Beim Lindenhof die K 4988 überqueren. Geradeaus, Wegweiser, an Gabelung Waldhofweg halb links. Ruhebank mit Blick zum Schluchsee. Waldrand, Waldeintritt. Rechts großes Windrad. Unter der Stromleitung halb rechts, Blick zum Feldberg. Später an Waldecke geradeaus, Wegweiser. Bald kreuzt ein markanter Weg, hier [Gelbe Raute] links zum

Berggasthof Alpenblick - Das ruhig am Südhang gelegene Haus macht seinem Namen alle Ehre. Behagliche, modern eingerichtete Zimmer mit Balkon oder Südterrasse. Rustikale Hüttenatmosphäre. Gepflegte regionale Küche, auch kleine Gerichte. Sommerveranda, Liegewiese, Spielplatz, Waldgrillplatz. Ausgangspunkt vieler Halb- und Ganztagswanderungen. Günstige Preise.- Ruhetag = Di.

TOUR
32

Fischbach - Schluchsee-Ort - Unterer Bildsteinweg - Bildstein - Fischbach

10 km

3 Stdn.

Charakteristik - Der abwechslungsreiche Weg wird gekrönt durch die herrlichen Ausblicke vom Bildstein.
Anfahrt - Von Schluchsee bzw. von Lenzkirch auf der L 156.
Parken - Großer Gäste-P beim Gasthof Hotel Hirschen.

Der Rundweg - Vom Gasthof Hotel Hirschen Fußweg neben der L 156 abwärts, [Gelbe Raute]. Nächster Abzweig rechts abwärts, Wegweiser. Querweg links, nach 200 m rechts ab, an der Gabelung den linken Weg nehmen. Befestigter Weg zum Wald. Davor Linksbogen. An der Gabelung halb rechts aufwärts. Rechtsbogen in den Wald. Brunnen. Linksbogen abwärts, Wegweiser. Später schöner Blick auf Unterfischbach, Hinterhäuser und Fischbach. Rechtsbogen. Gegenüber ist der Riesenbühlturm zu sehen. Vorbei an der Kunstschule. Befestigter Weg. Später Linksbogen abwärts, Querweg rechts. Wegweiser. Vorblick auf den Schluchsee. Abwärts, über den Fischbach, aufwärts. Mattenweg abwärts. Unterführung der L 156. Rechtsbogen. Vor der B 500 Fußweg kurz rechts, Unterführung links (neben dem Fischbach). Jetzt mit [Blauer Raute mit weißem Balken] Sägackerweg **(!)** bis zu dessen Ende. Beim Camping Wolfsgrund über die B 500, dahinter halb links, Unterer Bildsteinweg, Wegweiser und [Blaue Raute mit weißem Balken]. Am Waldrand aufwärts, Schluchsee-Panorama. Waldeintritt. Immer wieder Aussichtspassagen, u. a. zum Unterkrummenhof (S. 103) auf der anderen Seeseite. Am Wegedreieck in bisheriger Richtung (links) weiter, längere Zeit gemächlich abwärts. Vor einer Ruhebank gibt es für die Fortsetzung des Rundweges zwei Möglichkeiten: 1.) Mit der [Blauen Raute mit weißem Balken] geradeaus weiter, Querweg rechts. 2.) Unmarkierter Waldweg rechts, Wegweiser [Bildstein]. Der Wegweiser zu dieser Abkürzung ist etwas zurückversetzt angebracht **(!)**. An der Gabelung halb links, Wegweiser. Ruhebank. Lange geradeaus, dann Linksbogen. Aufwärts und Einmündung in den markierten Weg. Scharf links aufwärts, Felsenweg - Bildstein. Steiniges Wegstück, dann fester Wanderpfad. Im Wald Abzweig scharf rechts, Wegweiser. Serpentinenpfad aufwärts. Vorbei an Felsblock mit Rastplatz. Waldpfad noch ein kurzes Stück aufwärts, dann Linksabzweig, Wegweiser. Über Felspartien geht es zum Gipfel des Bildsteins (1134 m). Umfassende Aussicht fast über den gesamten Schluchsee sowie zu vielen eindrucksvollen Gipfeln des Südschwarzwaldes, u. a. zum Feldberg mit Aussichtsturm. Letztes Wegstück zurück zur Markierung [Blaue Raute mit weißem

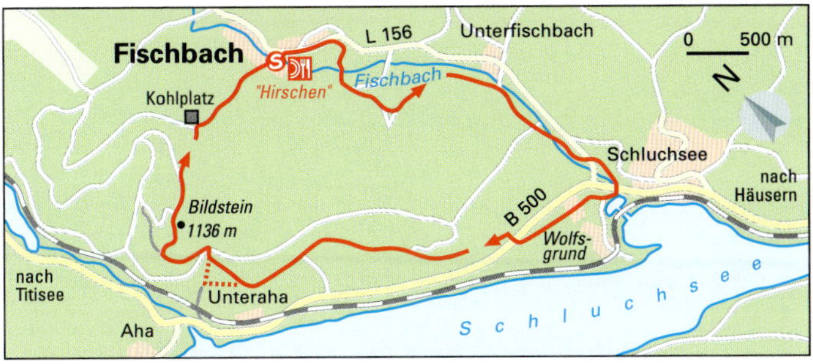

Balken]. Pfad links ab. Wegverbreiterung, Wegweiser [Fischbach]. An der Wegespinne 2. Weg links (eben) mit Markierung. Später aufwärts Abzweig ignorieren. An der Kreuzung geradeaus, Wegweiser. Aufwärts Rechtsbogen. Kohlplatz (1131 m). Stetig abwärts, Weg beibehalten. Innerhalb des Waldrandes Rechtsbogen. Am Waldende befestigter Weg abwärts ins Fischbachtal. Linksbogen über den Fischbach. Vor der L 156 rechts zum

Gasthof Hotel Hirschen - Ruhige Lage, fern allen Trubels und doch nahe des Kurorts Schluchsee, inmitten eines idealen Wandergebietes. Eigener Skilift. Langlauf-Loipe in der Nähe. Die Zimmer sind ausgestattet mit Bad/Dusche, WC, TV, Telefon, die Ferienwohnungen im Gästehaus zusätzlich mit Küche, Waschmaschine etc. Lift. Sauna, Solarium. Die exzellenten Schwarzwälder Spezialitäten aus eigener Metzgerei werden ergänzt durch einen gut sortierten Weinkeller. Café-Betrieb. Ideale Räumlichkeiten für Feste und Tagungen. Günstige Preise, attraktive Pauschalen. - Ruhetag = von November bis Mitte Dezember Do., sonst kein Ruhetag.

Rundweg NSG Ursee - Vom »Hirschen« L 156 ca. 100 m nordwestlich, mit [Blauer Raute mit Balken] rechts aufwärts. Fischbacher Höhe - Schwende - Cyriakuskapelle - Schwendebächle - Silberbrünnele. Scharf links, Urseerundweg. Rechts unterhalb das NSG Ursee, ein verlandeter Moorsee, ND der Würmeiszeit. Vorbei am Stoßfelsen - befestigter Weg links - nach 50 m Fischbacher Weg links, [Gelbe Raute] - zurück zur L 156 - rechts zum »Hirschen«.

Der Titisee ist eingebettet in die Landschaft des Hochschwarzwaldes

Wandervergnügen in den Höhen um den Ortsteil Waldau

Altglashütten - Zweiseenblick - Seebuck - Feldsee - Happ - Altglashütten

Charakteristik - Der weite Rundweg durch die Wälder des Feldberggebietes bietet eine herrliche Rundsicht vom Zweiseenblick und vom Seebuck (Auffahrt mit der Sesselbahn), auf die der Abstieg zum einsamen Feldsee folgt. Kurze sehr steile Strecken sind zu bewältigen. Gutes Schuhwerk und etwas Trittsicherheit sind erforderlich.
Anfahrt - Von Freiburg und von Donaueschingen B 31, B 500 bis Altglashütten, von Süden B 500. Beim Ortsbeginn Altglashütten von Bärental her Abzweigung rechts zum Sommerberg. - Bahnstation Altglashütten/Falkau und Bushalt.
Parken - Großer Gäste-P beim Hotel Schlehdorn.

15 km

4½ Stdn.

460 m

Altglashütten - Seit der Gemeindereform 1971 gehört Altglashütten zur Gemeinde Feldberg. Der Ortsname bezieht sich auf eine 1634 gegründete Glashütte. Auch heute kann man hier einem Glasbläser bei seiner Arbeit über die Schulter blicken.
Der Rundweg - Über dem Hotel Schlehdorn den Sommerbergweg [ohne Markierung] links aufwärts. Nach dem letzten Haus weiter bis zum Grillplatz. Weiter links **(!)** aufwärts. Über die Waldstraße geradeaus aufwärts, ab hier mit der Markierung [Blaue Raute mit senkrechtem weißem Balken], Wegweiser Richtung [Zweiseenblick]. Bei der Kreuzung mit dem Schwarzenbachweg rechts, Wegweiser [Bärhalde], halb links weiter auf dem Bärhaldenweg mit der Markierung [Blaue Raute]. Rechts vom Weg kleine Hütte, links ein Aufschluss des Bärhaldegranits. Beim Wegweiser [Gamseck] links ab, auf steilem Pfad mit Treppen und der Markierung [Gelbe Raute] zum Zweiseenblick (1292 m), Rastplatz mit schönem Blick auf den Titisee und den Schluchsee. Beim Wegweiser mit der Markierung [Rote Raute = Westweg] abwärts zur Hochkopfhütte. Rechts weiter bis zum Caritashaus (Sanatorium) am Feldberg (1225 m). Unterwegs schöne Blicke ins Menzenschwander Tal, Info-Tafel zum Thema Vergletscherung. Vom Caritashaus, Wegweiser, über die B 317 und ein Stück entlang der Bundesstraße, dann rechts mit der [Roten Raute] zum Feldberger Hof (etwa 1 km). Hier kann man das Haus der Natur (siehe S. 18) besichtigen. Mit der Sesselbahn geht es auf den Seebuck (1448 m), der ein großartiges Alpenpanorama von der Zugspitze bis zum Mont Blanc bietet. Vom Bismarckturm aus eröffnet sich ein Blick zum tief unten liegenden Feldsee. Mit der Sesselbahn oder zu Fuß zurück (knapp 1 km). Steiler Serpentinenweg mit [Gelber Markierung] zum Feldsee. Der eiszeit-

liche Karsee steht unter strengem Naturschutz. Vom Feldsee ist ein Abstecher zum Raimartihof, einer Gaststätte in einem alten Schwarzwaldhof, möglich. Zurück zur Wegekreuzung am Seesträßchen. - Wer abkürzen will, wandert direkt vom Caritashaus auf dem Seesträßchen abwärts (2,5 km). Von der Wegekreuzung mit [Gelber Raute] auf breiter Waldstraße in Richtung Neu- und Altglashütten. Links Waldhofbachfassung (unterirdischer Kanal für das Schluchseewerk). Am Wegweiser [Feldseeweg, 996 m] rechts ab, im Wald stramm aufwärts in Richtung Kohlplatz und Neuglashütten. Beim Wegweiser [Kohlplatz] über die B 317 und links in Richtung Happ. Bei Wegegabelung rechts aufwärts zum Happ (1150 m). Halb links auf dem Happweg nach Neuglashütten. Oberhalb des Gasthofs »Grüner Baum« führt rechts ein hübscher schmaler Weg entlang dem Haslachbach nach Altglashütten. Auf Höhe der Kirche geht es rechts hinauf auf dem Sommerbergweg zum

Hotel Schlehdorn - »Urlaub auf charmante Art« im komfortablen Vier-Sterne-Hotel. Großzügige Zimmer, fünf komfortable, familienfreundliche Ferienwohnungen. Schöne Gasträume im modernen Landhausstil. Regionale gehobene Küche, Wild- und Fischspezialitäten, alles marktfrisch zubereitet. Hallenbad, Beauty- und Wellnessbereich mit Sauna, Whirlwanne, Bädern, Heubett und Massagen, Fitnessraum. Geführte Wanderungen, Nordic-Walking-Touren (Stöckeverleih), Mountainbikeverleih. Ganzjährig Pauschalen. Mittlere bis gehobene Preise. - Kein Ruhetag.

TOUR
34

Feldberg-Bärental - Zweiseenblick - Neuglashütten - Bärental

8 km

2½ Stdn.

330 m

Charakteristik - Die schöne Wanderung mit herrlichen Ausblicken auf Titisee und Schluchsee beinhaltet einige steile Auf- und Abstiege.
Anfahrt - A 5 Karlsruhe - Basel, Ausfahrt Freiburg-Mitte, dann B 31 (s. u.). - A 81 Stuttgart - Singen, Dreieck Bad Dürrheim, A 864 Richtung Donaueschingen, dann B 31 bis Abzweigung B 317/B 500, Richtung Feldberg/Schopfheim. In Feldberg-Bärental rechts Richtung Bruderhalde/Kreuzung B 317 zum Hotel Adler. - Bahnhof Feldberg-Bärental. - Busse: SBG-Linien von Titisee-Neustadt, Schopfheim.
Parken - Gäste-P beim Hotel-Schwarzwaldgasthof Adler.

Feldberg-Bärental (970 m) - Die kleine Hochschwarzwaldansiedlung wurde 1691 gegründet und ist heute ein Ortsteil der Gemeinde Feldberg. Bärental besitzt den höchstgelegenen Regelstrecken-Bahnhof der Deutschen Bahn an der Strecke der Dreiseenbahn (der höchstgelegene Bahnhof Deutschlands überhaupt befindet sich auf der Zugspitze!). Die Dreiseenbahn wurde 1926 eröffnet, zehn Jahre später elektrifiziert und verbindet Titisee und Seebrugg. An der 19 km langen Strecke liegen der Titisee, der Windgfällweiher und der Schluchsee. In Bärental, wildromantisch gelegen am Fuße des Feldbergs, kann man außerdem das 1. Badische Schnapsmuseum mit Motorradausstellung besichtigen.

Feldberg-Bärental - Happ - AP Zweiseenblick - 1 Std. - Vor dem Schwarzwaldgasthof Adler Straße Richtung Bruderhalde queren, Fußweg parallel zur B 317 Richtung Osten. Nach 80 m rechts durch Fußgängerunterführung unter der B 317, rechts aufwärts, Markierung [Rote Raute = Westweg], parallel zur B 317. Auf Höhe des Hotels Adler links Treppen hoch. Links aufwärts der Straße folgen. Nach 10 Minuten rechts ab, Straße Im Dobel, weiter. Links aufwärts, Straße Zweiseenblick, schöner Blick auf den Titisee. Nach 20 Minuten rechts, kleine Holzhütte und kurz danach talseitig Hütte des SC Feldberg-Bärental passieren, weiter aufwärts. Bei Wegkreuzung Happ (1150 m) geradeaus leichter Rechtskurve folgend, jetzt stärkerer Anstieg. An Weggabelung rechts, Zweiseenblickweg. Links halten bis AP Zweiseenblick (1292 m) mit wunderschönem Panorama auf Schluch- und Titisee.

AP Zweiseenblick - Neuglashütten - Bärental - 1½ Stdn. - Vom Zweiseenblick links ab, Wanderweg, schmaler Pfad, abwärts mit Treppen, Richtung Norden, nun mit der Markierung [Blaue Raute

mit weißem Balken], die bis zum Schachenweg gilt. Nach 200 m rechts, breiter Weg Richtung Altglashütten, Schluchsee. Nach 25 Minuten an der Wegkreuzung Bärhalde (1192 m) links [ohne Markierung] auf den Schachenweg, der gleich nach 80 m nach links verlassen wird **(!)**. Wiesenweg, am Waldrand steil abwärts, Holzwegweiser [Neuglashütten, Gaststätte Grüner Baum] **(!)**. Nach 5 Minuten abwärts zum Bärhaldeweg in Neuglashütten. Kurz rechts ab, gleich links abwärts, Brünnleweg, Markierung [Gelbe Raute, Fußweg Bärental], am Gasthof Grüner Baum und Pension Berghof Kräutle vorbei. Nach den Garagen rechts, Fußweg Richtung Bärental, links aufwärts am Gebäude Nr. 6, Haus Eiche. Das Ludwigshafener Haus (Skiclub-Vereinsheim) talseitig geradeaus passieren. Am Alemannenhaus vorbei. Nach 500 m Einmündung in Zweiseenblickweg, Markierung [Rote Raute = Westweg], rechts abwärts zurück zum Ausgangspunkt am

Hotel-Schwarzwaldgasthof Adler - Das familiengeführte Hotel verfügt über liebevoll eingerichtete Zimmer, Appartements und Maisonetten. In den gemütlichen Schwarzwaldstuben und im Sommer im Adlergärtle genießt man die feine regionale Küche, die durch mediterrane und asiatische Akzente bereichert wird. Für den kleinen Hunger gibt es hausgemachten Kuchen, deftige Vespergerichte und ofenfrische Flammkuchen. Attraktive Pauschalarrangements. Mittlere Preislage. - Kein Ruhetag.

TOUR 35

7 km

2 Stdn.

Feldberg-Falkau - Stefansbühl - Braxenbühl - Titiseeblick/Schuppenhörnle - Feldberg-Falkau

Charakteristik - Schöne, leicht begehbare Wanderung, mit herrlichen Ausblicken, u. a. auf den Titisee.
Anfahrt - A 5, Ausfahrt Freiburg-Mitte, dann B 31 (s. u.). - A 81, Dreieck Bad Dürrheim, A 864 Richtung Donaueschingen, dann B 31 bis Abzweigung B 317/B 500, Richtung Feldberg/Schopfheim. - In Feldberg-Bärental links B 500 Richtung Waldshut. Nach 1 km links Richtung Falkau, Lenzkirch, Hotelroute Falkau. Nach 1,75 km links aufwärts in Theodor-Kreuz-Straße, Richtung Katholische Kapelle, Evangelische Kirche. Nach wenigen Metern liegt an der Ecke Schuppenhörnlestraße/Theodor-Kreuz-Straße das Hotel-Restaurant Peterle. - Mit der Bahn bis Bahnhof Altglashütten/Falkau, über die Falkauer Straße, wie oben.
Parken - Großer Gäste-P beim Hotel-Restaurant Peterle.

Falkau (900-1110 m) - Feldberger Ortsteil im Tal der Haslach zwischen Lenzkirch-Mühlingen und Altglashütten. Das kleine, weit verzweigte Hochschwarzwalddorf geht auf eine Holzknechtsiedlung von 1657 zurück. Der idyllische Bachlauf der Haslach geht in Vorderfalkau in einen sehenswerten Wasserfall über.

Hotel-Restaurant Peterle - Das an einem Südhang direkt am Wald gelegene Haus bietet Schwarzwälder Gastlichkeit mit Herz in Gasträumen mit Wohlfühl-Atmosphäre und heimeligen, im Landhausstil eingerichteten Gästezimmern sowie im Ferienhaus. Der Chef des Hauses kreiert feine badische Spezialitäten mit frischen Produkten aus der Region. Sauna, kostenloser Fahrradverleih, große Liegewiese mit Kinderspielplatz. Wanderwege und Langlaufloipe direkt am Haus. Pauschalen. Mittlere Preise. - Ruhetag = Do.

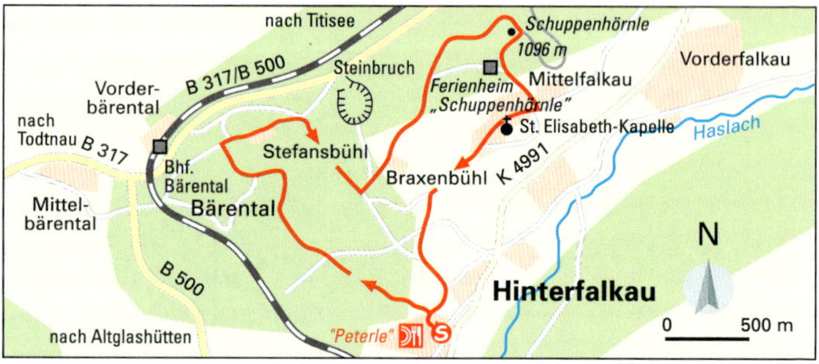

Falkau - Stefansbühl - Braxenbühl - 1 Std. - Vor dem Hotel-Restaurant Peterle aufwärts, links am Gästehaus vorbei, leichte Rechtskurve, nach 50 m links, Rotmeerweg, Beginn der [Gelben Raute], die für den ganzen Weg Richtung Bärental gilt. Stets breiter Schotterweg geradeaus. Nach 30 Min. Wegeinmündung, rechts aufwärts Richtung Stefansbühl, links an Hs. Nr. 8 und Garage geradeaus vorbei. Jetzt schmaler Fußpfad in den Wald. Nach 200 m rechts, breiter Schotterweg aufwärts. Nach 10 Min. Einmündung Braxenbühl.

Braxenbühl - Titiseeblick/Schuppenhörnle - Falkau - 1 Std. - Links, Richtung Titiseeblick. Nach 500 m geradeaus weiter, Schotterweg bleibt, nach 10 Min. am Schuppenhörnle, links ab ca. 100 m Richtung Titiseeblick. Von diesem Aussichtspunkt bietet sich ein faszinierender Ausblick auf den Titisee. Wieder 100 m zurück, links abwärts. An den Straßen Hofereck und Apostelweg vorbei, rechts abwärts, vorbei am Familienerholungsheim (Tagungs- und Bildungsstätte der Diözese Freiburg) und Kirche St. Elisabeth. Auf der Schuppenhörnlestraße Richtung Altglashütten/Bärental, immer geradeaus bis zum Hotel-Restaurant Peterle.

TOUR
36

Langenordnachtal - Rundweg Waldau

20 ½ km

6 ¼ Stdn.

Charakteristik - Abwechslungsreicher, erholsamer Tal- und Höhenweg, abseits der großen Touristenströme.

Anfahrt - B 31 von Freiburg bzw. Donaueschingen, Abfahrt Neustadt-Mitte. Nach Brückenquerung links, nach 800 m rechts, K 4985 Richtung Waldau nach Langenordnach. - B 500 Titisee-Neustadt - Furtwangen, Abzweig nach Waldau/Langenordnach. - Busse: SBG-Linie 7261 aus Neustadt und St. Märgen.

Parken - Große Gäste-P beim Hotel Sonne Post in Waldau und Schwarzwaldgasthof-Hotel Zum Löwen/Unteres Wirtshaus in Unterlangenordnach.

Langenordnachtal - Das langgezogene Schwarzwaldtal erstreckt sich in ca. 850 m Höhe von Hölzlebruck bei Titisee-Neustadt nach Norden bis nach Waldau.

Unterwirtshaus - Salenhof - Margrutt - Hochberg - Widiwander Eck - Waldau - 3 ½ Stdn. - Vom Schwarzwaldgasthof-Hotel Zum Löwen/Unteres Wirtshaus mit [Gelber Raute] auf der Straße Richtung Schwärzenbach aufwärts. An der Weggabelung nach dem Willmeshof links, Richtung Salenhof. Nach dem Kilianenhof Linkskurve, Bach queren. An der Straßeneinmündung beim Salenhof 100 m nach links Richtung Hochberg. Rechts, dann Waldeintritt und aufwärts. Nach 70 m rechts, nach weiteren 50 m links. Am Wegkreuz Salenhöhe (1090 m) rechts, bei Weggabelung links. Geradeaus bis Wegkreuz Hellewand (1138 m), [Rote Raute mit weißem Balken = Mittelweg]. Links, dann an Weggabelung erneut links bis Straßeneinmündung. 50 m nach links, dann rechts Richtung Hochberg, danach links halten. Am Wegkreuz Käshof (1068 m) rechts, Richtung Widiwander Eck. Am Gasthof Engel geradeaus bis Widiwander Eck (1110 m). Nun mit [Gelber Raute] links auf asphaltierten Fahrweg Richtung Waldau bis Einmündung in die B 500. Rechts aufwärts, nur wenige Meter zur erholsamen Einkehr in Waldau im

Hotel Sonne Post - Schmucker, gediegener Schwarzwaldgasthof, seit 1870 in Familienbesitz, umgeben von einem großen Garten mit Liegewiese, Spielplatz, Sitzgelegenheiten und Gartenschach und -mühlespiel. Zu einem Urlaubsaufenthalt laden die großzügigen

Komfortzimmer, Appartements und Ferienwohnungen ein. In der wohltuenden Atmosphäre der liebevoll mit viel Holz eingerichteten Gasträume genießt man die internationale und regionale Küche, nach traditionellen Rezepten aber im Sinne der modernen Ernährungslehre zubereitet. Mittlere Preise - Ruhetag = Mo.

Waldau - Schachenhof - Binzenhof- Unterwirtshaus - 2¾ Stdn. - Mit der [Gelben Raute] auf der Vordertalstraße in südlicher Richtung abwärts. Bach queren. Links Richtung B 500/Titisee-Neustadt. Linkskurve, Bach queren. Bei Straßeneinmündung rechts, nach dem P beim Gasthaus-Pension Schneeberg Straße queren, hinter dem Gasthaus aufwärts. Südlich Haarnadelkurve, weiter. Waldeintritt, aufwärts bis Wegeinmündung: Rechts, an Weggabelung links. Am Wegkreuz Bossenbühl (1012 m) rechts Richtung Schachenhof. Abwärts bis Einmündung in die B 500. Am Schachenhof 100 m rechts auf der Straße, dann links mit der [Gelben Raute]. Am Waldrand aufwärts, Bach queren, geradeaus, Rechts-Links-Kurve. Links, Waldeintritt. Nach 300 m geradeaus **(!)**, [ohne Markierung] (nicht der [Gelben Raute] nach rechts folgen!). Breiter Weg leicht rechts aufwärts, danach leicht abwärts bis Wegeinmündung. Links, bis zur B 500. Rechts auf der Straße, vorbei an alter Eiche und Kirche. Bei den ersten Gebäuden und dem Oberwirtshaus links aufwärts, [Gelbe Raute]. Nach dem Bauernhof rechts abwärts, am Gasthaus Hirschen vorbei. Kurz auf der Straße, links aufwärts am Binzenhof. Am Wegkreuz Unterlangenordnach-Färbershäusle (868 m) halb rechts abwärts. Nach 250 m [ohne Markierung] rechts, Bach queren, unmittelbar danach links in Wiesenweg, am Bach entlang zum

Schwarzwaldgasthof-Hotel Zum Löwen Unteres Wirtshaus - Uriges Wirtshaus, seit über 300 Jahren in Familienbesitz. Behagliche Appartements, Zimmer und Ferienwohnungen. Gemütliche, liebevoll renovierte Gasträume und große Terrasse. Die empfehlenswerte, regionale Küche bietet verlockende Spezialitäten, auch vegetarische Gerichte, Kinder- und Seniorenteller, Vesper. Neuer Wellnessbereich mit Sauna, Erlebnisdusche, Panorama-Ruheraum. Attraktive Pauschalen. Gratis-Nutzung von Bus und Bahn im gesamten Schwarzwald (KONUS). Günstige Preise. - Ruhetag = Mo.

Waldau - Jostal - Bruckbach - Waldau

16 km

4 ¾ Stdn.

Charakteristik - Erholsame, leicht begehbare Wanderung. Der erste Teil verläuft in ruhiger Waldumgebung, bevor der zweite Teil über freie Flächen mit vielen Ausblicken ins Jostal führt. - Abkürzungsmöglichkeit ab Bruckbach (siehe Text und Skizze).
Anfahrt - B 500, Abzweig Waldau, noch 1 km zum Ort. Am Ortseingang liegt links der Schwarzwaldgasthof Traube. - Bhf. in Titisee-Neustadt. - SBG-Bus 7261 St. Märgen - Titisee-Neustadt.
Parken - Großer Gäste-P Hotel Schwarzwaldgasthof Traube.

Waldau (900 m) - Ruhiger Erholungsort (350 Einwohner) in landschaftlich reizvoller Lage am Ausgang des Langenordnachtales, mit Kurgarten, Wassertretstelle, vielen Wanderwegen und Wintersportmöglichkeiten (Langlauf, Ski alpin, Rodeln).

➡ Waldau - Wintersberg - Hasenbauernhof - Jostal - 1 ¾ Stdn. - Vor dem Hotel Traube links 40 m Sonnebergweg aufwärts. Am Parkplatzende rechts Fußweg zur Hauptstraße abwärts, links Ferienheim Träuble. Hauptstraße queren, Alte Mühlenstraße rechts. Ab hier für den gesamten Weg [Gelbe Raute]. Geradeaus über den Bach, Richtung Wald. Bei der Wassertretstelle Waldau links, in südlicher Richtung am Waldrand Richtung Lorenzenhöhe. Breiter Schotterweg leicht aufwärts. An Gabelung rechts, leichte Rechtskurve aufwärts. Bei Wegkreuz Lorenzenhöhe links Richtung Die Rauh. Nach 400 m rechts leicht aufwärts, bald Waldaustritt. Links Talblick. Rechts Schotterweg weiter. Bei Wegeinmündung links in südlicher Richtung, leicht abwärts. Bei Wegkreuz Am Wintersberg (1036 m) geradeaus Richtung Die Rauh. Nach 5 Minuten rechts **(!)**, Wegweiser [Jostal 1,8 km]. Einmündung in freien Platz, links weiter abwärts, am Waldrand links entlang. Man sieht die ersten Häuser von Jostal und erreicht den Hasenbauernhof und das Jostalstüble.

➡ Jostal - Lickertenhof - Bruckbach - Doldenbühl - Süßes Häusle - Simonshof - Waldhäusle - Waldau - 3 Stdn. - Beim Unterhöfenhof Straße Richtung B 500/Titisee-Neustadt queren, [Gelbe Raute]. Geradeaus Richtung Wald, nach 200 m Bachüberquerung. Am Waldrand rechts aufwärts. Am Wegkreuz Höfenloch geradeaus. Gabelung geradeaus Richtung Bruckbach, danach rechts halten, schmaler Weg. Waldaustritt, Wiesenweg abwärts, man sieht die B 500/Titisee-Neustadt, jetzt parallel zur Straße bis Einmündung. An Hs. Nr. 2 (Landmaschinenhandel/-werkstatt) links in geteerte Fahrstraße **(!)** [ohne Markierung]. Nach 20 Minuten am Lickertenhof rechts Richtung Breitnau, Bruckbach. Nach 5 Minuten am Alten Schulhaus (heute: Haus Bader-Ketterer) links Richtung Bruckbach, [Gelbe

Raute]. Bei Straßeneinmündung Breitnau, Bruckbach, links (rechts Abkürzung nach Waldau, siehe Skizze). Nach Hs. Nr. 27 (Wohnhaus/Sägewerk) rechts, gleich hinter dem Haus wieder rechts **(!)**. Nach 10 Minuten links am Waldrand entlang. Waldeintritt. Fahrstraße queren, geradeaus, Gabelung links, weiter nördlich, weitere Fahrstraße geradeaus queren. Am Wegkreuz Doldenbühl (1075 m) rechts, [Rote Raute = Westweg]. Bei Schutzhütte geradeaus, am Waldrand entlang. Nach 250 m rechts Richtung Süden, nach wenigen Metern links. Am Wegkreuz Doldenbühlschanze links Richtung Süßes Häusle. Nach 15 Minuten am Wegkreuz Süßes Häusle rechts, [Gelbe Raute], Richtung Kuhnenbach abwärts. Nach dem Kuhnenbachhof aufwärts, weiter oberhalb des Skilifts. Am Simonshof Straße Richtung B 500/Titisee-Neustadt geradeaus queren. Nach 5 Minuten Waldeintritt nach links. Nach 150 m rechts, Schotterweg verlassen **(!)**, Richtung Waldau. Am Waldhäusle (Einzelanwesen) geradeaus durch Wald leicht aufwärts. Stets geradeaus zwei Wege queren und zur Wassertretstelle Waldau, zurück zum

Hotel Schwarzwaldgasthof Zur Traube - Titisee-Neustadts ältester Schwarzwaldgasthof in idyllischer Lage, gemütlich im regionaltypischen Stil eingerichtet, mit Terrasse und Gartenwirtschaft. Komfortable (Familien-)Zimmer und Appartements im Haupt- und Gästehaus. Gutbürgerliche Küche in bester Schwarzwaldtradition, u. a. Fleisch vom Bauernhof, eigene Forellen, Vegetarisches. Badische Weine. Mittlere Preise. - Ruhetage = Di. ganztägig, Mi. bis 16 Uhr.

St. Peter - Vogesenkapelle - Plattensee - Willmendobel - Heitzmannberg - St. Peter

Charakteristik - Sehr schöner und abwechslungsreicher Rundweg auf den Höhen oberhalb des Luftkurorts St. Peter (722 m).
Anfahrt - Von Freiburg über Ebnet - Stegen auf der L 127. - A 5 bis Ausfahrt Freiburg-Nord - B 294, L 112 Glottertal - St. Peter. - Von Osten B 31 bis Hinterzarten, dann B 500 über Thurner - St. Märgen. - SBG-Bus von Freiburg Hbf. über Stegen oder Glottertal.
Parken - Gäste-P der Hotels. Zwei große öffentl. P in St. Peter.

15 km

4½ Stdn.

400 m

St. Peter - 1093 als Benediktinerabtei gegründet. Doppeltürmige Barockkirche, große Klosteranlage mit gut erhaltener Bibliothek.
Hotel-Restaurant Zur Sonne - Eines der 250 besten Landgasthäuser Deutschlands in zentraler, aber ruhiger Lage. Komfortable Zimmer, stilvolle Gasträume, Terrasse. Gepflegtes Ambiente. Feine badische Küche mit französischen Akzenten, zubereitet aus eigenen Produkten. »Kulinarische Sternstunden«. Biosauna, Massage, Anwendungen. Mittlere bis gehobene Preise. - Ruhetag = Mo. (Rest.).
St. Peter - Vogesenkapelle - Plattensee - 2 Stdn. - Von der »Sonne« aufwärts zum Klosterhof, links durch Torbogen, neben Kirchenportal rechts zwischen Friedhof und Klostermauer in Kapellenweg, [Gelbe Raute], zum »Jägerhaus«. Unter der L 127 hindurch, Wegweiser Mühlegraben (720 m), Schmittenbachstraße aufwärts. Beim ersten Kreuz am Weg rechts, [Gelbe Raute], über den Weisenhof aufwärts. Beim Wegweiser Vorder-Willmen rechts durch Wald an der Hochritti zur Vogesenkapelle (1015 m), toller Blick zu Feldberg und Vogesen. Dahinter ca. 100 m direkt nach Norden **(!)**, dann Brückleweg, links über Wegweiser Vorderer Hochwald zur Wegkreuzung Jockenweg. Dort rechts, [Gelbe Raute], zum Wegweiser

Jockenhof, Finstergrundweg geradeaus, oberhalb des Plattensees bis vor den Stockhof. Links abwärts Teerstraße unter der Plattensee-Staumauer hoch zum Wegweiser Hogenhof (961 m). Abstecher zu den Zweribachfällen (S. 123) möglich (ca. 1 Std.).

Plattensee - Gschwinghof - Willmendobel - Heitzmannberg - St. Peter - 2½ Stdn. - Am Wegweiser Hogenhof links, Teersträßchen, [Blaue Raute], über den Plattenhof (mit [Gelber Raute] links halten) zum Gschwinghof. Dort Teersträßchen rechts abwärts, [ohne Markierung], Straße Schönhöfe, in das Glottertal (Abkürzung nach St. Peter links, 4½ km). An mehreren Höfen vorbei abwärts, bis unterhalb des Urgrabenhofes. Glotterbrücke rechts. Dort [ohne Markierung] links aufwärts (!) zum Winterbauernhof, beim Hof rechts, Gabelung links, in den Wald, beim Auftreffen auf breite Forststraße rechts, [Gelbe Raute], Kreuz von 1988. Abwärts in den Willmendobel. Bei einzeln stehender Tanne links aufwärts, Holzwegweiser [St. Peter], [ohne Markierung]. Durch Wald und über Weiden zum Wegweiser Heitzmannberg (900 m). Hier bei Silo rechts, [Gelbe Raute], auf Teersträßchen über aussichtsreiche Höhen zum Heitzmannhof. Alte, strohgedeckte Mühle. Über den Steingrubenhof, am Campingplatz vorbei, rechts Fußweg, [Kandelhöhenweg = Großes K auf roter Raute], über die L 112 und auf dem Scheuerweg zum Klosterhof und zur »Sonne«. Kapellenweg zum

Hotel-Gasthof Jägerhaus - Heimeliges Landgasthaus am nördlichen Ortsrand mit Sonnenterrasse, Liegewiese und neuem Hotel-

St. Märgen mit der Kloster- und Wallfahrtskirche Mariä Himmelfahrt

Panoramablick über Hinterzarten

anbau. Behagliche Gästezimmer im Landhausstil. Neu gestaltete, helle Gasträume mit Panoramablick bis zum Feldberg. Badische Küche mit Betonung saisonaler Spezialitäten. Sauna, Solarium sowie Massage- und Wellnessangebot, Kegelbahnen, Spielplatz. Mountainbikeverleih, Pauschalarrangements. Mittlere Preise. Ruhetag = Mi., im Winter auch Do. bis 17 Uhr.

TOUR 39

St. Märgen - Birkfelsen - Hirschbachfälle - Zweribachfälle - Kapfenkapelle - St. Märgen

11 km

4 Stdn.

280 m

Charakteristik - Romantischer Weg mit Felsen und Wasserfällen, tiefen Wäldern und schönen Ausblicken. Teilweise sehr steil und steinig, gutes Schuhwerk und Trittsicherheit unbedingt erforderlich. Eine Abkürzung ohne Steilstrecken ist möglich.
Anfahrt - A 5 bis Freiburg-Nord, B 294 bis Abzweig Glottertal, L 112 über Glottertal - St. Peter, L 127 bis St. Märgen. - B 31 von Freiburg bis Abzweig Buchenbach, L 128 über Buchenbach - Wagensteig. Von Titisee-Neustadt B 31 nach Hinterzarten, B 500 bis Abzweig L 127 nach St. Märgen. - Busse von den Bahnhöfen Freiburg, Kirchzarten, Hinterzarten und Neustadt und von St. Peter.
Parken - Gäste-P beim Gasthaus Rößle, dort auch öffentlicher P.

St. Märgen (880 m) - Luftkurort und Wintersportplatz in freier Lage auf einer Hochebene. Barocke Kloster- und Wallfahrtskirche Mariä Himmelfahrt. Sehenswertes Klostermuseum zu Uhrenherstellung und -handel, Hinterglasmalerei, Volksfrömmigkeit, Schuhmacherhandwerk, Werke des Klosterbildhauers Matthias Faller.
Gasthaus-Pension Rößle - Zentral im ruhigen Ortskern gelegen. Traditionsreicher Familienbetrieb mit behaglichen Zimmern und gut ausgestatteter Ferienwohnung sowie Lift, Sauna, Solarium, TV-Raum und Garagen. Rustikale Gasträume und Gartenterrasse. Gutbürgerliche badische Küche mit wechselnden Saisonspezialitäten, vegetarische Gerichte, Wild aus heimischer Jagd, Schwarzwaldforellen und Bodenseefische sowie zünftige Schwarzwälder Vesper. Mittlere Preislage. - Ruhetage = Do. und Fr. bis 17 Uhr.
St. Märgen - Rankmühle - Birkfelsen - Hohwartsfelsen - Hirschbachfälle - Zweribachfälle - 2 Stdn. - Gegenüber vom Gasthaus-Pension Rößle Wegweiser (890 m), 200 m weiter bis zum nächsten Wegweiser St. Märgen Hirschen, dort Landfeldweg links Richtung Rankmühle, [Gelbe Raute]. Von der Rankmühle (sehenswertes altes Schwarzwaldhaus) geradeaus auf Teersträßchen, vorbei am Birkwegerlehof und dem Theehof. Schöner Blick in Richtung Feldberg

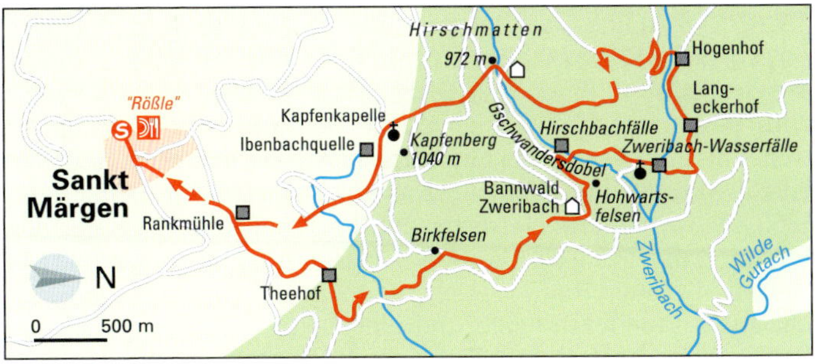

und Schauinsland. Auf breitem Forstweg in den Wald, beim Wegweiser Hirschwinkel links weiter am oberen Rand des steilen Wildgutachtales. Links abzweigend nach 60 m Ruhebank mit schöner Aussicht auf die Höhen jenseits des Tales. Kleine Brücke über steilen, felsigen Bachlauf. Am Fuße des Birkfelsens (889 m) Forsthütte mit Brunnen. Der Gipfel des Felsens ist von oben her nicht mehr begehbar. Hinter der Hütte an der Weggabelung mit der [Gelben Raute] links aufwärts. In einem Linksbogen, links Schutzhütte, beim Wegweiser auf einem schmalen Pfad rechts abwärts. Hier beginnen das NSG und der Bannwald Zweribach. Wer das steile Wegstück bis zu den Zweribachfällen vermeiden will, geht links direkt weiter zum Gschwandersdobel. Zuerst auf schmalem Weg zum Hohwartsfelsen (auf einem schmalen Grat kann man ungesichert **(!)** auf den Felsen mit schönem Tief- und Fernblick gehen). Hinab zu den Hirschbachfällen. Steiles, felsiges Wegstück **(!)** mit Steg über den Fall, Stufen und Geländer zum Wegweiser Brunne (750 m). Standort des früheren Brunnehofes, nur eine kleine hölzerne Kapelle ist erhalten, außerdem gibt es einen Rastplatz mit Schutzhütte. Auf schmalem, steinigem Weg mit Stufen und Seil-Sicherung aufwärts zu den Zweribachfällen (800 m), [Blaue Raute]. Auf einem Metallsteg über den Wasserfall. Vorsicht, Weg nicht verlassen!

➡ **Zweribachfälle - Hogenhof - Gschwandersdobel - Kapfenkapelle - St. Märgen** - 2 Stdn. - Vom Wasserfall aus steil aufwärts, dann links auf breiterem Waldweg zum Langeck (924 m), Wegweiser. Dort auf

Teersträßchen links zum Langeckerhof. Beim Hogenhof, Wegweiser, vor dem Plattensee-Staudamm links abwärts, [Gelbe Raute]. Wieder links auf einen breiten Forstweg, diesem links folgen bis zum Wegweiser Gschwandersdobel. Bei zwei Hütten geradeaus weiter bis zum Wegweiser Hirschmatte (975 m), dort rechts auf dem Kirchweg durch den Wald zur Kapfenkapelle (1029 m), erbaut um 1850, 1975 erneuert. Herrlicher Ausblick auf den Feldberg, den Schauinsland, zeitweise zu den Alpen und zu den Vogesen. Abwärts der [Blauen Raute] folgen, auf meist befestigten Wegen, vorbei an der Ibenbachquelle und einer alten Schanze zurück zur Rankmühle und nach St. Märgen zur Einkehr im Gasthaus Rößle.

TOUR **40**

Hohlengraben - Thurner - Holzschlag - St. Märgen - Pfisterwald - Neuhäusle - Hohlengraben

14 km

4 Stdn.

300 m

Charakteristik - Durch tiefe Täler, entlang munterer Bäche, durch prächtige Tannenwälder und über sonnige, aussichtsreiche Höhen führt dieser Rundweg in den Luftkurort St. Märgen mit seiner sehenswerten Klosterkirche.
Anfahrt - L 128 von St. Märgen bis Thurner, B 500 bis zum Gasthaus Zum Kreuz. - B 500 von Hinterzarten oder von Furtwangen. - Von Titisee-Neustadt über Waldau. - SBG-Busse von Freiburg über St. Peter und St. Märgen, von Kirchzarten Bahnhof, von Hinterzarten und von Titisee-Neustadt über Waldau.
Parken - Gäste-P beim Gasthaus Zum Kreuz.

Hohlengraben - Thurner - Mathisenmühle - Holzschlag - St. Märgen - 2 Stdn. - Vom Gasthaus Zum Kreuz am Hohlengraben (1045 m) beim Wegweiser rechts mit der [Roten Raute] des Westweges in Richtung Thurner. Über die B 500 zum Süßenhäusle, dann entlang der B 500 (P, Infotafel) zum Thurner-Wirtshaus, Wegweiser. Dort wieder über die B 500 und auf einem schmalen Wiesenweg (bei Firma Schuler Landtechnik) abwärts in Richtung Mathisenmühle und St. Märgen/Talweg, [Gelbe Raute]. Holzsteg über den Erlenbach, über Teersträßchen, nach 200 m links in den Wald (!). Schöner Blick zum Schauinsland. Durch Hochwald hinunter zur Pfistermühle von 1502/1981. Entlang des Erlenbaches zur Mathisenmühle, Wegweiser, auf Teersträßchen weiter abwärts. Dann rechts in den Wald, eben und abwärts bis zum Wegweiserstandort Mitteleckle (760 m). Dort geht es rechts ab zum Neuhäusle, mögliche Abkürzung. Links weiter in Richtung Holzschlag/Glockenhäusle (725 m), Wegweiser. Weiter auf der Teerstraße nach St. Märgen, links mehrere große

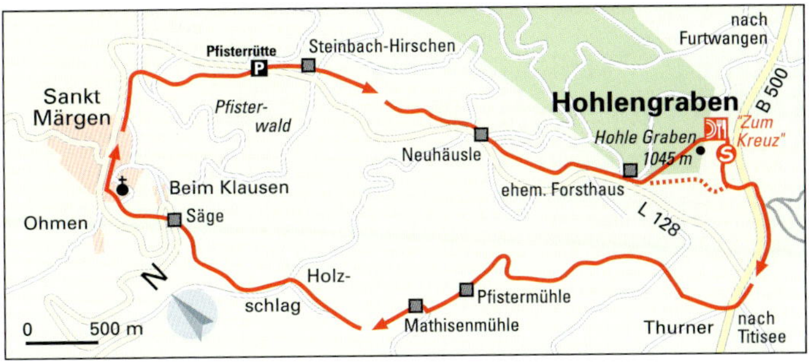

Tannen, rechts steile Felsen. Bei der Säge, Wegweiser, über die L 128 und auf einem Wiesenpfad steil aufwärts nach St. Märgen.

St. Märgen - Pfisterwald - Neuhäusle - Hohlengraben - 2 Stdn. - Vom Wegweiser St. Märgen Ortsmitte (890 m) mit [Gelber Raute] entlang der Hauptstraße aufwärts durch den Ort, am Ortsende rechts zum Pfisterwald, einem besonders schönen naturnahen Tannenwald. Am Wegweiserstandort Im Pfisterwald rechts zum Wegweiser Winterpfad, [Blaue Raute], auf dem Waldlehrpfad bis zum P Pfisterrütte, Wegweiser. Über die L128, parallel zur Straße bis zum Wegweiser Steinbach-Hirschen (947 m). Geradeaus weiter über eine aussichtsreiche Höhe, Blick zum Feldberg und Schauinsland, nach St. Peter/Kandel, zu den Vogesen, oft auch Alpensicht. Beim Gasthaus Neuhäusle (933 m), Wegweiser, über eine weitere aussichtsreiche Höhe, zum Ehemaligen Forsthaus, Wegweiser. Die [Blaue Raute] geht über eine alte Schanze auf den Westweg, [Rote Raute], und links zum Hohlengraben. Der oberste Weg links beim Forsthaus führt [ohne Markierung] direkt ebenfalls dorthin.

Gasthaus Zum Kreuz mit Gästehaus - Ruhige Lage in einem schönen Wander- und Skigebiet (»Thurnerspur«). Gästehaus mit behaglichen, komfortablen Zimmern, Appartements und Ferienwohnung. Gemütliche, helle Gasträume. Badische Spezialitäten, ausgesuchte Wild- und Fischgerichte, ausschließlich aus saisonfrischen Produkten zubereitet. Reichhaltige Vesperkarte, feine Kuchen. Fitnessraum, Tischtennis. Mittlere Preise. - Ruhetag = Do.

TOUR
41

Breitnau - Weißtannenhöhe - Oberer Fahrenberg - Breitnau-Kirche - Wirbstein - Breitnau

11½ km

4 Stdn.

180 m

Charakteristik - Der Rundweg führt über aussichtsreiche Höhen und durch gepflegte Wälder und ist bis auf den Anstieg zur Weißtannenhöhe nur mäßig steil.
Anfahrt - Über B 500 von Furtwangen bzw. Titisee, B 31 von Freiburg bzw. Donaueschingen. - Busverbindungen mit der SBG.
Parken - Großer Gäste-P Hotel Faller. Öffentlicher P Ödenbach.

Hotel-Restaurant-Café Faller - Sehr gepflegtes Haus mit schöner Aussicht. Behagliche Gästezimmer mit modernstem Komfort, Lift. Stilvolle, rustikale Gasträume, sonnige Terrasse. Leichte und bekömmliche Küche, badische und internationale Spezialitäten, Wild und Fisch aus der Region. Schwarzwälder Vesper. Hausgebackene Kuchen. Sauna, Fitnesscenter, Solarium. Kinderspielzimmer, Kinderspielplatz, Tiergehege. Mittlere Preise. - Ruhetag = Do. (nicht im Hotel; Restaurant nur für Hotelgäste geöffnet).

Der Rundweg - Vom P beim Hotel Faller 100 m an der B 500 nach Süden, dann links den Ödenbach hoch. Wegweiser beim Baschihof (933m). Mit [Gelber Raute] Teerstraße aufwärts zum Steiertenhäusle, Wegweiser. Scharf links aufwärts über Weide durch den Wald. Am Waldende rechts und gleich wieder links steil hoch über Weide, Wegweiser Winterhalden. Rechts, ca. 200 m auf der Teerstraße, dann beim Wegweiser Beim Holzhof (1055 m), scharf links hoch über die Weide. Schöner Blick in Richtung Hinterzarten/Feldberg. Im Wald, Wegweiser Im Alten Holzhofwald, sehr steil geradeaus hoch zur Weißtannenhöhe, Hütte, Wegweiser. Ab hier [Rote Raute = Westweg], links bis zum Gipfel im Wald, 1192 m. Weiter gerade-

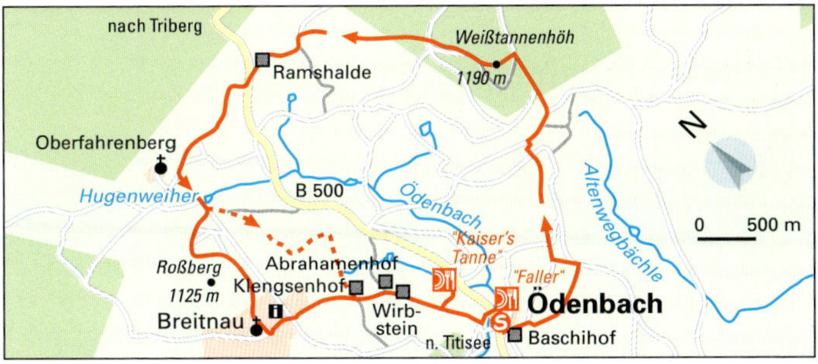

aus, schöner Blick auf Breitnau. Rechts auf breiter Forststraße bis zum Wegweiser Beim Eckershäusle. Durch Wald und über Weiden geradeaus. Leicht aufwärts zur Fahrenberger Höhe. Blicke zurück zum Feldberg und vorwärts Richtung St. Märgen. Beim Wegweiser Fahrenberger Höhe, ein »Landsitz« (Designerbank), links abwärts, jetzt wieder [Gelbe Raute], über »Ankenbühl«, Wegweiser zur Ramshalde, Wegweiser, Bushaltestelle zur vorzeitigen Rückkehr. 50 m an der B 500 entlang, unter dieser hindurch, über weite Weideflächen an alter Gemarkungsgrenze entlang bis zum Oberen Fahrenberg (1074 m), Wegweiser. Schöner Blick Richtung St. Peter, St. Märgen, Kandel. Links ab über den Hugenweiher, Wegweiser, rechts durch den Wald über den Rossberg nach Breitnau-Kirche (Besichtigung empfohlen). Oder links über Gasthaus Löwen direkt zum Wirbstein. Von Breitnau-Kirche rechts ab über Gasthaus Kreuz, [Gelbe Raute], Klengsenhof, Wegweiser, Abrahamenhof, Wegweiser, zum Wirbstein (977 m), Wegweiser. Links abwärts zu
Kaisers Tanne - Ein Ferienhotel für alle, die das Besondere lieben. Ruhige Komfortzimmer und Suiten. Zwei Restaurants im Schwarzwaldstil und Kaiserstube mit Bar. Gartenterrasse. Durchgehend warme, exzellente Küche, vom Eintopf bis zum Gourmet-Menü. Vesper, hausgebackene Kuchen. Spielplatz, Hallenbad, Sauna, Solarium, Wellnessbereich. Pauschalarrangements. Mittlere bis gehobene Preise. Kein Ruhetag. - Vom Wirbstein weiter geradeaus abwärts zum P beim Hotel Faller.

TOUR

42

Breitnau - Rundweg Ravennaschlucht

6½ km

2½ Stdn.

325 m

Charakteristik - Sportlicher Rundweg durch die wildromantische Ravennaschlucht und die steilen Hänge des oberen Höllentales mit schönen Ausblicken. Trittsicherheit erforderlich!
Anfahrt - B 31 von Freiburg oder Hinterzarten. - Von Freiburg über Bahnhof Hinterzarten, von dort SBG-Bus zweimal täglich in beiden Richtungen, zu Fuß über 2 km zusätzlich.
Parken - P beim Hofgut Sternen.

Best Western Hotel Hofgut Sternen - Schwarzwaldtypisches Haus im Höllental am Eingang zur wildromantischen Ravennaschlucht. Großzügige Zimmer (auch behindertengerechte, Familien- und Nichtraucherzimmer), teilweise mit Balkon. Rustikale Gaststube und Terrasse. Regionale Küche. SB-Restaurant »Ravennastüble«. Für Veranstaltungen eignen sich der 250 Jahre alte Gewölbekeller oder die Bärenhütte. Konferenzräume und Besprechungszimmer für Tagungen bis 60 Personen. Mittlere Preise. - Kein Ruhetag.

Der Rundweg - Nach dem Hofgut Sternen (Neubau) rechts, Wegweiser [Ravennaschlucht], [Gelbe Raute]. Steil aufwärts durch die Ravennaschlucht, mit Stegen und Leitern, gut gesichert. Bergbach mit einigen Wasserfällen. Zugleich Heimatpfad Hochschwarzwald. Man sieht ein altes Sägegatter und passiert das neue Eisenbahnviadukt (224 m lang, 36 m hoch, Bauzeit 1926/27, nach Sprengung im Zweiten Weltkrieg 1947/48 wiederaufgebaut). Danach die Widerlager der alten Eisenbahnbrücke von 1885. Idyllischer Ravennaweiher. Weiter aufwärts die Großjockenmühle, 1883 erbaut, 1977 renoviert. Am Ende der Schlucht Gasthaus Ketterer, Standort der ersten Löffelschmiede im Raum Hinterzarten/Steig von 1770. Beim Wegweiser Mittlere Ravenna links, [Rot-weiße Raute auf Gelb =

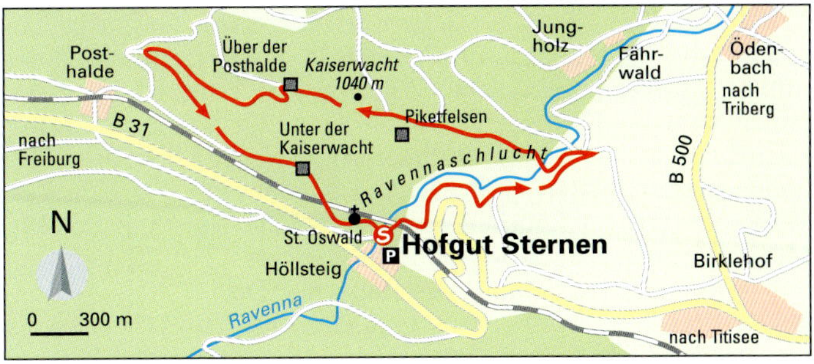

Querweg Freiburg - Bodensee], schmaler, steiler Weg, teilweise in Serpentinen, bei der Kreuzung mit einer Waldfahrstraße gleich wieder links halten (!) bis zum Piketfelsen, mit 1040 m der höchste Punkt der Wanderung. Schon vorher mehrere kleine AP in Richtung Alpersbach oder Breitnau, vom Felsen herrlicher Blick über das Höllental bis zum Feldberg. Danach auf schmalem Steig abwärts, einmal nahe am Steilhang (!), immer links halten, bis zum Wegweiser Über der Posthalde. Von dort links steil abwärts, Serpentinen, [Gelbe Raute]. Später breiterer Weg, immer links halten (!) bis Wegweiser Unter der Kaiserwacht. Links, leicht aufwärts, dann abwärts, unter der Höllentalbahn hindurch, zum Hofgut Sternen. Von dort sollte man die kleine Kapelle St. Oswald (erbaut 1148, älteste Kirche des Hochschwarzwaldes) besuchen, vom kleinen Zollhaus (Neubau) sind es 200 m einfacher Weg. Zurück zum Zollhaus, vorbei am alten Wirtshaus »Unter der Steig«, das auch Goethehaus genannt wird (Goethe übernachtete hier am 29.9.1779), zum P. Am Weg liegen ein Schwarzwaldkaufladen und eine kleine Glasbläserei.

TOUR **43**

Alpersbach - Hinterwaldkopfsattel - Spähnplatz - Rinken - Rufenholzplatz - Lochrütte - Alpersbach

Charakteristik - Imposanter Rundweg auf meist breiten Waldwegen unterhalb des Feldbergs mit tollen Ausblicken ins Höllental und zum Feldbergmassiv. Nur wenige steilere Abschnitte.
Anfahrt - Nach Hinterzarten auf der B 31 von Freiburg oder von Donaueschingen. - B 500 von Triberg. - B 317 und B 500 von Waldshut und B 317 von Basel. Von Hinterzarten Ortsverbindungsstraße nach Alpersbach. - Bahn oder Bus zum Bhf. Hinterzarten, Buslinie Steiert bis Alpersbach.
Parken - P beim Gasthaus Zum Engel in Alpersbach.

15 km
4½ Stdn.
220 m

Gasthaus Zum Engel - Gediegene Schwarzwälder Gastlichkeit in einem umgebauten Bauernhof, seit 1446 in Familienbesitz. Sehr ruhige Einzellage. Behagliche Gästezimmer mit herrlichem Panoramablick und überwiegend Balkon. Gemütlicher Gastraum mit Kachelofen, Hofterrasse. Gutbürgerliche badische Küche mit Wild- und Fischspezialitäten aus der Region, Kinder- und Seniorenteller, Vesper aus eigener Räucherkammer. Kinderspielplatz, Badeteich. Mittlere Preislage, auch preisgünstige Gerichte. Gast-Pferdeboxen und Reitmöglichkeit. Großer P. - Ruhetag = Do.

Der Rundweg - Vom P beim Gasthaus Zum Engel (1030 m) die Alpersbacher Straße aufwärts bis zur Abzweigung der Rinkenstraße, auf dieser links weiter aufwärts zum Wander-P, Wegweiser und Orientierungstafel. Hier rechts auf die unbefestigte Dr.-Ganter-Straße, Markierung [Gelbe Raute]. Dieser eben bis leicht aufwärts folgen bis zum Hinterwaldkopfsattel (1127 m), Wegweiser. Unterwegs schöne Ausblicke ins Höllental und zum Hinterwaldkopf. Rechts geht es auf den aussichtsreichen Hinterwaldkopf (1198 m). Spitz links zurück auf den Bankgalliweg, Richtung Spähnplatz, Markierung [Blaue Raute], aufwärts zur Bankgallihöhe (1190 m), abwärts und eben weiter, rechts auf schmalem Pfad **(!)** in Richtung Rinken und Feldberg, eben, später mäßig aufwärts. Im Nordosten der Wieswaldkopf (1278 m). Am Spähnplatz (1238 m) Wegweiser, Unterstellhütte. Weiter geradeaus mit der [Blauen Raute] auf schmalem Pfad in Richtung Rinken, eben und später abwärts zur Rinkenstraße und auf dieser rechts zum Rinken. - Alternativen: 1) Vom Rinken aus Abkürzung zur Lochrütte auf der Rinkenstraße zurück **(!)**, kein Gehsteig (2,9 km). - 2) Vom Rinken-Gasthaus eben geradeaus zum ehemaligen Wander-P, Wegweiser, Infotafel. Rechts geht es zur Zastler Hütte und wenige Meter weiter zum Feldberg über den Baldenweger Buck. - Der Rundwanderweg führt mit neuer Markierung [Gelbe Raute] links eben weiter auf der Seewaldstraße, Richtung Raimartihof und Rufenholzplatz. Nicht rechts dem Abzweig Felsenweg ins Naturschutzgebiet folgen! An der folgenden Weggabelung links halten **(!)**, rechts geht es zum Raimartihof und Feldsee. Abwärts mit der [Gelben Raute] auf breitem

Waldweg zur Rufenhütte mit Brunnen und zum Rufenholzplatz (1086 m), Wegweiser, Kreuzung von fünf Wegen, Unterstelldach. Die Namen erinnern an den abgegangenen Rufenhof, dessen Gelände aufgeforstet wurde. Links auf der Rufenhofstraße mit Markierung [Rote Raute = Westweg] zum Rufensteg, der über einen munteren Gebirgsbach führt. Nach 700 m bei Wegweiser links, [Gelbe Raute], in Richtung Waldhäusle. Über die Wiese in Serpentinen steil aufwärts zum Waldhäusle (1126 m). Weiter aufwärts bis zum Waldrand, dort links halten, schöner Blick über den Häuslebauernhof ins Bärental. Durch den Wald aufwärts, links Studentenhütte, geradeaus über die Wiese unterhalb des Kaspelkopfes. Links die Urbanshütte, eine ehemalige Jungviehweide. Herrlicher Blick zum Feldberg. Auf der Rinkenstraße rechts zur Lochrütte (1164 m), Unterstellmöglichkeit, Wander-P, Wegweiser. Links weiter auf der Rinkenstraße, nach 300 m rechts ab auf schmalem Pfad, steil durch den Wald abwärts bis zur Alpersbacher Straße, Wegweiser [Kaspelsäge], auf dieser links aufwärts zum Gasthaus Zum Engel.

TOUR 44

Hinterzarten - Bisten - Alpersbach - Lochrütte - Fürsatz - Windeck - Säbelthoma - Hinterzarten

Charakteristik - Vielseitige Rundwanderung auf meist schmalen Waldwegen oberhalb von Hinterzarten. Schöne Ausblicke auf das obere Höllental und die umliegenden Berge.
Anfahrt - B 31 von Freiburg oder Donaueschingen. - B 500 von Triberg. - B 317 und B 500 von Waldshut und B 317 von Basel. - Zug und SBG-Bus zum Bahnhof Hinterzarten. - Bei Einstieg am Waldhotel Fehrenbach mit Pkw von Hinterzarten in Richtung Alpersbach, Bus vom Bahnhof Hinterzarten zum Rinken.
Parken - P in Hinterzarten beim Kurhaus (z. T. gebührenpflichtig) oder beim Bahnhof (gratis). - Gäste-P Waldhotel Fehrenbach.

12 km

4 Stdn.

325 m

✪ **Hinterzarten** - Heilklimatischer Kurort und Wintersportplatz. Besonders sehenswert sind der Neubau der Katholischen Pfarrkirche St. Maria in der Zarten mit altem Zwiebelturm, die Evangelische Kirche mit modernem Glasfenster und Glockenspiel und das Schwarzwälder Skimuseum im denkmalgeschützten Hugenhof.

➡ **Hinterzarten - Bisten - Alpersbach/Waldhotel Fehrenbach** - 1¼ Stdn. - Vom P Bahnhof Hinterzarten (885 m), Wegweiser, rechts auf der Freiburger Straße zum Kurhaus-P und weiter bis vor die Bahnunterführung. Wegweiser, [Rot-weiße Raute auf Gelb], geradeaus Richtung Bisten und Alpersbach. Bei der Zimmerei Ganter rechts auf den Zartenbachweg, Wegweiser, vor der Brücke geradeaus weiter auf der Teerstraße (Rappeneckweg), ab hier Markierung [Gelbe Raute], durch Wiesen bis zum Klärwerk rechts. Ab hier unbefestigter schmaler Weg. Zuerst steil aufwärts, am Eingang ins Löffeltal (Vorsicht: Steinschlag!) kleiner Wasserfall. Bei der Gabelung oben halten. Ortsteil Bisten, Wegweiser, geradeaus leicht aufwärts, auf Leitungstrasse, Ausblick ins obere Höllental und Richtung Breitnau, zum Weberhansenkreuz, Wegweiser, weiterer Wegweiser Winteracker, geradeaus, direkt unterhalb der Straße bis zum **Waldhotel Fehrenbach** - Einzeln und sehr ruhig gelegener, traditionsreicher Familienbetrieb (seit 1858). Behagliche Komfortzimmer mit herrlicher Aussicht. Im Restaurant Zur Esche, in Josefs Weinstub' und in der Festscheune (bis 120 Pers.) verwöhnt der herzliche Service die Gäste mit feiner Schwarzwälder Küche, zubereitet aus erstklassigen regionalen Produkten und verfeinert mit selbst gesammelten Wildkräutern. Verlockende Kuchen- und Gebäckkreationen. Mittlere bis leicht gehobene Preise. - Ruhetag = Mi.

➡ **Alpersbach - Lochrütte - Fürsatz** - 1 Std. - Vom Waldhotel Fehrenbach, Wegweiser, ca. 200 m auf der Teerstraße geradeaus aufwärts Richtung Lochrütte, immer [Gelbe Raute]. Bei Rechtskurve mit Wegweiser [Kaspelsäge] halb links aufwärts auf schmalem steilem Waldweg bis auf die geteerte Rinkenstraße und zur Lochrütte (1164 m), Wegweiser. Wander-P, Unterstellhütte. Von der Lochrütte links mit der [Gelben Raute] auf der für den öffentlichen Verkehr gesperrten Fürsatzstraße eben zur Vierwegekreuzung Fürsatz. Weg-

weiser. Unterwegs schöner Blick zum Feldberg. Von hier Abkürzung zum Waldhotel Fehrenbach links auf der Bistenwaldstraße (2 km) und nach Hinterzarten auf dem Bistenwaldweg (4 km).

➡ **Fürsatz - Windeckkopf - Säbelthoma - Hinterzarten** - 1¾ Stdn. - Am Fürsatz, Wegweiser, halb rechts auf breitem Waldweg aufwärts, vorbei an Sendemast, bis zum Windeckkopf (1209 m). Skilift-Bergstation, AP nach Norden über Hinterzarten zum Mittleren Schwarzwald. Abwärts bis zum zweitobersten Liftmast, schmaler steiler Waldweg, [Gelbe Raute], auf der Skipiste, Wegweiser Am Windeckkopf, rechts mäßig steil abwärts Richtung Säbelthoma (Lichtung mit einigen Häusern, benannt nach einem alten Ortspolizisten namens Thoma). Auf Teerstraße abwärts zum Wegweiser Hugenberg beim Waldeingang. Geradeaus bis Wegweiser Herchenwald, dann schmaler Waldweg in Serpentinen steil abwärts. Aussichtsfelsen Vincenz-Zahn-Kreuz. Hier auch »Zwergenweg«. Wegweiser Wolfsgrund, geradeaus bis Wegweiser Schwefelmättle. Rechts sieht man die Skisprungschanze. Links, geradeaus und dann rechts zum P Kurhaus, rechts über die kath. Kirche zum P Bahnhof.

TOUR **45**

Titisee - Saiger Höhe - Hinterzarten - Titisee

Charakteristik - Vielseitiger Rundweg mit schönen Ausblicken. Eine Alternative ist der bequeme Rundweg um den Titisee.
Anfahrt - B 31 Freiburg - Donaueschingen, Ausfahrt Titisee-Ortsmitte (Richtung Bruderhalde) oder Ausfahrt Hinterzarten. - Höllentalbahn Freiburg - Donaueschingen. - SBG-Busse.
Parken - In Titisee: Gäste-P Alemannenhof. - In Hinterzarten: Kurhaus-P.

16 km
4¾ Stdn.
300 m

➡ **Titisee - Saiger Höhe - Titisee** - 1½ Stdn. - Vom »Alemannenhof« links Richtung Bruderhalde. Nach Jugendherberge links, Seerundweg, [Rot-weiße Raute auf gelbem Grund]. Am Campingplatz Bankenhof links auf Seerundweg Richtung Saig. 50 m vom Wegkreuz Bankenhof (855 m) rechts aufwärts **(!)**, [ohne Markierung]. Nach 300 m an Weggabelung links **(!)**, talseitig links Campingplatz Sandbank und einzelnes Schwarzwaldhaus. An Wegkreuzung rechts steil aufwärts, durch Bahnunterführung. Schmaler Pfad weiter aufwärts. Weg queren. B 317 queren, auf der gegenüberliegenden Straßenseite 10 m abwärts, Treppen aufwärts. Waldaustritt beim P Lenzkirch/Rotkreuz. Links Richtung Saiger Höhe, [Gelbe Raute]. Am Waldrand an Wegkreuz Rotkreuz (1016 m) geradeaus, am Hotel Saiger Höhe geradeaus. 200 m nach Sportplatz links abwärts Richtung Titisee-Ort (Rodelbahn) bis Wegeinmündung, [Rot-weiße Raute auf gelbem Grund], links weiter abwärts Richtung Titisee. Durch Unterführung B317/Bahnlinie, am Hotel Seehof rechts Richtung Titisee-Ortsmitte bis Kreuzung Seestraße/Strandbadstraße.

➡ Titisee - Winterhalde - Hinterzarten - 1½ Stdn. - Strandbadstraße links bis zur Bushaltestelle. Alte Poststraße rechts aufwärts, [Rote Raute], an der Kirche vorbei geradeaus bis zum Wegkreuz Titisee-Bruggerwald (968 m). Links Richtung Hinterzarten, [Gelbe Raute]. Am Eisweiher 1 km weiter bis Jockeleshof, links aufwärts **(!)** bis zum Wegkreuz Mehlberg (930 m), Richtung Hinterzarten-Adlerplatz. Weg queren, 100 m weiter links halten bis zum Bergackerweg. Links Richtung Adlerschanze. Talseitig am Auslauf der Adlerschanze vorbei, scharf rechts abwärts **(!)**, links Spielzeugmuseum »Zum kleinen Hannes«. Am Wegkreuz Adler-Skistadion (898 m) links abwärts. Am Friedhof, Haus Thesa vorbei, Sickinger Straße Richtung Kirche/Adlerplatz. Adlerweg geradeaus zum

Café-Pension Unmüßig - Gepflegte Gastlichkeit, seit über 100 Jahren in bester Familientradition, mit stilvollen Caféräumen und Terrasse. Über 60 Pralinensorten (Hinterzartener Nüssle, Schwarzwaldkirschen, Tannenzäpfle) und Torten werden natürlich auch zum Mitnehmen angeboten. Kleine warme Gerichte. Behagliche, moderne Gästezimmer laden zu einem erholsamen Aufenthalt ein. Mittlere Preiselage. - ÖZ: Mo.-Fr. 7-18.30 Uhr, Sa. 6-13 Uhr, So. und Fei. 8-18 Uhr.

Hinterzarten - Titisee - 1¾ Stdn. - Adlerweg und Sickinger Straße, vorbei an Friedhof und Aussegnungshalle, geradeaus bis Wegkreuz Bruderstieg (910 m), Richtung Bankenhöhe. Weiter aufwärts, an Gabelung geradeaus (rechter Hand ein Wasserbehälter) bis Wegkreuz Hellblech (960m)/Landhaus Faerber. Links Richtung Titisee-Ort, über Bruderhalde. Links halten, kurz danach rechts am Wasserbehälter vorbei. Weg queren. Über Wegkreuz Hensslerwald (990 m) bis Wegkreuz Bankenhöhe (1000 m), [Gelbe Raute]. Weiter halb links Richtung Titisee-Ort über Bruderhalde. Bei Wegeinmündung links leicht aufwärts, parallel zum Waldrand bis Wegkreuz Bankenhansenkreuz (980 m), mit [Roter Raute = Westweg] geradeaus, am Waldrand entlang. Weiter über Bühlberg bis Wegkreuz Oberhalb Campingplatz Bühlhof. Rechts, Fußweg abwärts bis zur Straße, auf dieser rechts abwärts, nach 150 m rechts über den P zur wohlverdienten Einkehr im

Hotel-Restaurant Alemannenhof - Gepflegtes Haus in herrlicher Einzellage direkt am See mit hoteleigenem Badestrand. Gemütliche Räumlichkeiten und Panoramaterrasse. Feine Küche mit liebevoll zubereiteten Köstlichkeiten. Behagliche Komfortzimmer verschiedener Kategorien (auch behindertengerechte und Nichtraucherzimmer). Gästeprogramm (Kochkurse, Cocktail-Schifffahrten, Grill-, Fondue- und musikkulinarische Abende), Spezialitätenwochen. Wellnessbereich, Hallenbad, Sauna, Solarium, Tagungsraum. Außergewöhnliche Arrangements. Mittlere Preise. - Kein Ruhetag.

INFO

Der Feldberg - Höchster Berg im Schwarzwald

Der Feldberg - Mit seinen 1493 m Höhe zählt der Feldberg zu den beliebtesten Zielen der deutschen Bergwelt. - Während der Eiszeiten war das gesamte Massiv von Gletschern bedeckt, die ihre deutlichen Spuren hinterlassen haben: Trogtäler, Kare, steile Wände, Blockhalden, Moränen und Moore. Das dominierende Gestein ist Gneis. Die Waldgrenze liegt bei etwa 1450 m.
Die Feldbergbahn - Ausgangsstation: 1275 m - Bergstation: 1450 m - Länge: 900 m - Höhendifferenz: 175 m - Fahrbetriebsmittel: 15 Kabinen à 8 Personen - Förderleistung: 805 Personen pro Stunde. - Neben Fußgängern können auch Rollstuhlfahrer, Fahrräder und Kinderwagen befördert werden. - Fahrzeiten: In der Hauptsaison (Juli bis September) täglich von 9-17 Uhr (letzte Berg- oder Talfahrt um 17 Uhr). In der Nebensaison (übrige Zeiträume) täglich von 9-16.30 Uhr (letzte Berg- oder Talfahrt um 16.30 Uhr). Wegen Revisionsarbeiten bleibt die Feldbergbahn vor und nach der Sommersaison 4 Wochen außer Betrieb.
Die Webcam - Unter www.feldberg-schwarzwald.de kann man sich den aktuellen Ausblick vom Feldberg ansehen.
Wetterinfo - Unter www.kachelmannwetter.de erfährt man wie das Wetter auf dem Feldberg gerade ist.
»Auf Schusters Rappen« - Vom Haus der Natur führt der hervorragend markierte Feldbergsteig hinauf zur Bergstation der Feldbergbahn. Beschreibungen dieses herrlichen Rundwegs und weiterer attraktiver Wandertouren folgen auf den nächsten Seiten. Auch Fernwanderwege erschließen das Feldberggebiet, z. B. der berühmte Westweg. Der 180 km lange Glasträgerweg führt zu ca. 20 ehemaligen Glashüttenstandorten.
Die 3 Hauptziele des Feldbergrückens
1. Bismarckdenkmal mit dem schönsten Feldsee-Blick.
2. Feldbergturm mit seiner traumhaften Aussicht.
3. Feldberggipfel, der Mussbesuch des »Höchsten«.

Der Feldbergsteig -
Der Premiumwanderweg im Hochschwarzwald

12 km

4½ Stdn.

500 m

Charakteristik - Der erlebnisreiche Steig führt vom Haus der Natur am Seebuck hinauf zum Bismarckdenkmal (herrlicher Blick über die Höhen und in die Täler). Den Feldberggipfel auf 1493 m erreicht der Wanderer über den Grüblesattel. Ein atemberaubender Blick bietet sich dem Betrachter zwischen St. Wilhelmer und Zastler Hütte ins wildromantische Zastlertal. Der Abstieg über die Baldenweger Hütte zum Gasthaus Raimartihof am Feldsee ist mit seinen schmalen Pfaden und kleinen Hängebrücken ein fantastisches Naturerlebnis. Ein wahres Idyll erwartet den Wanderer am Feldsee (Karsee): steile Felswände, die spektakuläre Sicht hinauf zum Seebuckgipfel und ein stiller, in sich ruhender Natursee.

Markierung: Tafeln mit 2 geschwungenen Linien (gelb und grün) und der Aufschrift »Feldbergsteig«. - Über den Karl-Egon-Weg kann man vom Haus der Natur zur Talstation der Feldbergbahn wandern, mit der man das erste Wegstück bis zum Bismarckdenkmal überbrücken kann.

Anfahrt - B 31 von Freiburg bzw. Geisingen bis Titisee - B 317 - nach dem Caritas-Haus halb rechts aufwärts zum P. - Aus Richtung Freiburg bzw. Donaueschingen mit der Höllental- bzw. Dreiseenbahn über Titisee bis Bärental. Dann mit dem SBG-Bus 7300 bis Haltestelle »Feldberger Hof«, gegenüber vom Haus der Natur. - Im Winter bei Liftbetrieb an Wochenenden und Feiertagen, über Fastnacht sowie täglich in den Weihnachts- und Osterferien verkehrt zusätzlich der SBG-Lift-Bus. - Infos: Tel. 01805/779966 oder im Internet unter www.suedbadenbus.de, www.rvf.de, www.efa-bw.de und www.bahn.de.

Parken - Gebührenpflichtiger P vor dem »Haus der Natur«.

Der Rundweg - Vom Feldbergsattel auf einem befestigten Weg (der zur Todtnauer Hütte führt) links am Haus der Natur vorbei. Nach ca. 750 m rechts aufwärts zum Seebuck (1448 m) mit dem Bismarckdenkmal (Ende 19. Jh.). Man genießt von hier aus nicht nur eine unendlich weite Aussicht, sondern hat auch den schönsten Blick hinunter auf den Feldsee. Ein unvergessliches Panorama! Tafel mit Rundwegen. Dann verlässt man den Feldbergsteig und geht an der Bergstation der Feldbergbahn vorbei [ohne Markierung] hinüber zum Feldbergturm (ehem. Fernsehturm des Südwestrundfunks, erbaut 1956, Höhe 42 m). Von der Aussichtsplattform (Aufzug) bietet sich ein traumhaft schöner Rundblick, an klaren Tagen mit Alpensicht, u. a. Zugspitze, Tiroler und Ostschweizer Berge, Churfirsten, Jungfrau, Mönch u. Eiger, Mont Blanc (243 km entfernt!). Großartig auch der Kranz der Schwarzwaldgipfel, darin eingebettet Titisee und Schluchsee. Zurück zum Feldbergsteig und leicht abwärts zum Grüblesattel (1419 m; Abzweig rechts, u. a. zum Felsenweg, Raimartihof, Feldsee). Geradeaus aufwärts, auch [Rote Raute]. Sehr schöner Panoramaweg zum Feldberggipfel (Feldberg-Höchsten, 1493 m). Der alte Feldbergturm ist nicht zugänglich. Seitlich davon befindet sich die Wetterwarte des Deutschen Wetterdienstes. Außerdem steht hier der neue Fernsehturm. Wieder genießt man eine überwältigende Aussicht, u. a. Herzogenhorn, Belchen, Schauinsland, Kandel, Hochfirst, Kaiserstuhl, Rheintal, Vogesen, Alpen (Infotafel). Kurz vor der Wetterwarte und dem schönen Rondell mit Ruhebänken halb links, Wegweiser [St. Wilhelmer Hütte). Begeisternder Blick auf die südliche Bergregion. - Unten die Todtnauer Hütte. Kehre, abwärts, geradeaus zur Todtnauer Hütte (mögliche Wegerweiterung). - Feldbergsteig rechts ab. Rechtsbogen und Stufen halb links abwärts zur St. Wilhelmer Hütte, mit 1390 m die höchstgelegene Hütte Baden-Württembergs (Tel. 07676/342). Dahinter breiter Weg rechts, Wegweiser. Fast eben, dann Pfadabzweig halb rechts (Weide, 1376 m), Wegweiser, auch [Gelbe Raute]. Über eine Bergwiese, dann auf schönem Pfad durch den Wald. Dahinter bietet sich ein toller Ausblick auf die Berge im Norden und hinunter zur Zastler Hütte. Hangpfad abwärts. Steg über einen der Quellbäche des Zartenbachs mit Wasserfall. Linksbogen. Zastler Hütte, 1262 m (Tel. 07676/244). Rechts ab, kurz danach breiter Wegabzweig rechts, Wegweiser. Aufwärts, dann eben, vorbei am Naturfreundehaus (Tel. 07676/336). Befestigter Weg rechts abwärts zur Baldenweger Hütte, 1330 m (Tel. 07676/353) in herrlicher Lage. Befestigter Weg abwärts, Linksbogen, Pfadabzweig rechts (Sägenbachschlag-Steig/oben/1319 m). [Feldbergsteig], auch [Gelbe Raute]. Über mehrere Rinnsale und den romantischen Sägenbach mit Wasserfall. AP. In Bachnähe abwärts. Der Boden wird weich und etwas rutschig. Über 2 Stege, später direkt am Bach abwärts. Nach einem weiteren Steg führen Stufen und Pfad zu breitem Querweg. Rechts ab, [Feldbergsteig], [Gelbe Raute]. Konsequent diesem Weg (Raimartiweg, Namensschild später) folgen. Vorbei an Rechtsabzweig »Felsenweg«, [Rote Raute] im Seewald kreuzen. Leicht abwärts zum Raimartihof, 1108 m (Tel. 07676/226). Hier rechts, vorbei am Feldseemoor zum nächsten eiszeitlichen Relikt, dem

✪ **Feldsee** - Ein Karsee inmitten halbrunder steiler Karwände, die vom mächtigen Bärentalgletscher ausgehobelt wurden und die in ihrer Klarheit und Schönheit ihresgleichen suchen. Die Endmoräne des Gletschers hat auch den Feldsee und das Feldseemoor angestaut. Der den See durchfließende Seebach entspringt ein Stück unterhalb des Bismarckdenkmals und mündet in den Titisee. Ihn verlässt er als Gutach, die nach dem Zufluss der Haslach - entsprechend ihres Temperaments - Wutach heißt.

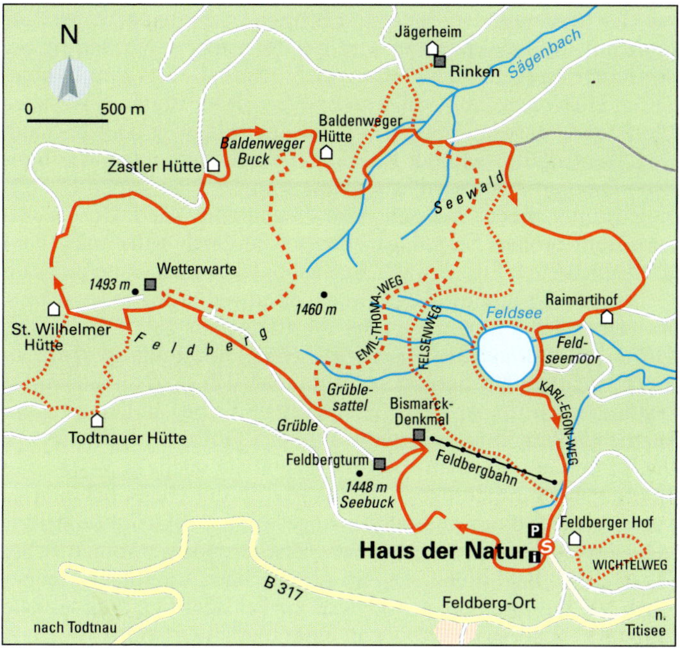

Fortsetzung Rundweg - Vor dem See links. Brücke über den Seeabfluss und auf einem Moränenwall weiter. Danach auf dem felsdurchsetzten Karl-Egon-Weg in mehreren Kehren über viele kleine Wasserrinnen durch den Bannwald aufwärts. Oben vorbei an der Talstation der Feldbergbahn zum P und zum Haus der Natur.

Wegerweiterung - Vom Feldberggipfel hinab zur Todtnauer Hütte, 1319 m (Tel. 07676/373), westlich zum St. Wilhelmer Hüttenweg und aufwärts, [Rote Raute], zur St. Wilhelmer Hütte (ca. 45 Min.).

Wegverkürzung - Von der Todtnauer Hütte führt ein Weg mit schönen Ausblicken direkt zurück zum Haus der Natur.

TOUR 47

Der Felsenweg

Charakteristik: Der streckenweise alpin anmutende Rundweg führt durch eine imposante, urwüchsige Landschaft mit einer reichhaltigen Flora und Fauna. Gutes Schuhwerk und Trittsicherheit sind unbedingt erforderlich.

Anfahrt und Parken- wie S. 137

6½ km

2 Stdn.

Der Rundweg - Der Weg zum Bismarckdenkmal bzw. die Auffahrt mit der Feldbergbahn wird bei der vorigen Wanderung beschrieben. Nun auf dem Feldbergsteig etwas abwärts zum Grüblesattel. Hier rechts ab, Emil-Thoma-Weg, [Rote Raute = Westweg Pforzheim - Basel], Wegweiser [Feldsee]. Hangweg über Bächlein und Wasserläufe. Schöner Rückblick! Voraus öffnet sich das herrliche Panorama der nördlichen Umrahmung. Über einen Bettersteg. Immer wieder Rinnsale. Linksbogen zum Wald. Dort vorbei an einem breiten Steg. Fast ebener Waldpfad. Kurz nach dem nächsten breiten Steg abwärts. Rechtsbogen. An der Gabelung halb rechts, [Gelbe Raute], Wegweiser [Felsenweg (schwieriger Weg)]. Auf einer Tafel wird wegen der Absturzgefahr das Betreten des Geländes unterhalb des Felsenwegs strengstens untersagt. Trotz aller (berechtigter!) Warnungen: Wenn man sich strikt an die Regeln hält und ihn nicht nachlässig oder leichtsinnig bewandert, ist es ein herrlicher Weg. Ebener Beginn. Infotafel [Totholz]. Bachsteg. All die Wasserläufe, die man oben überquert hat und die inzwischen an Breite zugenommen haben, gilt es jetzt in der Gegenrichtung zu passieren. Der Bannwald soll sich ungestört zum »Urwald von morgen« entwickeln. Man genießt das Plätschern kleiner romantischer Wasserfälle. Bald bietet sich ein einzigartiger, traumhaft schöner Blick tief hinunter auf den idyllischen Feldsee! Der wundervolle Hangpfad führt später vorbei an einer markanten Felspartie. Bald danach Waldeintritt. Ebener Weg. Dann mit leichtem Gefälle zum Waldrand. Hier links abwärts und vorbei am Wasserauffangbecken. An der Sessellift-Talstation rechts. Unter der Feldbergbahn hindurch zum P am Haus der Natur.

TOUR
48

Feldbergbahn - Seebuck - Feldberggipfel - Baldenweger Buck - Rinken - Sägenbach - Raimartiweg - Feldsee - Haus der Natur

Charakteristik - Eine etwas bequemere - aber ebenso schöne - Variante der Gesamtwanderung »Feldbergsteig« (S. 137).
Anfahrt und Parken- wie S. 137

10 km
3½ Stdn.
200 m

Der Rundweg - Von der Bergstation der Feldbergbahn auf dem Seebuck hinüber zum Bismarckdenkmal. Nach dem Genuss des herrlichen Tiefblicks auf den Feldsee (und ggf. dem Abstecher zum Feldbergturm) folgt man dem [Feldbergsteig] leicht abwärts zum Grüblesattel (1419 m). Danach geht es bergauf zum Gipfel des Feldbergs/Feldberg-Höchsten (1493 m). Nachdem man auch von hier oben den umfassenden Rundblick in sich aufgenommen hat, folgt man in einer Rechtskehre der [Blauen Raute], Wegweiser. Damit beginnt ein wunderschöner Panoramaweg oberhalb des Zastler Lochs (ein eiszeitliches Treppenkar). Rechter Hand erblickt man den dominanten Mittelbuck (1462 m) mit den riesigen Parabolantennen. Linksbogen längs der Abbruchkante, dann geradeaus abwärts. Am Baldenweger Buck (1340 m) nach zwei Wegkehren Rechtsbogen mit Blick auf Rinken. Abwärts zur Baldenweger Hütte. Davor rechts, befestigter Weg abwärts, auch [Feldbergsteig]. Nach ca. 150 m mit der [Blauen Raute] nach links, abwärts und links am Wander-P vorbei nach Rinken (1197 m) mit dem Jägerheim (Tel. 07676/337). Von dort mit der [Gelben Raute] östlich am Wander-P vorbei und weiter zum Sägenbach und dem Raimartiweg. Nun auf dem Feldbergsteig vorbei am Feldsee und auf dem Karl-Egon-Weg zurück zum Feldbergsattel und dem Haus der Natur.

➡ **Der Wichtelweg im Auerhahnwald** - Ein phantastisch gestalteter, 1,8 km langer Pfad durch einen urigen Waldbestand hinter dem Feldberger Hof. Start ist beim Café Waldvogel. Ein echter Erlebnispfad, am besten geeignet für Kinder von etwa 4-10 Jahren. Mit Kinderwagen ist der Wichtelweg nicht befahrbar! Rückentragen können im Haus der Natur ausgeliehen werden.

TOUR **49**

Seebuck - Grüblesattel - Emil-Thoma-Weg - Feldbergsteig - Feldsee - Haus der Natur

Charakteristik: Der Rundweg folgt zum Teil den bereits beschriebenen Wanderstrecken und führt u. a. zu einem charakteristischen Schwarzwaldhof. Der malerische Feldsee ist ein weiterer Glanzpunkt. Die angegebene Gehzeit enthält die Auffahrt mit der Feldbergbahn.

Anfahrt und Parken- wie S. 137

10 km

3 Stdn.

➡ **Der Rundweg** - Vom Bismarckdenkmal auf dem Feldbergsteig zum Grüblesattel. Dort rechts ab auf den Emil-Thoma-Weg mit der Markierung [Rote Raute]. Abwärts zum Raimartiweg/Feldbergsteig. Rechts ab in den Seewald. Beim Waldaustritt bietet sich ein großartiger Blick zum Feldberg. Vorbei am Raimartihof, einem ca. 300 Jahre alten Schwarzwaldhof, gelangt man zum Feldsee am Grund eines gewaltigen (Eiszeit-)Kessels. Davor links (als Alternative bietet sich eine Seeumrundung an) und in Kehren durch Bannwald zurück zum Ausgangspunkt.

TOUR
50

Menzenschwand-Vorderdorf - Hinterdorf - Krunkelbachweg - Herzogenhorn - Großes Spießhorn - Menzenschwand-Vorderdorf

14 km

4½ Stdn.

660 m

Charakteristik - Anspruchsvoller, landschaftlich großartiger Rundweg mit Aufstieg zu den beiden Hausbergen von Menzenschwand: Das Herzogenhorn (1415 m) und das Große Spießhorn (1349 m) bieten eine phantastische Aussicht. Festes Schuhwerk und Trittsicherheit sind erforderlich. Bei Schneelage ist der Weg nicht begehbar.
Anfahrt - B 500 von Triberg und Waldshut bis Aha am Schluchsee, weiter L 146 über Äulemer Kreuz. - Von Freiburg auch über Bernau (L 149) und von St. Blasien über L 149, L 146.
Parken - Gäste-P beim Hotel-Gasthof Waldeck.

Menzenschwand (850-1350 m) - Ortsteil von St. Blasien. Staatlich anerkannter Luftkurort. Großes, gepflegtes Wanderwegenetz von ca. 150 km. Wintersportzentrum: Alpinski, Skilanglauf, gewalzte Winterwanderwege. Geburtsort des »Fürstenmalers« Franz Xaver Winterhalter (1805-1873). Das Albtal ist geologisch als Beispiel für die Talbildung aus Gletscherströmen bekannt.
Der Rundweg - Gegenüber vom Hotel-Gasthof Waldeck Fußweg über die Menzenschwander Alb, vor dem Minigolfplatz rechts, durch das Wohngebiet In der Friedrichsruhe, am Kurhaus vorbei in das Hinterdorf. Dort bei der Wandertafel **(!)** halb links aufwärts auf dem Krunkelbachweg, Wegweiser, Markierung [Gelbe Raute] (alte Markierung [Roter Punkt] und [M 5]). Der Weg quert den Skihang. Links geht es zum Scheibenlechtenmoos (Hochmoor). Immer stetig auf der breiten Waldstraße bergauf. Jenseits des Krunkelbachtales die Rabenfelsen. Bei der Finsterbühlhütte (1160 m), Wegweiser, scharf links, zuerst eben, dann aufwärts durch den Wald, später über eine Weide. Links sieht man die Krunkelbachhütte (siehe S. 145). An der Wegkreuzung mit dem Naturlehrpfad (Rundweg 11) hält man sich rechts aufwärts, Markierung [Blaue Raute mit senkrechtem weißem Balken], in Richtung Herzogenhorn, Glockenführe. Steiler, schmaler Pfad, gut auf Markierung achten **(!)**. Rechts ab auf dem Naturlehrpfad, steil und steinig, Infotafeln, am Fuß des großen Wächtenkessels (im Winter Lawinen) entlang. Bei der Tafel Hochstaudenflora halb links auf schmalen Steig abzweigen, an Jahn-Gedenkstein vorbei, auf den breiten Weg, der von der Glockenführe her kommt. Beim Wegweiser Schwedenschanze links ab auf den Gipfel des Herzogenhorns, mit 1415 m zweithöchster

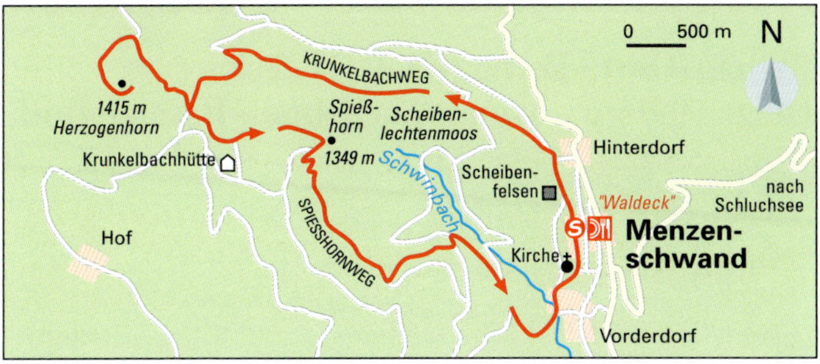

Berg des Schwarzwaldes. Prächtige Rundsicht. Auf demselben Weg zurück. Nach der Kreuzung mit dem Hinweg bergauf, weiterhin mit der Markierung [Blaue Raute mit weißem Balken] über die Weide. Links Richtung Spießhorn halten, rechts geht es zur Krunkelbachhütte. Beim Wegweiser Unterm Spießhorn geht es in den Wald und weiter steil aufwärts auf unebenem schmalem Weg bis zum Gipfel des Großen Spießhorns (1349 m) mit Aussichtspavillon und Info-Tafeln. Großartiger Blick zum Feldberg, über das Menzenschwander Tal und nach St. Blasien. Beim Wegweiser Spießhorn halb links abwärts. Auf Waldwegen von wechselnder Breite bei mehreren Richtungswechseln immer der Markierung [Gelbe Raute] abwärts in Richtung Menzenschwand-Vorderdorf folgend, erreicht man nach 4 km auf dem Schweinbachweg Menzenschwand-Vorderdorf. Dort vor der Albbrücke links, An der Säge, an der Gabelung rechts zur modernen katholischen Pfarrkirche St. Martin. Vor der Alb Fußweg links, Steg über die Alb und direkt zum P beim **Hotel-Gasthof Waldeck** - Der traditionsreiche, sehr gepflegte Gasthof befindet sich seit 1956 in Familienbesitz und bietet Ruhe und Geborgenheit in behaglichen Komfortzimmern. In den gemütlichen, rustikalen Gasträumen und auf der Freiterrasse wird man mit internationalen Gaumenfreuden und traditionellen Spezialitäten, frischen Schwarzwaldforellen und Wild aus eigener Jagd verwöhnt, begleitet von erlesenen Weinen. Mittlere bis gehobene Preise. - Ruhetag = Mo.

TOUR
51

14 km

4½ Stdn.

500 m

Bernau-Dorf - Bernau-Hof - Hofeck - Herzogenhorn - Krunkelbachhütte - Bernau-Dorf

Charakteristik - Anspruchsvoller Rundweg mit z. T. starken Anstiegen, für die man aber durch herrliche Aus- und Rundblicke entschädigt wird. Das Herzogenhorn ist mit 1415 m der zweithöchste Berg des Schwarzwaldes. Abkürzung auf 10 km durch Start und Ziel in Bernau-Hof möglich.
Anfahrt - Mit dem Auto von Freiburg über Todtnau - Geschwend - Präg. Von Titisee-Neustadt über Schluchsee. Von Waldshut über St. Blasien. - Nächste Bahnstation Seebrugg, Bus von dort über St. Blasien.
Parken - P am Panoramaweg im Ortsteil Bernau-Dorf (Kreuzung Dorfstraße/Scheibenfelsenweg).

Herzogenhorn (1415 m) - Der zweithöchste Berg des Schwarzwaldes entschädigt durch ein phantastisches Panorama für den mühsamen Aufstieg. Neben den hervorragenden Wandermöglichkeiten ist das Herzogenhorn auch als schneesicheres Skilanglaufgebiet mit 15 km Loipen bekannt. Außerdem befindet sich hier eines der fünf DSV-Nordic-Walking-Ausbildungszentren Deutschlands. Auch bei Kletterern und Mountainbikern ist das Herzogenhorn ein sehr beliebtes Revier.

Der Rundweg - Vom P ca. 20 m abwärts, dann rechts aufwärts auf dem Panoramaweg in Richtung Bernau-Hof, an Wiesenhängen entlang, der [Gelben Raute] folgen. Es werden drei Bäche überquert. Schöne Ausblicke. In Bernau-Hof (930 m), Wegweiser, links über die Bernauer Alb und beim Gasthaus Hofeck rechts auf dem Hofeckweg aufwärts, Markierung [Blaue Raute mit senkrechtem weißem Balken]. Beim Wegweiser Hohfelsen nach links, schöner Rückblick. Beim Hofeck (1130 m), Wegweiser, Hütte, rechts auf breitem Weg (Glockenführeweg) durch den Wald aufwärts, Markierung [Rote Raute = Westweg]. Nach dem Wald links die Bernauer Skihütte (1310 m), Wegweiser. Geradeaus weiter bis zum Wegweiser Schwedenschanze, halb rechts aufwärts zum Gipfel des Herzogenhorns (1415 m), Gipfelkreuz, herrlicher Rundblick, Orientierungstafel. Bei guter Sicht weites Alpenpanorama vom Säntis bis zum Mont Blanc. Vom Gipfel links am Waldrand abwärts bis zu breiterem Weg, Wegweiser Oberes Hofmättle (1310 m), auf diesem mit Markierung [Gelbe Raute] links, in Richtung Krunkelbachhütte. Leicht abwärts durch den Wald bis zu einer Kehre. Dort rechts steil abwärts auf schmalem Pfad mit der Markierung [Blaue Raute mit weißem Balken], zugleich Naturlehrpfad. Nach links geht der

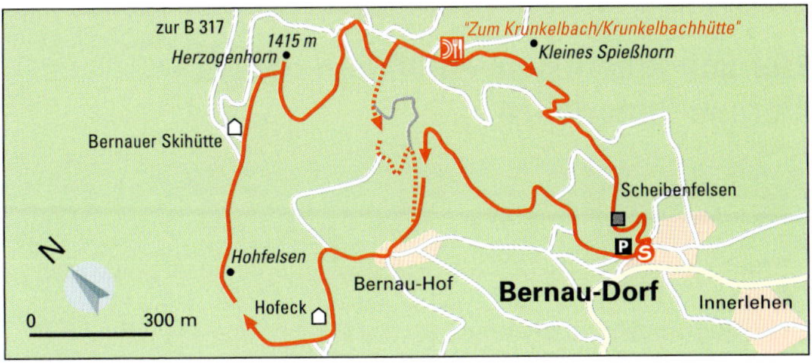

Naturlehrpfad (Rundweg 11) weiter in Richtung Herzogenhornwächte, Glockenführe (siehe S.142). Steil abwärts, dann rechts auf die Fahrstraße und beim Wegweiser Rossrücken links hinauf zur verdienten Einkehr im

Berggasthaus Zum Krunkelbach - Krunkelbachhütte (1294 m) - Zünftiger Wanderstützpunkt in schöner Lage. Gemütlicher Gastraum, herzhafte Vesper, kleine warme Gerichte. Viel gelobt ist der Eintopf mit Wurst. Selbst gebackenes Brot und Kuchen. Bier vom Fass, offene Weine und Heidelbeerwein. Übernachtungsmöglichkeit. Wetterstation von Meteomedia (ARD-Meteorologe Jörg Kachelmann). Günstige Preise. - Ruhetag = Di. (nur im Winter).

Fortsetzung Rundweg - Zurück nach Bernau-Dorf links aufwärts, an der Hütte vorbei, beim Wegweiser Am Milchberg rechts auf den Hans-Thoma-Weg, Markierung [Gelbe Raute]. Blick zu den beiden Spießhörnern. Durch schönen Buchenwald erst mäßig, dann steil abwärts, über die Fahrstraße zur Krunkelbachhütte. Über Weiden weiter steil abwärts zum Scheibenfelsen (Name geht auf den Brauch des Scheibenschlagens bei der sog. Bauernfastnacht zurück), Blick über das Bernauer Tal, weiter abwärts bis zum P.

Weiterer Wanderweg ab Bernau-Dorf: Rund ums Kleine Spießhorn - Sportplatz Bernau-Dorf - Scheibenfelsen - Kleines Spießhorn - Krunkelbachhütte - Roßrücken - Hof - Goldbachmatten - Sportplatz Bernau-Dorf - ca. 8 km - ca. 2 Stdn. - Markierung [Gelbe Raute] und [Blaue Raute].

TOUR
52

Bernau-Innerlehen - Blößling - Wacht - Bernau-Innerlehen

9 km

3 Stdn.

400 m

Charakteristik - Mit stetiger Steigung geht es auf den Blößling (1310 m), der einen prachtvollen Rundblick bietet. Das Hochtal von Bernau liegt dem Wanderer zu Füßen. Der ebenfalls steile Abstieg führt durch schönen Bergwald über die Wacht am Eingang des Tales.
Anfahrt - Mit dem Auto von Freiburg über Todtnau - Geschwend - Präg. Von Titisee-Neustadt über Schluchsee. Von Waldshut-Tiengen über St. Blasien. - Nächste Bahnstation Seebrugg, Bus von dort über St. Blasien.
Parken - Großer öffentlicher P beim Kurhaus. Gäste-P beim Gasthof Schwarzwaldhaus.

Das Bernauer Tal und der Ortsteil Innerlehen - Das Bernauer Tal (900-1415 m ü. d. M.) ist wohl das schönste Hochtal des Schwarzwaldes. Es wurde etwa ab 1070 von der Benediktinerabtei St. Blasien besiedelt. Die Siedler waren bis ins 18. Jh. Leibeigene des Klosters. Die heutige Gemeinde Bernau entstand 1934 durch Zusammenschluss von fünf kleineren Teilgemeinden. Bernau ist staatlich anerkannter Luftkurort, als schönstes Dorf beim Bundeswettbewerb ausgezeichnet, bietet zahllose großartige Wanderwege und ist ein Zentrum des Wintersports. Der Ortsteil Innerlehen ist Sitz der Gemeindeverwaltung, besitzt Kurhaus und Kurpark und erinnert im Hans-Thoma-Museum an den bekanntesten badischen Maler des 19. Jh., einen Sohn des Bernauer Tales. In der St. Johannes-Kirche von 1647/1737 sind zwei Altarbilder des Meisters zu sehen. Neben der Kirche steht das Pfarrhaus von 1741.
Der Rundweg - Vom P beim Kurhaus (920 m), Wegweiser, nach links, Markierung [Gelbe Raute], in Richtung Blößling. Bald links hoch auf dem Spitzenbergweg, zuerst noch geteert, dann unbefestigt, bis Wegweiser Bödemle (1045 m), Rastplatz und Brunnen, schöner Blick zurück. Kurz weiter links hoch, dann halb rechts in den Wald. Am Ende der Steigung schmaler Fußpfad links. In Serpentinen sehr steil aufwärts. Auf dem Kamm rechts halten **(!)** bis zur Kreuzung mit dem Blößlinghaldenweg, halb links in Richtung Gipfel. Am Blößlingsattel (1230 m), Wegweiser, trifft sich der Weg mit dem [Westweg = Rote Raute]. Noch 600 zum Blößlinggipfel, zuerst geradeaus, dann rechts aufwärts. Auf dem Blößling Gipfelkreuz, Unterstellhütte und Rastplatz, Gedenkstein des Schwarzwaldvereins Bernau. Großartiger Rundblick mit Alpensicht. - Rückweg links mit der [Roten Raute] auf dem Kamm, dann in Ser-

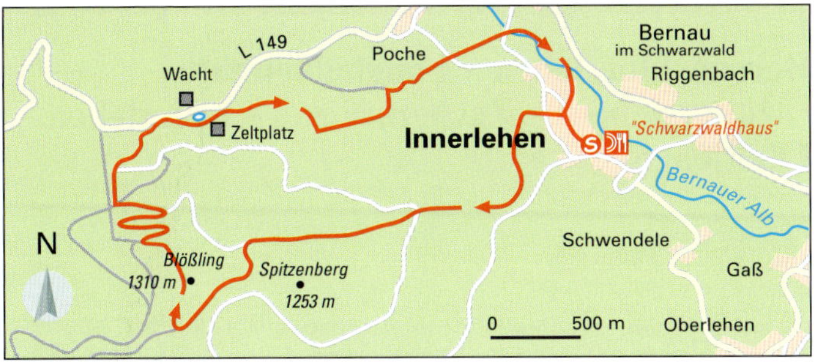

pentinen abwärts, zuerst schmaler Fußweg, dann auf dem Forstweg Blößlingweg bis zur Wacht (973 m) an der Straße von Todtnau/Präg. Bestandteil eines Befestigungssystems aus den Erbfolgekriegen (Ende 17. Jh.). Wegweiser, rechts auf unbefestigtem Weg mit [Gelber Raute] Richtung Bernau-Dorf und Innerlehen. Vorbei an einem Weiher und am Jugendzeltplatz, an der Gabelung rechts, an der nächsten Gabelung links, in einem Wiesental abwärts (Teerweg) bis zum Sportzentrum Spitzenberg. Schöner Blick über das Tal zum Herzogenhorn und Feldberg. Weiter über die Straße von Bernau-Dorf nach Innerlehen, Wegweiser, an der Bernauer Alb entlang, Markierung [Weißer senkrechter Balken auf blauer Raute = Dreiländerweg], über Sägle zurück zum P beim Kurhaus.

Gasthof Schwarzwaldhaus - Familienbetrieb in einem stilvollen Schwarzwaldhaus. Heimelige, komfortable Zimmer und Appartements, urgemütliche Gasträume, echte Schwarzwälder Gastlichkeit. Im Restaurant genießt man Produkte aus dem Naturpark Südschwarzwald, Saisonspezialitäten, Vegetarisches, Vesper, Kuchen. Senioren- und Kinderteller. Mittlere Preise. - Ruhetag = Do.

Weitere Rundwege ab Innerlehen

Kurhaus-P - Hirzenboden - Schmaleck - Kurhaus-P - 9 km - ca. 2 Stdn.

Kurhaus-P - Ortsteil Weierle - Panoramaweg - Ortsteil Dorf - Kurhaus-P - 11½ km - ca. 3 Stdn.

TOUR
53

Bernau-Oberlehen - Langhaldenhütte - (Mutterslehen) - Zacherbrückel - Unterlehen - Oberlehen

14 km

3¾ Stdn.

180 m

Charakteristik - Der angenehme Rundweg führt auf den Spuren der Köhler und Glasbläser durch schönen Bergwald. - Mit Abstecher nach Mutterslehen 15 km; Abkürzung auf 11 km möglich.
Anfahrt - wie S. 146, dann von Bernau-Innerlehen weiter in den Ortsteil Oberlehen.
Parken - Gäste-P beim Hotel Schwanen.

Bernau-Oberlehen - Hans Thoma (1839-1924), einer der bekanntesten Maler Deutschlands zu Ende des 19. Jh., ist in Bernau-Oberlehen geboren und aufgewachsen. Seit 1977 gibt es im Resenhof, einem 1789 erbauten, typischen Hochschwarzwälder Eindachhof, ein Holzschnefler- und Bauernmuseum, das die historische Lebens- und Arbeitswelt im Bernauer Hochtal bis zum Beginn des 20. Jh. eindrucksvoll dokumentiert (ÖZ: 15.5.-14.10. Mi.-So. 14-17 Uhr, 1.7.-31.8. Mi.-Fr. 14-17 Uhr, Sa. + So. 11.30-17 Uhr, 15.10.-14.5. Mi. + So. 14-16 Uhr, 25.12.-6.1. täglich 14-16 Uhr). Die Herstellung von Holzwaren (u. a. Kochlöffel, Kellen, Kübel, Spanschachteln, Blasebälge, Bürstenhölzer und Mausefallen), das »Schnefeln«, half den Bauern des Hochtales in den langen Wintern wirtschaftlich zu überleben. Die Schnefler-Gewerbe bildeten die Grundlage des heutigen Bernauer Kunsthandwerks, das vielfältige Erzeugnisse wie Holzspielzeug, Schnitzereien, Möbel bis hin zum Holzhaus hervorbringt. Altes Handwerk hautnah erleben kann man am Holzschnefler-Tag, der alljährlich im August im Resenhof stattfindet. Neben der Herstellung von Holzprodukten kann man Handwerker bei der Trachtenstickerei, Glasbläserei sowie Bauern- und Brandmalerei, beim Strohschuhflechten, Schnitzen u. v. m. beobachten.
Der Rundweg - Vom Hotel Schwanen aufwärts, bis links der Fußweg zum Taubenmoos über den Sägenweg abgeht, Markierung [Gelbe Raute]. Beim Taubenmoos (970 m), Wegweiser, der [Gelben Raute] nach links in Richtung Langhaldenhütte und Mutterslehen folgen. Hier zugleich Glasträgerweg und Zauberwald (Sage vom »Schweinewibli«). An der ersten Gabelung geradeaus weiter auf dem Raineweg zum Wegweiser Ochsenbühl, von dort auf breiter Forststraße rechts, an einer 140-jährigen Tanne vorbei, bis zum Wegweiser Dichtelau auf einer Bergwiese. Dort dem mittleren von drei Wegen, dem Schwarzenbächleweg, folgen, der abwärts entlang dem Schwarzenbächle durch schönen Fichten-, Tannen-

und Buchen-Bergwald bis zur Langhaldenhütte (905 m) führt. - Von der Langhaldenhütte aus kann man links abkürzen nach Unterlehen. - Geradeaus weiter geht es in Richtung Mutterslehen, am Waldrand bis Mutterslehener Gatter (früheres Rotwildgatter), Wegweiser. Von dort sind es 600 m bis zur Ortschaft Mutterslehen. Zurück beim Mutterslehener Gatter links in Richtung Frohnloch, Waldgeschichtlicher Lehrpfad Kohlwald. Am Wegweiser Ahornkopf links **(!)** abwärts in Richtung Zacherbrückel, Markierung [Gelbe Raute]. Immer links auf dem Steinbuckweg halten bis zum Zacherbrückel (826 m), Wegweiser. Nach der Brücke links aufwärts, auf dem Zachermättleweg, [Gelbe Raute], in Richtung Unterlehen. Bei der nächsten Weggabelung (an Jagdhütte) rechts zum Wegweiser Zipfelwald, dort rechts auf dem Zipfelwaldweg nach Unterlehen. In Unterlehen durch den Ort, dann links aufwärts in Richtung Felsele und Oberlehen zur angenehmen Einkehr im

Hotel Schwanen - 300 Jahre alter Schwarzwaldgasthof, seit Generationen im Familienbesitz. Heimelige Gasträume mit wohltuender Atmosphäre. Die feine Schwarzwälder und internationale Küche wird aus Produkten der Region frisch zubereitet. Spezialität: Wildgerichte, frische Forellen, Kuchen und Eis aus eigener Herstellung. Die gemütlichen Gästezimmer im Schwarzwald- oder Landhausstil und die neue Komfort-Suite sind mit Möbeln aus Bernauer Werkstätten eingerichtet. Großes Frühstücksbuffet. Terrasse, Kaffeegarten. Pauschalangebote. Mittlere Preise. - Kein Ruhetag.

Höchenschwand mit Alpensicht

Blick auf Todtmoos

St. Blasien - Kurort - Geschichte - Sehenswürdigkeiten - Wandern

Anfahrt - Von Freiburg über Kirchzarten - Todtnau - Bernau. - Von Titisee-Neustadt über Schluchsee und Häusern. - Von Waldshut über Höchenschwand. - Mit den Bahnhöfen in Aha/ Schluchsee (nur Sommerfahrplan), Seebrugg und Waldshut besteht SBG-Linienbusverkehr.
Parken - P in der Hauptstraße. - P Dom. - P Café Zeller.

St. Blasien (762 m) - Der Heilklimatische Kurort und Kneippkurort liegt im Hochtal der Alb, eingebettet in bewaldete Berge. Zu St. Blasien gehören auch die Ortsteile Albtal und Menzenschwand.
Aus der Geschichte - Die Ortsgeschichte ist eng verbunden mit dem Schicksal der Benediktinerabtei: Bereits Mitte des 9. Jh. wurde die »cella alba« gegründet. Nach Übertragung der Reliquien des St. Blasius erhielt sie den Namen »St.-Blasius-Zelle«. - 1013 begann man mit dem Bau eines steinernen Klosters. Später wurde eine zweitürmige Barockkirche geschaffen, die allerdings 1768 abbrannte. Fürstabt Martin II. Gerbert veranlasste daraufhin den Neubau des Klosters und einer mächtigen Kuppelkirche, die 1783 eingeweiht wurde. - 1806 Säkularisation des Klosters und Schändung der Kirche. - 1809 Einrichtung von Fabriken im Klosterareal. - 1874 Neuerlicher Großbrand. Wiederaufbau über mehrere Jahrzehnte hinweg. - 1934 Eröffnung des Kollegs als Gymnasium durch den Jesuitenorden. - 1977 Großbrand im West- und Südflügel des Klosters. - 1983 Wiedereröffnung des Doms nach eingehender Renovierung. - Mit dem längeren Besuch bekannter Persönlichkeiten (u. a. Großherzog Friedrich I. von Baden, Maxim Gorki, Konrad Adenauer) begann die Entwicklung zum Kurort. - 1938 Heilklimatischer Kurort. - 1965 Kneippkurort.
Sehenswürdigkeiten (Auswahl) - Der 1) Dom ist das wohl bedeutendste Zeugnis des frühen Klassizismus in Deutschland und eine der größten Kuppelkirchen in Europa. Der Durchmesser der Kuppelbasis beträgt 36 m. Die Kuppelrotunde wird von 20 korinthischen Säulen getragen. Geschaffen wurde der Dom nach Plänen des französischen Architekten Michel D'Ixnard. - Internationale Domkonzerte im September. - Klosterkonzerte im Festsaal des Kollegs von Januar bis Juni und von September bis November. - 2) Blasiusbrunnen, Domplatz, mit der St.-Blasius-Statue (1714), neu aufgebaut. - Das 3) Fürstabt-Gerbert-Denkmal erinnert an den großen Landesherren und Schöpfer des Doms (1720-93). - Die 4) Barocke Sonnenuhr, um 1780, gehört zu den schönsten in Süddeutschland. - Das 5) Krafft-Denkmal zeigt E.F. Krafft (1823-98), Inhaber der Baumwollspinnerei im Kloster. - 6) Klosteranlage mit ba-

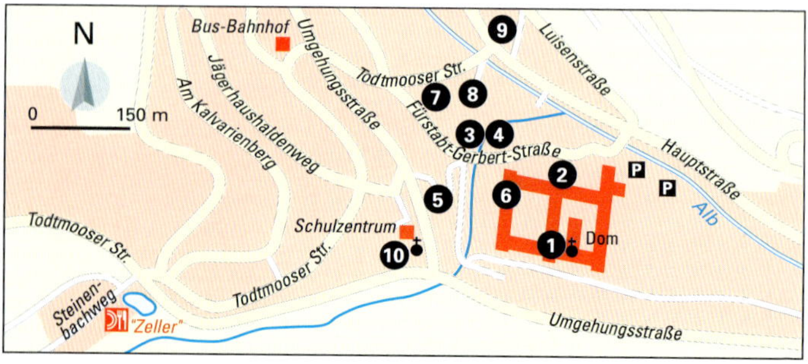

rockem Portal, 18. Jh., erbaut von Michael Beer. - Das 7) »Haus des Gastes« mit der Tourist-Information ist das älteste Gebäude der Stadt (um 1017). Im 2.OG stellt das Museum St. Blasien den gesamten Landkreis Waldshut vor. - Nicht nur im 8) Skulpturengarten, sondern verstreut im gesamten Vorbereich des Doms befinden sich Zeugnisse moderner Kunst, die während der Internationalen Holzbildhauer-Symposien in St. Blasien (jährlich seit 1995) geschaffen wurden. - Die 9) Haus-Schmidt-Arkaden von 1780 wurden 1980 aufgestockt. - Die 10) Ev. Kirche wurde ursprünglich 1936 als Holzkirche errichtet und nach dem Brand 1989 originalgetreu wieder aufgebaut. - Weitere Sehenswürdigkeiten: Kräutergarten, Wildgehege, beheiztes Freibad u. v. a.

Wandern - Über 100 km markierte Wanderwege führen durch eine wunderbare Landschaft. Allein 14 Routen bietet die Kurverwaltung i in ihrem Faltblatt an. Das Wanderprogramm des Schwarzwaldvereins St. Blasien reicht von März bis Anfang November.

Konditorei Café Zeller - Herrliche Lage, etwas oberhalb der Ev. Christuskirche, hinter einem Garten mit Seerosenteich. In den stilvollen Gasträumen und auf der Terrasse herrscht eine gemütliche Atmosphäre. Die viel gelobte regionale Küche bietet u. a. köstliche Suppentöpfe, kleine Speisen und eine verlockende Vesperkarte. Zu den erstklassigen Konditoreierzeugnissen gehören auch vorzügliche Pralinen. Untere bis mittlere Preise. - Guter Ausgangspunkt für schöne Wanderungen. - P am Haus. - Ruhetag = Mo.

Häusern - Windbergschlucht - St. Blasien - Albstausee - Häusern

Charakteristik - Überwiegend schattiger Rundweg durch schönen Wald nach St. Blasien und zum Albstausee.
Anfahrt - B 31 von Freiburg oder Donaueschingen bis Titisee, dann B 500 (Schwarzwaldhochstraße). - Von Waldshut B 500. - Bahnhof Seebrugg. - SBG-Busse von Seebrugg und St. Blasien.
Parken - Großer Gäste-P beim Hotel Albtalblick.

11 km
3 Stdn.
180 m

Häusern - Der anerkannte Luftkurort liegt auf 900-1200 m Höhe zwischen den malerischen Tälern der Alb und der Schwarza. Das Kur- und Sporthaus mit zwei Kegelbahnen, Lese- und TV-Raum und anderen attraktiven Einrichtungen ist ein beliebter Treffpunkt. Das Kultur- und Freizeitangebot der Tourist-Information umfasst u. a. Kurkonzerte, Heimat- und Filmabende, Kindernachmittage sowie geführte Wanderungen. Rund um Häusern erstreckt sich ein 100 km langes Wanderwegenetz. In Häusern-Höchenschwand findet man Deutschlands höchstgelegenes Waldfreibad.
Der Rundweg - Beim Hotel Albtalblick rechts hoch, dann links Richtung St. Blasien, [Gelbe Raute]. Teersträßchen durch aussichtsreiche Weidelandschaft mit Blick zum Albstausee. Am Wegweiser Zur Lehnern (855 m) rechts, an der folgenden Kreuzung, Wegweiser Auf den Mauern, links in Richtung Windberghütte. Rechts ginge es hinauf zur Wittlisberger Kapelle. Nächster Wegweiser Bücken (920 m), geradeaus weiter in den Wald auf unbefestigtem breitem Waldweg (Schönenbachweg). An der Kreuzung im Wald links abwärts auf dem Alten Blasiwaldweg, [Senkrechter weißer Balken auf blauer Raute = Dreiländerweg]. Rechts vom Weg steht eine mächtige, 250 Jahre alte Tanne. An einer Dreiecks-Kreuzung von Waldwegen sieht man links die kleine Windberghütte (850 m). An der Hütte vermittelt eine Info-Tafel Wissenswertes über den Bannwald in der Windbergschlucht. Steinerner Wegweiser von 1868. Rechts über die Windbergbrücke mit Blick auf die Wasserfälle. Am Wegweiser Windbergbrücke links, Richtung St. Blasien. Hier ist der Alte Blasiwaldweg zugleich Teil des Glasträgerweges. Der breite Waldweg führt entlang der Windbergschlucht abwärts. Vorsicht (!): Stellenweise steiler Einhang in die Schlucht, schlecht gesichert. Man kommt an den Übungs-Kletterfelsen des Skiclubs St. Blasien vorbei. Nun kann man halb rechts dem Philosophenweg zur Stadtmitte folgen. Phantastischer Blick auf St. Blasien und den Dom. Durch den Kurgarten am Jesuitenkolleg vorbei zur Besichtigung des Doms und zum Bummel durch die Stadt. Aus dem Kurgarten

immer den Wegweisern in Richtung Albstausee folgen, unter der Umgehungsstraße hindurch, auf den Alfred-Weißenberger-Weg und den Scheuerhofweg. Hierher kommt man auch, wenn man am Waldausgang unterhalb des Kletterfelsens mit dem Wegweiser [Friedrichstraße] ohne Stadtbesichtigung nach links abkürzt. Jetzt mit Markierung [Gelbe Raute] an der Firma Rotho vorbei zum Albseesteg. Hier links über den Steg ½ Std. kürzer zurück nach Häusern. Geradeaus weiter, an der Kläranlage und der Wassertretstelle vorbei, zur Staumauer am Albstausee, Wegweiser. Links über die Staumauer, links an der L 154 (Info-Tafel, Fußweg über der Leitplanke) entlang dem See zurück. Bei der Markierung [Senkrechter weißer Balken auf blauer Raute] über die L 154, dann rechts, bei hölzernem Wegweiser [Häusern] [ohne Markierung] links **(!)**, durch Wald und kleine Wiesen steil aufwärts in Richtung Häusern, über die Straße nach St. Blasien direkt zum P beim Hotel Albtalblick.

Hotel Albtalblick - Ein niveauvolles Feriendomizil in prächtiger Aussichtslage, am Ortsrand an der Straße in Richtung St. Blasien. Komfortabel ausgestattete und liebevoll eingerichtete, ruhige Gästezimmer und Ferienwohnungen im Appartementhaus »Goldebühl«. Gemütliche, stilvolle Gasträume. Sehr freundlicher Service. Gutbürgerliche Küche mit regionalen und saisonalen Spezialitäten. Feinschmeckermenüs. Reichhaltiges Frühstücksbuffet. Tageskarte, Kinder- und Seniorenteller, Vesper. Mittlere Preise. Großer Gäste-P. - Kein Ruhetag.

TOUR 55

Höchenschwand - 11-Dörfer-Weg

18½ km

5¾ Stdn.

300 m

Charakteristik - Der 11-Dörfer-Weg erschließt alle Teilorte von Höchenschwand durch Täler und über Hochebenen.
Anfahrt - A 5, Ausfahrt Freiburg-Mitte, dann B 31 (s. u.) oder A 81, Dreieck Bad Dürrheim, A 864 Richtung Donaueschingen, dann B 31 bis Abzweig Titisee-Neustadt auf die B 317/B 500. In Feldberg-Bärental links auf die B 500, über Schluchsee bis Höchenschwand, 1. Abfahrt. Von Waldshut-Tiengen B 500, südl. Abfahrt. - SBG-Busse von Titisee-Neustadt und Waldshut-Tiengen.
Parken - Großer Gäste-P am Hotel Nägele.

Höchenschwand - Das »Dorf im Himmel« auf einem sonnigen leicht nach Süden geneigten Hochplateau ist Deutschlands höchstgelegener Heilklimatischer Kurort (1015 m).
Der Rundweg - Vom Hotel Nägele die Bgm.-Huber-Straße links aufwärts. Nach 250 m am Kirchplatz St.-Georg-Straße links, [Rote Raute mit weißem Balken]. Nach 150 m rechts, am Hotel Alpenblick vorbei. Links Panoramastraße bis Wander-P. Geradeaus, [11 D], am Wegkreuz Beim Kreuzstein geradeaus, auch [Gelbe Raute]. Nach 200 m am Wegkreuz Hinterm Kreuzstein rechts, nach Strittberg. Geradeaus bis Ortsende, rechts Richtung Segalen, leicht abwärts zwischen Scheuer und Bauernhaus Richtung Wald. 200 m nach Waldeintritt rechts. Nach weiteren 100 m Teerstraße links und gleich wieder rechts. Am Waldrand geradeaus aufwärts. Einmündung rechts, sofort wieder links. Asphaltweg rechts abwärts zur Straße nach Segalen. Links bis Ortsmitte. Rechts aufwärts, Richtung Bruder-Klaus-Kapelle, Ellmenegg. Am Waldrand rechts entlang, links bis Wegkreuz Oberer Salzbach. Geradeaus aufwärts. Waldaustritt, Einmündung in Asphaltweg nach Ellmenegg. In der Ortsmitte links abwärts Richtung Dorfbrunnen, [Gelbe Raute] verlassen. Rechts, an Hs. Nr. 15 halb links, dann geradeaus. Nach Hs. Nr. 3, wieder [Gelbe Raute], an Wegkreuzung links. Fußpfad, um Hs. Nr. 23. Auf Fahrstraße bis Wegkreuz Attlisberg (Abkürzung über Attlisberg, Heppenschwand, 1 Std.). Dort links, [11 D], [Gelbe Raute], Richtung Unterweschnegg. Nach 200 m an Hs. Nr. 26 geradeaus (rechts Abkürzung über Frohnschwand, 1½ Stdn.). Wegkreuz Attlisberg Süd, nach 250 m rechts, Waldeintritt. Kirchweg geradeaus, leicht abwärts bis Wegkreuz Am 11-Dörfer-Weg, rechts über Bach. Links Richtung Unterweschnegg, aufwärts, Waldaustritt, Wegeinmündung, weiter auf Fahrstraße. Bei Hs. Nr. 7 in Unterweschnegg links abwärts. Nach 400 m Waldeintritt, abwärts. Am Waldende beim Wegkreuz Am Aubachweg rechts aufwärts, am Waldrand entlang. Waldeintritt, geradeaus, links, über

Bach, aufwärts, Weg queren. Bei Hs. Nr. 3 in Tiefenhäusern Wegeinmündung. Fahrstraße links, vorbei an Hs. Nr. 7 (Schwarzwaldhof) und Kirche. Am Wegkreuz Tiefenhäusern rechts Richtung Oberweschnegg. Am Gasthof Rössle vorbei, bei Hs. Nr. 13 links. Rechts am Kompostplatz und Bauernhof vorbei. Gleich links auf Asphaltweg. Nach 200 m Waldeintritt, rechts abwärts. Am Wegkreuz Aubach geradeaus aufwärts, am Wegkreuz Oberweschnegg geradeaus. Bei Hs. Nr. 9 in Oberweschnegg links Richtung Frohnschwand. Nach wenigen Metern rechts, gleich wieder links, zur Autostraße Richtung Frohnschwand. Rechts, im Ort zur Bushaltestelle. Links oberhalb an Hs. Nr. 12 vorbei. Nach 200 m wieder links, Hauptstraße geradeaus, vorbei am Zubringer zur B 500, nach Heppenschwand. Bei Hs. Nr. 13 links, Bergstraße. Links halten. An Hs. Nr. 14 rechts Richtung Ortsausgang, leicht aufwärts. Am Wegkreuz Sonnenweg rechts Richtung Höchenschwand/Kreuzstein. Nach 250 m Straße Richtung Atllisberg queren. Sonnenweg geradeaus Richtung Kreuzstein. Straße Richtung Strittberg queren, rechts Fußweg parallel zu Straße. Am Wegkreuz Kreuzstein links Richtung Höchenschwand, noch ca. 1 km zum **Hotel-Restaurant-Café Nägele** - Wellness- und Wanderhotel mit komfortablen Zimmern und Ferienwohnungen, freundlichen Gasträumen und Sonnenterrasse. Kreative, regionale Küche aus frischen, heimischen Produkten. Eigene Konditorei. Fitness- und Wellnessbereich. Geführte Wander- und Nordic-Walking-Touren, Verleih (Fahrräder, Schlitten, Langlaufski). Mittlere Preise. - Kein Ruhetag.

Ortsansicht von Todtnau

Sommerwiese bei Schönau im Belchenland

TOUR
56

Todtmoos-Strick - Rundweg Hochkopf

12 km

3¾ Stdn.

470 m

Charakteristik - Gut markierte Wege führen zum 1263 m hohen Hochkopf, von dessen Aussichtsturm sich ein herrlicher Rundblick zu den Alpen, den Vogesen und zum Feldberg bietet. Neben der Hochkopfhütte kann man die Herausforderung des Hochseilgartens annehmen. Rund um den Todtmooser Hausberg entwickelte sich ein Zentrum des nordischen Wintersports.
Anfahrt - L 150 St. Blasien - Todtmoos - L 146 nördlich über Höfle, Abzweig L 151 nach Strick. - B 31 Freiburg - Kirchzarten - L126 Todtnau - B 317 Geschwend - L 149/L151 nach Strick. - SBG-Busse von Todtmoos, Schönau, Todtnau, Freiburg, St. Blasien.
Parken - Gäste- P Hotel-Schwarzwaldgasthof Rößle.

Todtmoos (800-1265 m) - Heilklimatischer Kurort und Wintersportplatz am Südhang des Hochkopfs. Der Name entstand aus dem sagenumwobenen »Toten Moos«. Der Bau einer ersten Kapelle erfolgte um 1255. Seit dem 14. Jh. besteht die Wallfahrt zur Muttergottes (Gnadenbild im Hochaltar der Pfarr- und Wallfahrtskirche Mariä Himmelfahrt). Der Neubau entstand von 1625 bis 1632 und wurde mehrfach umgestaltet, u. a. von Fr. J. Salzmann 1770-78. Stuck von J. K. Gigel. Umbau und Erweiterung erfolgten 1927, innen wurde das Gotteshaus 1959/62 und 1977 renoviert, außen bis 1988. Stattliches Pfarrhaus, ehem. Superiorat, erbaut 1733 von J. M. Beer, Innenraum von J. C. Bagnato 1748, seit 1987 Paulinerkloster. Unterhalb der Kirche die historischen Wallfahrtsstände, urkundlich seit 1640. Sehenswert sind auch das Heimatmuseum »Heimathus« und das Besucherbergwerk Hoffnungsstollen.
Der Rundweg - Nach dem »Rößle« den Kapellenweg aufwärts mit der [Gelben Raute], auf Teerstraße vorbei an der Stricker Kapelle St. Josef von 1828. Aufwärts, vorbei an schönem Kruzifix bei einer Baumgruppe und einem Wasserbehälter. Nach 300 m an Gabelung mit dem Wegweiser Stricker Höhe links über den Bach aufwärts über Hochweide bis zum Wegweiser Auf der Schanz. Schöne Aussicht! Ab hier unbefestigter Wanderweg aufwärts, linker Hand mächtige Weidebuche. Nach Waldanfang stark aufwärts, Wegweiser Breitmoos, auf schmalem Pfad weiter aufwärts zum Hochkopfbrünnele. Mit Wegweiser rechts aufwärts auf breiterem Forstweg, von hier ab zusätzlich Markierung [Rote Raute = Westweg]. Im Bogen links aufwärts bis zum Wegkreuz beim Fernsehumsetzer. Mit dem Wegweiser links an Abhang **(!)** steil aufwärts zum Hochkopf (1263 m). Der Rückweg verläuft wie der Aufstieg zurück bis zum Wegweiser Breitmoos, dort links auf breitem Waldweg, Richtung

Rotes Kreuz, [Senkrechter weißer Balken in blauer Raute = Verbindungsweg zum Mittelweg des Schwarzwaldvereins]. Eben und leicht abwärts über große Lichtung bis zur L 146. Diese überqueren, nach 250 m an Gabelung mit dem Wegweiser Geschweinter Wasen links aufwärts bis zur Passhöhe Rotes Kreuz. Schöner Blick ins Bernauer Tal. Zurück zum Wegweiser Geschweinter Wasen. Geradeaus weiter nach Todtmoos-Rütte. Wegweiser Am Farnberg, Station eines Kreuzweges (Weg der Besinnung und Begegnung Todtmoos - Bernau). In Rütte geteerter Weg bis zur Kapelle, Wegweiser Richtung Strick, [Gelbe Raute], bis zur L 146. Ab jetzt [ohne Markierung] **(!)**. Der L 146 in Richtung Todtmoos folgen. Erster Abzweig rechts schlechter Waldweg zur Stricker Höhe. Besser nach etwa 300 m zweiter Querweg rechts, oben halten **(!)**, hübscher Fußweg direkt zur Stricker Kapelle und zum

Hotel Schwarzwaldgasthof Rößle - Urgemütliches Haus in schöner Aussichtslage. Erbaut 1670 als Gasthof und Pferdewechselstation an der alten Passstraße zum Hochkopf, seitdem in Familienbesitz. Komfortable Gästezimmer im modernen Schwarzwälder Stil und heimelige Gaststuben. Großes Wellness- u. Sportangebot (Fitnessraum, Nordic Walking, Bogenschießen). Vorwiegend badische und Schwarzwälder Gerichte, Saisonspezialitäten (Spargel, Pfifferlinge), Wild- und vegetarische Gerichte. Günstige Pauschalen, z. B. Wander- u. Wellnesswochen. Gepäckservice für Wanderer, Fahrradunterstellmöglichkeiten. Mittlere Preise. - Ruhetag = Di.

INFO

Das Todtnauer Ferienland

Das Todtnauer Ferienland liegt mitten im Naturpark Südschwarzwald zwischen Feldberg und Belchen. Durch die Lage im Dreiländereck sind Ausflüge in das Elsass und in die Schweiz möglich. Das vielfältige Wanderwegenetz reicht von breiten Waldwegen bis hin zu alpinen Pfaden - die traumhafte Fernsicht von den Gipfeln belohnt für alle Mühen. Die Wanderkarte 1:30000 »Auf Schusters Rappen rund ums Todtnauer Ferienland« ist bei den Tourist-Informationen erhältlich.

✪ **Todtnau** (620 m) - Der Wintersportplatz und Luftkurort (2550 Einwohner) war Gründungsort des ersten deutschen Skiclubs und bietet vielfältige Freizeitmöglichkeiten, u. a. auf der schnellsten Ganzjahres-Rodelbahn des Schwarzwaldes und im Mountainbike-Fun-Park.

✪ **Todtnauberg** (1021 m) - Der in einem Hochtal mit herrlicher Aussicht gelegene Luftkurort und Wintersportplatz (740 Einwohner) besitzt ein weitläufiges Wander- und Mountainbikewegenetz sowie Deutschlands höchstgelegenes Freibad. Zwischen Todtnauberg und Aftersteg stürzt der Todtnauer Wasserfall, Deutschlands höchster Naturwasserfall, 97 m zu Tal.

✪ **Aftersteg** (780 m) - Das ländliche Dorf (300 Einwohner) liegt am Talschluss oberhalb von Todtnau. Auf dem Glasbläserhof kann man den Handwerkern bei ihrer Arbeit über die Schulter blicken.

✪ **Muggenbrunn** (970 m) - Der hochgelegene Luftkurort und Wintersportplatz an der Südflanke des Schauinsland hat 210 Einwohner und ist ein idealer Ausgangspunkt für Berg- und Skiwanderungen.

✪ **Brandenberg-Fahl** (800-850 m) - In den beiden Ferienorten am Fuße des Feldbergs findet man naturbelassene Bergpfade und Wanderwege ebenso wie weltcuptaugliche Wintersportanlagen im Skigebiet Feldberg-Fahl.

✪ **Präg** (700 m) - Der schmucke Ort mit stattlichen Schwarzwaldhäusern (250 Einwohner) ist eingebettet in den Präger Gletscherkessel und wurde als »Golddorf« im Wettbewerb »Unser Dorf soll schöner werden« ausgezeichnet.

✪ **Herrenschwand** (1020 m) - Das malerische 100-Seelen-Dorf ist eine Oase der Ruhe auf dem sonnigen Herrenschwander Hochplateau. Aussichtsreiche Wander- und Radwege, Loipen und Winterwanderwege erfreuen Wanderer und Wintersportler.

✪ **Geschwend** (600 m) - Historische Schwarzwaldhäuser prägen das in einem sonnigen Tal gelegene Schwarzwalddorf (450 Einwohner), das ein guter Ausgangspunkt für Touren zur berühmten Gisibodenalm ist.

✪ **Schlechtnau** (620 m) - Das 330 Einwohner zählende Dorf liegt geschützt im oberen Wiesental, direkt am Wiesental-Radweg. Ein beliebtes Wanderziel ist das Hasenhorn.

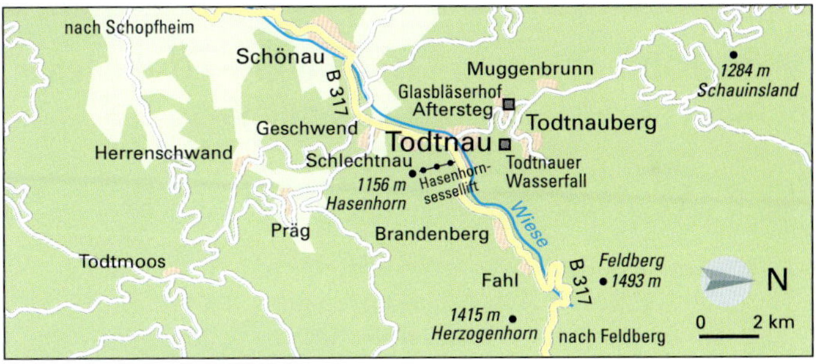

Wanderwege im Todtnauer Ferienland

➡**Todtnauer Walderlebnispfad** - ca. 3 km - Mit Max dem Ferienlandfuchs erlebt man den Wald für alle Sinne.

➡**Der Zauberweg am Hasenhorn** - ca. 4 km - Nach einer 10-minütigen Sesselbahnfahrt auf das Hasenhorn führt der Weg durch die Zauberwelt der Wichtel zurück ins Tal nach Todtnau. Der Weg ist mit geländetauglichen Kinderwagen befahrbar.

➡**Gletscherkessel Präg** - Durch das mit 2800 ha zweitgrößte Naturschutzgebiet Baden-Württembergs führen mit der [Arnika] markierte Wege zu den durch Gletscher gebildeten Phänomenen wie den »Präger Seen«, dem »Ellbogen« oder der »Präger Terrasse«.

➡**Naturpfad Langenbach-Trubelsbach** - ca. 5 km - gut 1 Std. - Der Rundweg durch Berg, Moore, Wald und Wiesen mit 10 Infotafeln beginnt am Campingplatz nördlich von Muggenbrunn.

➡**Martin-Heidegger-Rundweg** - 6,4 km - ca. 1½ Stdn. - Auf den Spuren des Philosophen erfährt man auf fünf bebilderten Tafeln viel aus seinem Leben (Beginn an der Jugendherberge Todtnauberg).

➡**Wandern am Prägbach** - 16 km - 4 Stdn. - Präg - Wachtbrücke - Präger Boden - Glashüttenmoos - Präg.

➡**Rund ums Wiesental** - 18 km - 4½ Stdn. - Belchen - Wiedener Eck - Wasserbüttenen - Muggenbrunn - Todtnauberg. Nur geübte Wanderer schaffen Hin- und Rückweg an einem Tag, es empfiehlt sich die Anfahrt zum Belchen mit dem Bus (mehrmals täglich von Todtnauberg, Muggenbrunn, Aftersteg, Todtnau).

TOUR
57

Todtnau-Brandenberg - Hasenhorn - Gisiboden - Bernauer Kreuz - Todtnau-Brandenberg

10 km
4 Stdn.
400 m

Charakteristik - Rundweg durch ausgedehnte Bergwälder zum Hasenhorn und den Weiden des Gisibodens. Schöne Ausblicke zum Feldberg und ins Wiesental. Zuerst auf breiten Waldwegen bergauf, am Ende sehr steiler Abstieg (kann vermieden werden).
Anfahrt - Von Freiburg über den Notschrei, entweder auf der L 124 über den Schauinsland oder über Kirchzarten (B 31, L 126). - Von Titisee-Neustadt B 500, B 317. - Von Schopfheim B 317. - Busse von Freiburg, Titisee-Neustadt und Schopfheim.
Parken - Gäste-P Hotel-Gasthaus Hirschen.

Todtnau - 1114 erstmals als Besitz des Klosters St. Blasien erwähnt. Im Mittelalter blühender Silberbergbau. Die doppeltürmige katholische Kirche wurde nach den beiden Bränden (1689, 1876) erbaut. Eine neue Attraktion ist die Ganzjahres-Rodelbahn. Der 97 m hohe Todtnauer Wasserfall stürzt über mehrere Kaskaden in die Tiefe und ist damit der höchste Naturwasserfall Deutschlands.
Der Rundweg - Vom Hotel-Gasthaus Hirschen an der B 317 abwärts bis zur Mollenbachstraße links, dort aufwärts, in Rechtsbogen Wegweiser [Hasenhorn]. In Linkskehre rechts **(!)** halten. Unbefestigten breiten Waldweg steil aufwärts, an der nächsten Gabelung mit Wegweiser links aufwärts, an der nächsten Kreuzung rechts, Wegweiser [Hasenhornweg, Hasenhorn]. Oberhalb des Weges St.-Johannes-Stollen, um 1930 Flussspatabbau. In Rechtsbogen, Mausboden (895 m), kleine Unterstellhütte. Rechts halten, [Gelbe Raute], Richtung Hasenhorn. Erste Blicke Richtung Feldberg und über Todtnau ins Wiesental. An der Kreuzung geradeaus, an der nächsten Kreuzung rechts zum Hasenhorn (1020 m). Berggasthaus, Sesselbahn-Bergstation, Sommerrodelbahn, Mountainbike-Funpark (Vorsicht Biker!). Herrlicher Ausblick! Zurück zum Rundweg, Richtung Gisiboden, entweder rechts auf dem »Zauberweg« mit [Gelber Raute], bei der »Schlechtnauerhöh« links halten **(!)**, an der nächsten Kreuzung rechts. Oder vom Hasenhorn zurück zur letzten Kreuzung vor der Bergstation, dort rechts mit [Blauer Raute] aufwärts. Zum Gisiboden 3 bzw. 2½ km. Beim Mauswinkel (1160 m) Wegweiser, beim Waldaustritt in die Weide treffen beide Wege wieder zusammen. Blick über den Gisiboden, nach Westen zum Belchen. Abwärts, rechts, dann links zum Almgasthaus »Gisiboden« (1167 m). Mit [Blauer und Gelber Raute] zum Wegweiser Bernauer Kreuz (1154 m). Hier treffen sich vier Wege. Rechts Abstecher zum Präger Wasserfall. Rundweg Richtung Todtnau und Silberberg links

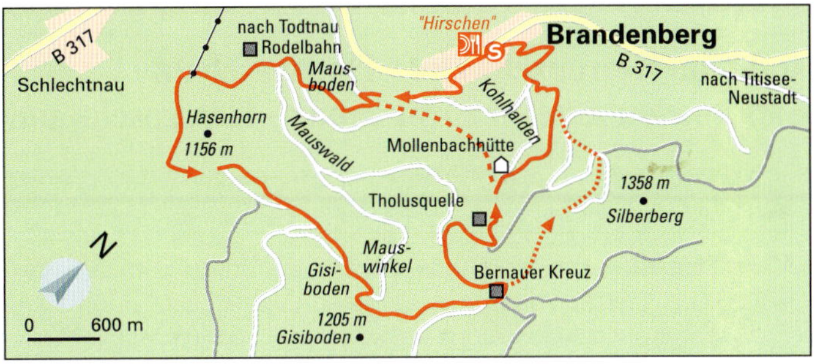

mit [Blauer Raute] (Abkürzung spitz links mit [Gelber Raute]). Bei Kehre links abwärts. Über dem Weg Baumhaldefelsen. Markierter Abzweig rechts, später links abwärts, [Grüner Querbalken]. Links die Tholusquelle, erinnert an den Skipionier Dr. Tholus, der 1891 Mitbegründer des Todtnauer Skiclubs, des ersten Skiclubs in Deutschland, war. Köstliches Trinkwasser aus ehemaligem Silberstollen. Bei der Kreuzung Mollenbach-Hütte (920 m) mit Rastplatz und Brunnen, links auf dem Bernauerkreuzweg weiter abwärts, [Grüner Balken], bis man an der Gabelung rechts auf den Anstiegsweg zurückkommt. Oder rechts leicht aufwärts auf den Baumhaldenweg und gleich rechts weiter auf dem Kohlhaldenweg. Links abwärts, Wegweiser [Brandenberg], sehr steil **(!)** auf schmalem Fußweg in Serpentinen abwärts nach Brandenberg. An der B317 entlang aufwärts, erreicht man bald den P am Hotel Gasthaus Hirschen.

Variante - Vom Bernauer Kreuz nicht links Richtung Todtnau, sondern geradeaus Richtung Silberberg. Unter diesem, bei Wegweiser links ab Richtung Brandenberg, auf den bereits beschriebenen sehr steilen Abstieg.

Hotel Gasthaus Hirschen - Ein Ort zum Wohlfühlen und Entspannen im romantischen Oberen Wiesental. Liebevoll eingerichtete, moderne Fremdenzimmer, teilweise mit Balkon. Gemütlicher Gastraum, schöne Gartenterrasse. Heimische Küche mit saisonalen Spezialitäten, vom Chef des Hauses zubereitet. Mittlere Preise. - Ruhetag = Di.

TOUR
58

Todtnau-Herrenschwand - Hochgescheid - Sattelwasenhütte - Holzer Kreuz - Herrenschwand

11 km

3½ Stdn.

Charakteristik - Ein prächtiger Rundweg, fernab vom großen Tourismus. Immer wieder wunderschöne Blicke, zuerst in Richtung Hochkopf und Feldberg, später über Schönau und das Wiesental zum Belchen. Nach kräftigem Anstieg mäßig auf und ab.
Anfahrt - Von Osten L 150, L 146, L 151 St. Blasien - Todtmoos - Weißenbachhöhe (Hochkopfhaus). - Von Norden B 500, B 317 zum Feldberg - Todtnau - Geschwend L 149, L 151 - Weißenbachhöhe. - Von Freiburg B 31 - Kirchzarten L 126 - Todtnau B 317 - Geschwend L 149, L 151 - Weißenbachhöhe. - Von Süden B 317 Schopfheim - Schönau - Geschwend L 149, L 151 - Weißenbachhöhe. - Von der Weißenbachhöhe (Hochkopfhaus) Verbindungsstraße nach Herrenschwand. Von Schönau aus direkte, enge, kurvige Straße (Fuchswaldstraße) nach Herrenschwand, 9 km. - SBG-Bus von Todtnau - Todtmoos.
Parken - Öffentlicher P bei der Bushaltestelle. - Gäste-P beim Hotel Schwarzwaldgasthof Waldfrieden.

Herrenschwand - Das romantische Bergdorf liegt auf dem sonnigen Herrenschwander Hochplateau, von dem sich herrliche Fernsichten bieten. Der ruhige Ort ohne Durchgangsverkehr wurde mit einem Preis im Landeswettbewerb »Unser Dorf hat Zukunft« ausgezeichnet. Neben dem Weidelehrpfad stellt der Naturlehrpfad Präger Gletscherkessel ein lohnendes Wanderziel dar. Auch geführte Wanderungen werden angeboten.
Der Rundweg - Vom Hotel Schwarzwaldgasthof Waldfrieden aufwärts zur Bushaltestelle, Wegweiser. Rechts auf Teerstraße, Richtung Schönau über P Skilift bis Gabelung, dort, ebenfalls geteert, [ohne Markierung] links aufwärts. Ab Waldrand unbefestigt, halb rechts, dem Skilift entlang, über die Weide steil aufwärts bis zu einem Kreuz mit eindrucksvoller Inschrift: »Hier auf Hochgescheids sonnigen Höhen...«. Unterwegs Blick zurück zum Hochkopf, rechts in den Präger Kessel, links zum Zeller Blauen bei Zell im Wiesental. Beim Kreuz Wegweiser, Hochgescheid (1150 m). Der eigentliche Gipfel liegt im Wald (1205 m). Links Richtung Sattelwasen, eben, erst weiter über die Weide, dann in den Wald. Auf breiterem Waldweg eben, bei Gabelung links abwärts, am kleinen Felsen Knopfstein vorbei, an erneuter Gabelung links abwärts zum Sattelwasen (1040 m) mit Unterstellhütte. - Abkürzung von hier mit der [Blauen Raute] zurück nach Herrenschwand, 2½ km. - Der Rundweg führt links abwärts, Richtung Dornwasen, entweder Mar-

kierung [Blaue Raute] oder auf dem Panoramaweg. Unterwegs bieten sich erste Blicke zum Belchen. Am Dornwasen (960 m), Wegweiser, ebenfalls zwei Wege um den Schneckenkopf, Richtung Holzer Kreuz, möglich. Die [Blaue Raute] führt rechts abwärts durch den Wald. In einer Kehre treffen beide Wege wieder zusammen, links abwärts, an der Unterstellhütte Schneckenboden vorbei, geradeaus zum Holzer Kreuz, geteert, zuerst durch Wald, dann durch Weideland. Schöne Blicke auf Schönau und den Belchen. Vom Holzer Kreuz (834 m) herrliche Sicht zum Belchen und in das Wiesental. Auf Teerweg, Markierung [Gelbe Raute], zum P, Wegweiser. Auf unbefestigtem Weg links aufwärts, Richtung Herrenschwand. Bei Wasserbehälter Blick hinunter auf die Bauernhäuser von Vorderholz mit Kapelle. Auf breitem Weg durch Weiden und Wald, leicht bergauf, schöne Blicke in das Tal des Künabaches, östlich von Fröhnd. Schmaler Pfad, Bächlein, über die Weiden etwas aufwärts, eben und abwärts zur gemütlichen Einkehr im

Hotel Schwarzwaldgasthof Waldfrieden - Ruhige und sonnige Lage. Komfortzimmer mit Dusche/WC und Balkon sowie neue Appartements mit Bad, Kachelofen und Terrasse. Behaglicher, gepflegter Gastraum. Die erstklassige Küche bietet Schwarzwaldspezialitäten, Wildgerichte, frische Forellen, eine große Vesperkarte sowie Kuchen und Torten aus eigener Herstellung. Gartenwirtschaft, Liegewiese, Spielplatz. Im Winter Skilift, Skiverleih, Skischule. - Ruhetag = Di.

Besucherbergwerk Finstergrund in Wieden

Kloster Mariä Krönung in Oberried

TOUR **59**

Zell im Wiesental - Rundweg zur Hohen Möhr

Charakteristik - Schmale Pfade und breite Wege führen durch dichten Hochwald zur steilen Gipfel-Pyramide der Hohen Möhr, auf der der 25 m hohe Aussichtsturm des Schwarzwaldvereins einen großartigen Rundblick (bei klarem Wetter bis ins Berner Oberland und zum Säntis) gestattet!
Anfahrt - A 5 Karlsruhe - Basel, Ausfahrt Lörrach-Mitte, dann nach der Wiese-Brücke auf der B 317 talaufwärts bis Zell im Wiesental.
Parken - Gäste-P am Gasthaus-Hotel Löwen.

12½ km

4½ Stdn.

510 m

Zell im Wiesental (423-1100 m) - Zell mit seinen Teilorten Mambach, Gresgen, Adelsberg, Atzenbach, Pfaffenberg und Riedichen liegt malerisch im Tal der Wiese, umgeben vom Zeller Bergland, und besitzt seit 1810 die Stadtrechte. Die Wasserkraft des Flusses, dessen Lauf sich vom Feldberg bis zum Rhein bei Basel erstreckt, und der Beitritt Badens zum Deutschen Zollverein im Jahre 1834 förderten die industrielle Entwicklung im Wiesental. Die Textilindustrie gab einst 20 000 Menschen Arbeit in Spinnereien, Webereien, Bleichereien und den damit verbundenen Branchen. Das Wiesentäler Textilmuseum in Zell dokumentiert auf einer Ausstellungsfläche von 600 m^2 anschaulich die Geschichte der einst bedeutendsten Industrie im Oberen Wiesental. Die bekannteste Tochter der Stadt war Constanze Mozart, geb. Weber, Ehefrau von Wolfgang Amadeus Mozart und Nichte von Carl Maria von Weber. Reizvolle Wandermöglichkeiten bieten sich auf dem Dichterpfad und auf dem Alemannenweg.
Der Rundweg - Vom Gasthaus-Hotel Löwen in der Schopfheimer Straße 300 m abwärts zur Wiese, Brücke und B 317 überqueren, dann Ellbogenweg rechts, Wegweiser [Hohe Möhr]. Bei Wegweiser Kalvarien-Kapelle scharf links Weg bergauf, [Blaue Raute]. Zickzackweg aufwärts, vor Kapelle rechts aufwärts, [Blaue Raute]. Am Möhrenberg (schöner Ausblick ins Wiesental) rechts, auf Waldlichtung geradeaus, in Linksbogen (Ausblick ins hügelige Wiesental und Umgebung) an Weggabelung links, [Blaue Raute], vor Steinmannshütte (800 m) auf Schotterstraße rechts, [Gelbe Raute]. In Rechtsbogen/Forst-Schild [Möhrturm] **(!)** Grasweg geradeaus steil aufwärts [ohne Markierung] zum geschotterten Fahrweg, links zum Gipfel der Hohen Möhr (983 m) mit 25 m hohem AT, der einen einmaligen Rundblick bietet: Feldberg, Belchen, Blauen, Vogesen, Schweizer Jura (bei Fernsicht: Berner Oberland bis Säntis). Abstieg über Schotterstraße abwärts bis Wegweiser [Riedichen, Zell i. W.],

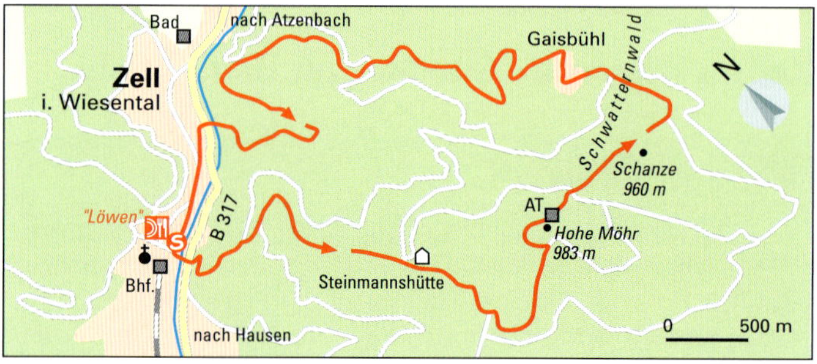

dann scharf rechts abwärts, [Rote Raute]. Zickzackpfad bis zum geschotterten Fahrweg, [Rote Raute], bei Rotruh-Hütte (890 m) geradeaus, Wegweiser [Schlechtbach], [Rote Raute]. Grenzweg, Am Gleichen (842 m) Pfad links, Wegweiser [Schlechtbach], [Rote Raute] bis Schwatternwald (830 m). Dort links mit [Gelber Raute] und Wegweiser [Gaisbühl, Riedichen], bis Wegweiserstandort Kreuzbühl/Gaisbühl, rechts abwärts an Wasserfassung vorbei. Mit [Gelber Raute] bis zur Fahrstraße im Weiler Gaisbühl geradeaus, an Straßenmündung auf asphaltierter Straße links abwärts, [ohne Markierung], mit schönem Ausblick ins Obere Wiesental. In Wegkurve Einmündung in Schotterstraße, mit [Gelber Raute] weiter abwärts bis zur Haarnadelkurve, hier links [ohne Markierung] bis Wegweiser [Zell]. Rechts [ohne Markierung] abwärts, nach Bachquerung rechts abwärts bis zur Asphalt- und Pflasterstraße in Freiatzenbach. Mit Wegweiser [Zell] links abwärts, [ohne Markierung], in Talsohle rechts über Wiesebrücke, danach links entlang der Wiese bis zur Schopfheimer Straße, dort rechts aufwärts zum

Gasthaus-Hotel Löwen - Das traditionelle, zentral gelegene Haus verfügt über behagliche, stilvolle Gästezimmer (mit Dusche/WC, ISDN-Telefon, auf Wunsch auch mit Faxanschluss und Balkon), gemütliche Gasträume mit gepflegter Atmosphäre und ein großzügiges Gartenlokal. Die Küche bietet saisonorientierte und regionale Gerichte, u. a. Wild, Fisch, Geflügel und vegetarische Speisen. Ausgewählte Weine. Mittlere Preise. - Kein Ruhetag.

TOUR
60

10 km

2¾ Stdn.

220 m

Sallneck - Rundweg Kähle Bückle

Charakteristik - Schmale Pfade und breite Wege leiten durch dichten Hochwald und offene Bergwiesen in einem abwechslungsreichen, lieblich-herben Bergland mit großartigen Ausblicken im wenig frequentierten Winkel des Südschwarzwaldes. Trittsicherheit und stabiles Schuhwerk empfehlenswert.
Anfahrt - A 5 Karlsruhe - Basel, Ausfahrt Müllheim/Neuenburg, L 131 Niederweiler, L 132 Richtung Hochblauen, L 140 über Wies Richtung Tegernau, am Stauweiher Auffahrt rechts nach Sallneck.
Parken - Gäste-P Gasthof & Hotel Hirschen.

Sallneck (600-900 m) - Der Ferienort (360 Einwohner) am Westhang des Kleinen Wiesentales entstand im frühen Mittelalter als herrschaftliche Rodung und wurde im späten Mittelalter als »Salnegge« erstmals urkundlich erwähnt. Neben der Viehhaltung wurde bis 1814 auch in geringem Umfang Bergbau betrieben, wie der Gewannname »Erzmatt« bezeugt. Heute prägen immer noch Landwirtschaft und Viehzucht die wirtschaftliche Struktur des Ortes, dessen Umgebung den typischen Landschaftscharakter des Südschwarzwaldes mit einem harmonischen Wechsel von Wiesen und Wäldern zeigt.

Der Rundweg - Vor dem Gasthof & Hotel Hirschen auf der Wieser Straße rechts, Markierung [Gelbe Raute], bis Sallneck-Ort, dort links abwärts bis zum Thauen (560 m). Mit dem Wegweiser [Stauweiher] links abwärts, Markierung [Gelbe Raute], zunächst auf Weg, dann auf schmalem Pfad am Stausee entlang bis zu dessen Ende. Mit dem Wegweiser [Heißbach-Schlucht] geradeaus bis zur Fahrstraße, dann links aufwärts bis zum Wegweiser [Heißbach-Schlucht]. Dort rechts aufwärts, an Weggabelung links, Wegweiser [Heißbach-Schlucht]. Oberhalb von Tiergehege und Fischteichen Pfad steil aufwärts, auf Hangweg rechts, dann Pfad links aufwärts, Markierung [Gelbe Raute]. In Linksbogen Bach queren, am Waldeck mit schönem Ausblick auf Sallneck rechts aufwärts zum Kähle Bückle (635 m), von dem sich ein bezaubernder Rundblick bietet. Mit dem Wegweiser [Bückelebodenhütte] und der Markierung [Gelbe Raute] rechts aufwärts zur Glaserberg-Quelle (705 m). Links bis Bückelebodenhütte, dort Schotterstraße sanft abwärts, Markierung [Gelbe Raute]. An Wegkreuzung (asphaltiert) **(!)** rechts aufwärts, Markierung [Gelbe Raute], zu Auf dem Hasel (731 m), dort über den Parkplatz links aufwärts, auf Waldwiese links, Ausblick zum Schweizer Jura. Zurück auf Waldweg im Bogen zum Bürkle (705 m). Mit dem

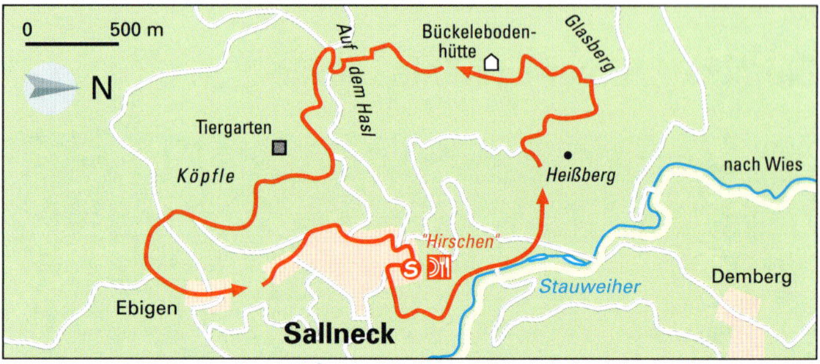

Wegweiser [Weideschuppen] und der Markierung [Gelbe Raute] rechts aufwärts mit schönem Rundblick auf Sallneck und Hohe Möhr. Vorbei an Wasserbehälter, auf dem Tiergartenweg geradeaus zum Weideschuppen. Geradeaus über Wegkreuzung, Wegweiser [Ebigen], dann rechts, an Weggabelung links abwärts, Markierung [Gelbe Raute], auf Wiese links. Auf Asphaltstraße links (hier rechts: Möglichkeit zum Rundweg um den Nollen!), auf Ebiger Straße rechts, [Ebigen 649 m], links (hier: Möglichkeit zum Abstieg nach Tegernau!). Mit dem Wegweiser [Sallneck] und der Markierung [Gelbe Raute] auf Dorfstraße rechts, dann Buchenackerstraße links, Markierung [Gelbe Raute], Wegweiser [Sallneck] bis zum Straßenende, dann rechts und links abwärts bis zur wohlverdienten und gemütlichen Einkehr im

Gasthof & Hotel Hirschen - In diesem behaglichen Haus verbinden sich alte Familientradition und moderner Komfort zu einem Urlaubsdomizil in schönster Umgebung mit gemütlichen Zimmern und großzügigen Ferienwohnungen. In zwei gemütlichen Gasträumen genießt man die klassische gutbürgerliche Küche mit regionalen und internationalen Spezialitäten, die auf die Jahreszeit abgestimmt sind, u. a. Wildgerichte aus eigener Jagd, Fisch, Spargel etc. Auf der Panoramaterrasse können sich die Gäste mit hausgemachten Kuchen oder einem herzhaften Schwarzwälder Vesper verwöhnen lassen. Die besten Tropfen aus dem Markgräfler Land prägen die Weinkarte. Mittlere Preise. - Ruhetag = Mo.

TOUR 61

Schwand - Rundwanderung zum Jungholz

15 km

4 Stdn.

310 m

Charakteristik - Breite Wege führen über liebliche Bergwiesen und durch lichten Hochwald in einer zauberhaften Berglandlandschaft mit großartigen Ausblicken im touristisch nicht überlaufenen Winkel des Südschwarzwaldes!
Anfahrt - A 5 Karlsruhe - Basel, Ausfahrt Müllheim/Neuenburg, L 131 bis Niederweiler, dann L 132 Richtung Hochblauen, L 140 über Wies Richtung Tegernau, von der L 140 links Auffahrt über Demberg nach Schwand.
Parken - Gäste-P Gasthof-Hotel Sennhütte.

Tegernau - Der geographische Mittelpunkt und Verwaltungssitz des Kleinen Wiesentales liegt am Zusammenfluss von Belchen- und Köhlgartenwiese und umfasst auch die Ortsteile Niedertegernau und Schwand. Schon bei der Besiedelung des Kleinen Wiesentales spielte Tegernau eine bedeutende Rolle und wurde von einer strategisch wichtigen Burg überragt. Von der mittelalterlichen Liebfrauenkirche (heute Laurentiuskirche) ist noch der charakteristische Markgräfler Turm erhalten. Lohnende Ausflugsziele im Dreiländereck sind schnell erreichbar und zahlreiche Wanderwege erschließen die Umgebung von Schwand. Die mit [SR+Nummer +Zielort] markierten Wege sind 2,6 bis 20 km lang und bieten somit Wandervergnügen für jeden Geschmack.

Der Rundweg - Vom Gasthof-Hotel Sennhütte geradeaus, am Wegweiser [Lochhäuser] geradeaus, nach dem Bauernhof rechts, [Gelbe Raute]. An Weggabelung links, [Gelbe Raute], an Hütte links steil aufwärts. Auf Fahrweg rechts, an Zwillings-Birke links aufwärts. In Kurve auf Asphaltstraße rechts, Wegweiser [Ried], beim Nussbaum links aufwärts. In Ried-Unterdorf (680 m) mit dem Wegweiser [Ried] Asphaltstraße rechts abwärts, an Weggabelung Grasweg rechts, [ohne Markierung]. In Talmulde links aufwärts, [Gelbe Raute]. In Ried-Dorf vor der Kirche mit Wegweiser [Nonnenmattweiher] links aufwärts, an Waldecke rechts auf Grubenweg. An Wegbogen links aufwärts, bei Wegweiserstandort Hintermatt (750 m) auf Grasweg links aufwärts, [Gelbe Raute], an Weggabelung geradeaus am Waldrand aufwärts bis zur Schutzhütte Grube (895 m). Links vorbei auf Jungholzweg, [Gelbe und Blaue Raute], Schlägleweg queren, [Blaue Raute] bis Wegweiserstandort Jungholz (990 m). - Hier ist ein Abstecher zum Nonnenmattweiher möglich, einem verträumten eiszeitlichen Karsee mit schwimmender Insel, 4 km, hin und zurück etwa 2 Stdn.!). - Am Jungholz an Wegkreuzung links, Wegweiser [Kühlenbronn], [Gelbe Raute],

nach 30 m rechts, Wegweiser [Kühlenbronn], [SR 4]. Nach 100 m mit Wegweiser [Wies] auf Fahrweg links, [Gelbe Raute]. Nach Rechtsbogen Waldweg rechts abwärts, mit [Gelber Raute], [SR 4] auf Fahrweg links. Langer Hangweg, [SR 4], bis zum Wegweiserstandort Geißbergweg, mit [SR 3 + 4] scharf rechts abwärts, am Schneckenbodenweg scharf links abwärts, [SR 3 + 4, Gelbe Raute]. An Weggabelung Wieser-Ebene-Weg links aufwärts, [SR 3 + 4], an Weggabelung rechts abwärts [SR 3 + 4]. Am Wegweiserstandort Wieser Ebene (760 m) mit Wegweiser [Schwand 2 km] halb links, vor Wasserbehälter Schwander Berg links aufwärts, Wegweiser [Schwand 1 km]. An Waldecke rechts, [Gelbe Raute, SR 3 a+b], am Hangfuß im Waldwinkel rechts im Wald abwärts, Wegweiser [Schwand], bis zum großen Hofgut, dort auf Straße links abwärts, auf Fahrstraße rechts zur gemütlichen Einkehr im

Gasthof-Hotel Sennhütte - Das beliebte, zentral und doch ruhig gelegene Haus besitzt modern ausgestattete, großzügige Gästezimmer mit Balkon, freundlich gestaltete Gasträume und eine idyllische Gartenterrasse. Die vielseitige Speisekarte wechselt im Jahreslauf und bietet feine, kreativ und aus frischen Zutaten zubereitete regionale Spezialitäten, u. a. einfallsreiche Wild- und Fischvariationen, Gemüse und Salate aus heimischem Anbau sowie deftige Vesperteller mit herzhaften Zutaten aus der eigenen Räucherkammer. Beliebt sind die hausgemachten Kuchen, Torten und Desserts in bester Schwarzwälder Tradition. - Ruhetag = Di.

Bürchau - Oberes Kleines Wiesental

Charakteristik - Der Rundweg führt zu mehreren reizvollen Aussichtspunkten rund um Bürchau und zeigt die ganze Schönheit des Kleinen Wiesentals.
Anfahrt - A 5, Ausfahrt Müllheim/Neuenburg - B 378 - L 131 - Badenweiler - Sirnitz - Neuenweg - L 139. - Von Lörrach - Schopfheim - L 139 - Wieslet - Tegernau. - Von Freiburg - Todtnau - Schönau - Wembach - L 131 - Neuenweg - Bürchau. Am südlichen Ortsende (Feuerwehrhaus) östlich aufwärts zum Berggasthof Sonnhalde. - SBG-Busse u. a. von Schopfheim, Tegernau, Neuenweg.
Parken - Gäste-P Berggasthof-Hotel Sonnhalde.

13 km
3½ Stdn.
310 m

Das Kleine Wiesental - Die »gute Stube« des Landkreises Lörrach ist eines der reizvollsten, landschaftlich reich gegliederten Gebiete des Südschwarzwalds mit tiefen Wäldern und offenen Matten an Berghängen mit zauberhaften Rundblicken auf die höchsten Schwarzwald-Berge im Norden, in tief eingeschnittene Täler und bis in die Alpen und Vogesen. Teilerwerbslandwirte sorgen heute noch für die Pflege und Offenhaltung dieser besonderen Landschaft. Das angrenzende Belchen-Massiv hat alpinen Charakter. Aufgrund seiner günstigen Lage, vor den Unbilden des Klimas geschützt durch die hohen Berge im Norden, wurde das Tal schon im frühen Mittelalter besiedelt. Seinen Namen erhielt es vom Flüsschen Kleine Wiese, das unterhalb von Schopfheim in die am Feldberg entspringende Große Wiese mündet. Seit 1972 sind acht Gemeinden zum Verwaltungsverband Kleines Wiesental zusammengeschlossen (Bürchau, Elbenschwand, Neuenweg, Raich, Sallneck, Tegernau, Wies, Wieslet).
Bürchau - In dem beliebten Erholungs- und Ferienort sind noch vier alte Naturstein-Bogenbrücken erhalten. Viele reizvolle Wanderwege erschließen die vielfältige Umgebung mit Weiden, Mähwiesen und geschützten Biotopen. Auf einem Rundweg um das Dorf erfährt man durch die »Bürchauer Naturbeschreibungen« viel Wissenswertes über Flora und Fauna.
Der Rundweg - Oberhalb des Berggasthof-Hotel Sonnhalde rechts aufwärts, [ohne Markierung], Hollbachweg bis Einmündung in asphaltierte Straße. Fahrweg rechts, Wegweiser [Sandelrütte, Silbereck], [Gelbe Raute], in Linksbogen des Fahrwegs links aufwärts, Wegweiser [Sandelrütte, Zeiger, Silbereck], [ohne Markierung]. Schotterstraße geradeaus zum Waldrand, bei Wegeinmündung von rechts in Linksbogen Pfad links steil aufwärts, [ohne Markierung]. Mit Wegweiser [Silbereck, Honeck, Zeiger] Fahrweg links, [ohne

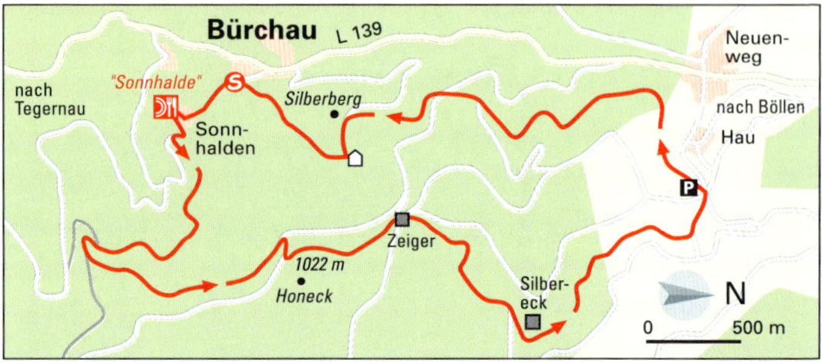

Markierung]. Bei nächster Weggabelung mit Wegweiser [Honeck, Zeiger] rechts [ohne Markierung]. Am Honeck (980 m) mit Wegweiser [Zeiger, Bürchau] rechts abwärts [ohne Markierung] bis Wegweiser [Zeiger], **(!)** scharf rechts aufwärts, [Blaue Raute]. Am Zeiger (904 m) mit Wegweiser [Hau, Böllen] und [Blauer Raute] halb rechts abwärts an Fischertanne vorbei auf Fahrweg eben links zum Silbereck (großartiger Rundblick auf Herzogenhorn, Feldberg, Großes Wiesental, Belchen). Mit [Blauem Balken] zum P Hau (an der L 131), über den P, dann mit [Blauem unterbrochenem Balken, 4B] Fahrweg sanft abwärts, dann aufwärts. Bei Wegeinmündung von links, Felsenhauweg, rechts abwärts, [Gelbe Raute], bei Holzschuhwald (840 m) mit Wegweiser [Bürchau, Silberberghütte], [Blaue Raute], breiter Fahrweg geradeaus abwärts, an Silberberghütte Fahrweg links abwärts, [Blaue Raute mit schwarzem Balken]. An Weggabelung rechts abwärts bis Asphaltstraße. [Auf dem Feld] links aufwärts, Wegweiser [Erdbeerenboden], 50 m nach dem Lindenhof rechts abwärts, im Bogen auf Asphaltstrecke zurück zum **Berggasthof-Hotel Sonnhalde mit Gästehaus »Ingrid«** - Familienbetrieb im Naturschutzgebiet Hollbach-Biotop. Nach modernsten Standards renovierte Zimmer und Appartements. Marktfrische regionale Küche mit Akzenten aus Frankreich und der Schweiz und einzigartigen Blumen-, Wildkräuter- und Pilzgerichten. Badewelt (Hallenbad, Sauna, Solarium, Fitnessraum). Aktive Themenwochen und Pauschalarrangements. - Ruhetage = Mo., Di.

Belchenbahn-Talstation/»Jägerstüble« - Krinne - Belchen - Böllener Eck - Belchenbahn-Talstation

10 km
3½ Stdn.
310 m

Charakteristik - Eindrucksvoller sportlicher Rundweg auf den wohl schönsten Berg des Schwarzwaldes mit herrlichen Ausblicken. Steile Strecken auf schmalen, steinigen Pfaden. Gutes Schuhwerk und Trittsicherheit erforderlich.
Anfahrt - Zum Belchenhotel Jägerstüble in Obermulten bzw. zur Talstation der Belchenbahn: Von Freiburg über den Schauinsland oder von Kirchzarten über den Notschrei nach Todtnau, von Titisee-Neustadt über den Feldberg nach Todtnau. - Von Schopfheim nach Schönau. - Von Todtnau nach Süden bzw. von Schönau nach Norden auf der B 317. Zwischen Utzenfeld und Schönau L 142 über Aitern nach Multen. - Oder von Freiburg über Staufen, Münstertal und Wiedener Eck nach Multen. - SBG-Bus von Zell i. W. über Schönau oder von Münstertal über das Wiedener Eck zur Talstation der Belchenbahn.
Parken - Großer öffentlicher P bei der Talstation der Belchenbahn. - Großer Gäste-P beim Belchenhotel »Jägerstüble«.

Der Rundweg - Vom »Jägerstüble« zur Talstation der Belchenbahn (1092 m), Wegweiser, bergauf Richtung Krinne, [Gelbe Raute]. Zunächst auf der geteerten, gesperrten Belchenstraße. Nach etwa 500 m in Linksbogen bei Wegweiser rechts ab auf Waldweg, abwärts bis zur Straße zum Wiedener Eck, Wegweiser [Krinne, 1117 m]. Dort links Richtung Belchen, an Unterstellhütte mit Infotafel vorbei, bis zur Wegkreuzung mit zweitem Wegweiser [Krinne]. - Man kann auch bei der Talstation dem Wanderweg in Richtung Wieden folgen und dann links ab an zwei schönen alten Bauernhöfen vorbei zur Krinne kommen. - Nun links ab und für etwa 1 Stunde der Markierung [Rote Raute = Westweg] folgend auf meist schmalen, steilen und steinigen Pfaden in Serpentinen Richtung Belchen. Großartige Blicke hinunter ins Münstertal und auf die Rheinebene mit Kaiserstuhl und, bei klarer Sicht, die Vogesen. Beim Verlassen des Waldes Wegweiser [Westweg], rechts ab zum Gipfel des Belchen (1415 m), [Gelbe Raute]. Auf dem Gipfel Orientierungstafeln, unvergesslicher Rundblick, an klaren Tagen Alpensicht. Gipfelrundweg (zugleich Lehrpfad) bis zum Hotel Belchenhaus, Wegweiser. Dort der [Blauen Raute], auch [Roter Querbalken auf Weiß], folgend in Richtung Böllener Eck und Neuenweg. Auf schmalem steinigem Weg in Serpentinen abwärts, vorbei an dem bizarr geformten Rosenfelsen und Hohfelsen, abwechselnd durch

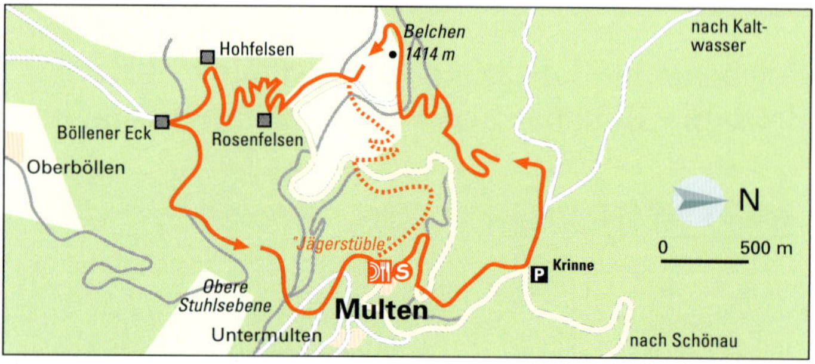

Weiden und urwüchsigen Buchenwald (Weidbuchen!) bis zum Böllener Eck (1020 m). Prachtvolle Aussicht über Neuenweg und die Belchenhöfe ins Kleine Wiesental. Jetzt links, Markierung [Gelbe Raute] und [Orangeroter Punkt], [R 3], Richtung Obere Stuhlsebene und Jägerstüble. In einer Kehre und an der folgenden Gabelung links halten, Richtung Multen. An Wegestern rechts Richtung Jägerstüble. Bei der Oberen Stuhlsebene (1010 m) links ein modernes Kruzifix, Wegweiser, links [Gelbe Raute], noch 1 km bis zum Ausgangspunkt. Letzte Kreuzung, Wegweiser, rechts zum Belchenhotel »Jägerstüble«.

Mögliche Abkürzung - Direkter und erheblich kürzerer steiler Weg beim »Jägerstüble«, Wegweiser, aufwärts zum Belchenhaus oder umgekehrt vom Belchengipfel über das Belchenhaus zurück.

Belchenhotel »Jägerstüble« - Sehr schöne und ruhige Einzellage, direkt an der Talstation der Belchenbahn. In gemütlich-rustikalen Räumlichkeiten und auf der Café- und Sonnenterrasse wird man mit Schwarzwälder Gastlichkeit verwöhnt. Behagliche Komfortzimmer. Die viel gelobte gutbürgerliche Küche bietet zahlreiche regionale und Hausspezialitäten sowie Vesper. Zum Kaffee gibt es Köstlichkeiten aus eigener Konditorei. Neu ist die Wellnesslandschaft »Belchentherme« mit Hallenbad, Dampfbad, Solarium, Stubensauna. Idealer Ausgangspunkt für Wander- und Radtouren sowie Wintersport (Skiabfahrt, Langlaufloipen, Rodelbahn). Mittlere Preise. - Kein Ruhetag.

TOUR
64

Wiedener Eck - Krinne - Belchen - Obermulten - Hohtann - Wiedener Eck

Charakteristik - Großer Rundweg durch die schattigen Bergwälder am Belchen mit steilem Aufstieg auf den aussichtsreichen Gipfel. Gutes Schuhwerk und Trittsicherheit erforderlich. Abkürzung ohne den Belchengipfel möglich, dann bequemer Rundweg von etwas über 9 km und 2½ Stdn. Gehzeit.
Anfahrt - Von Freiburg über Staufen und Münstertal, von Schönau bzw. Todtnau über Utzenfeld und Wieden. - Bus und Bahn: Bahn bis Münstertal, SBG-Bus von Münstertal über Wiedener Eck nach Utzenfeld, Schönau oder Todtnau.
Parken - Öffentlicher P bei der Bushaltestelle. Großer Gäste-P beim Berghotel Wiedener Eck.

14 km

4¾ Stdn.

380 m

Berghotel Wiedener Eck - Traditionsreiches Haus in traumhafter Einzellage. Große, komfortable Gästezimmer mit herrlichem Ausblick. Gemütliche, stilvolle Gast- und Aufenthaltsräume. Feine badische Küche mit Einflüssen aus dem Elsass und der Schweiz. Hallenbad, Sauna, Solarium, Fitnessraum. Kosmetik- und Wellnessangebote. Kinderspielzimmer. Idealer Ausgangspunkt für Wanderungen und Wintersport. Gehobene Preise, günstige Pauschalen.
Der Rundweg - Vom P am Wiedener Eck (1037 m), Wegweiser, rechts ab mit [Roter Raute = Westweg], Richtung Krinne. Stetig aufwärts, zuerst auf breitem Weg am Waldrand, dann schmaler Pfad nach links. Wechselnde großartige Ausblicke über das Münstertal in die Rheinebene. Dann wieder auf breitere Waldstraße, links ab auf schmalem, steinigem Pfad an den steilen Hängen des Heidsteins. Erster Blick auf den Belchengipfel. Leicht abwärts zur Krinne (1117 m). Wegweiser, links zu Rastplatz mit Unterstellhütte. Von

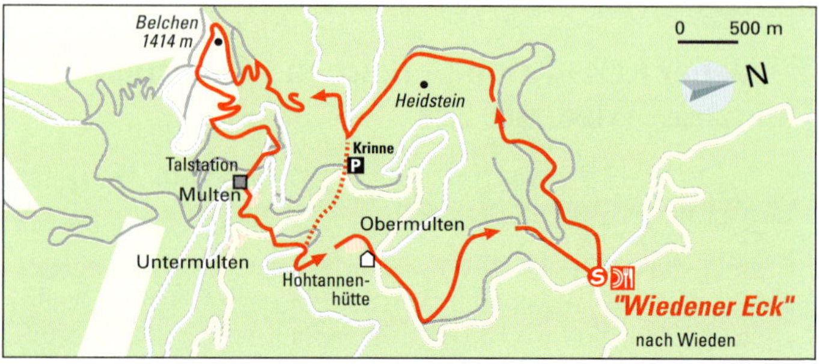

der Krinne aus 2½ km zum Belchen, immer der [Roten Raute] folgend, auf schmalem, steinigem Pfad in Serpentinen steil aufwärts. Beim Wegweiser [Westweg] rechts mit [Gelber Raute] zum Gipfel des Belchen (1415 m), unvergesslicher Rundblick, bei guter Sicht bis zu den Alpen, Orientierungstafeln. Auf dem Belchenrundweg mit [Gelber Raute] bis zum Hotel Belchenhaus. Dort rechts, zuerst steil, abwärts zur Talstation der Belchenbahn, Gasthof »Jägerstüble«. Bei der Talstation Wegweiser, scharf rechts, vorbei an den »Belchengeistern«, Richtung Wieden, bis zu schönem altem Bauernhaus links aufwärts, Richtung Obermulten. Dort auf breitem Forstweg beim Wegweiser [Obermulten] rechts ab in den Wald, aufwärts Richtung Hohtannhütte und Wiedener Eck. Erlebnispfad (über den sog. Badischen Regenwurm). Bei Kreuzung mit Brunnen links, immer [Gelbe Raute]. Aufwärts, kurz aus dem Wald bis zum P Hohtannhütte (1180 m), Wegweiser, Skilanglaufzentrum, Hütte. Am P gleich wieder links abwärts, vorsichtig **(!)** über die Landstraße zum Wiedener Eck. Zuerst weiter schmaler Pfad, dann breiter Forstweg leicht aufwärts zum P Lückle (1157 m), Wegweiser, Richtung Wiedener Eck. Links, zu schmalem Weg über die Landstraße, Vorsicht **(!)**. Der Weg führt in 2 km durch den Wald und später an einem Skilift und am »Heidehaus« (Schamanisches Zentrum) vorbei über Weiden oberhalb der Landstraße zurück zum P am Wiedener Eck.

➡ **Variante ohne Belchengipfel** - Am Wegweiser [Krinne] am Westweg links, an Schutzhütte vorbei, bis zur Straße zum Wiedener Eck, erneut Wegweiser [Krinne]. Dort rechts abwärts Richtung Obermulten, an zwei schönen Bauernhäusern vorbei. Beim unteren Haus links in Wald und weiter wie oben Richtung Wiedener Eck.

✪ **Besucherbergwerk Finstergrund** - Auf der Rückfahrt vom Wiedener Eck liegt zwischen Wieden und Utzenfeld an der L 126 die alte Grube Finstergrund. Bis 1972 wurde dort Bergbau betrieben, im Mittelalter auf Silber, in der Neuzeit auf Flussspat. Von den insgesamt ca. 20 km Stollen in einer Tiefe bis 360 m können heute 2 km besichtigt werden. Die Besucher sehen faszinierende Gesteine und lernen die Technik des Abbaus kennen. - ÖZ: Mai bis Okt.: Sa./So./Fei. 10-16 Uhr. Juli, August u. Sept. auch Mi. 10-16 Uhr. Für Gruppen ab 20 Pers. Anmeldung erforderlich. Sonderführungen auf Anfrage (Tel. 07673/7276 oder 07673/303). Warme Kleidung empfohlen!

TOUR
65

Halde - Hofsgrund - Schauinslandgipfel - Halde

Charakteristik - Rundweg durch Wälder und Hochweiden des Schauinslandmassivs. Nach steilem Aufstieg zum Gipfel großartige Panoramasicht zu den Alpen, dem Schweizer Jura, den Vogesen und zum Feldberg. Besuch des Heimatmuseums Schniederlihof und des Museumsbergwerks möglich.
Anfahrt - Von Freiburg über L 124 (ehemalige Bergrennstrecke auf den Schauinsland) oder B31 bis Kirchzarten, dann L126 Richtung Notschrei - Todtnau und rechts über Hofsgrund zur Halde. SBG-Bus von Kirchzarten und von Todtnau.
Parken - Gäste-P und öffentlicher P an der Halde.

11 km
3½ Stdn.
300 m

Der Rundweg - Vom Hotel Halde, Wegweiser, an der Josefskapelle halb links vorbei auf den Bänkleweg, [Blaue Raute, Gelbe Raute] (zugleich Dreiländerweg), Richtung Notschrei, Feldberg. Gabelung links, [Gelbe Raute, Grüner Punkt]. Bis Rastplatz bei der Bänklehütte, [Kohlwald]. Halb links abwärts Richtung Hofsgrund auf breiter Waldstraße bis zur Kreuzung mehrerer Wege, dort links auf dem Kohlwaldweg leicht aufwärts bis zum Waldrand, Rastplatz, Wegweiser. Ab hier geteerter Weg durch Weideland, rechts großes Anwesen, bei der Neusäge Linksbogen. Geradeaus bis links oben großer Bauernhof kommt. Wegweiser [Drescherhof], dort links auf Feldweg durch Viehweiden, nächste Gabelung links, schöner Blick über Hofsgrund und zum Schauinsland, geradeaus bis Hofsgrund-Ortsmitte (1030 m) beim Hotel Zum Hof, Wegweiser. Links oben die Kirche des Bergdorfes Hofsgrund. Abkürzung zum Schniederlihof und Schauinslandgipfel. Weiter auf der Landstraße rechts abwärts in Richtung Bergwildpark Steinwasen. Gehweg auf der linken Straßenseite. Wegweiser [Hofsgrund - Rain]. Links P am Dobelsee (kein Badesee). Die Landstraße weiter abwärts, kein Gehweg mehr **(!)**, bis zum Hs. Nr. 6. Dort links aufwärts auf Schotterweg durch Hochweiden, [Gelbe Raute], Wegweiserstandort Oberhalb Steinwasen (985 m), geradeaus weiter bis [Sessel]. Links am Waldrand steil aufwärts Richtung Sonnenobservatorium und Schauinslandgipfel, auch Richtung Schniederlihof und Engländerdenkmal (errichtet für vor dem Zweiten Weltkrieg im Schneesturm verunglückte englische Schüler). Gabelung rechts, auf der Hochweide wieder rechts **(!)**, im Wald kurz geradeaus **(!)**, dann rechts auf Waldstraße aufwärts bis zur Wetterstation (Luft-Messstelle des Bundesumweltamtes). Teerweg links aufwärts, am Sonnenobservatorium vorbei (Kiepenheuerinstitut für Sonnenphysik). Wegweiser, Orientierungstafel. Halb rechts steil aufwärts zum Gipfel des Schauinsland.

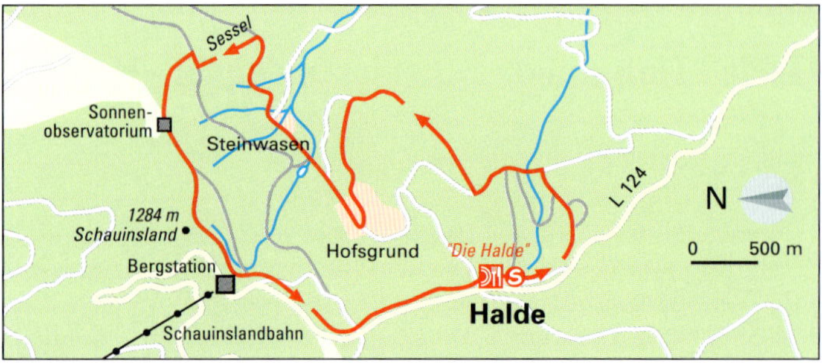

Fortsetzung Rundweg - Vom Gipfel links, [Gelbe Raute], Richtung Bergstation, Treppen abwärts zum Gipfel-P, Wegweiser. Abstecher zum Museumsbergwerk möglich (siehe S. 184). Links leicht aufwärts, [Blaue Raute], dann halb rechts abwärts zum P Sailenmatte, Wegweiser. Links mit [Blauer Raute] zum Hotel Halde.

Hotel Die Halde - Hochgenuss auf 1147 m. Modernes, elegantes Haus mit historischem Ambiente. Gasthaus und Poststation seit 1337 bzw. 1686. Großzügige Gästezimmer. Raffinierte Küche aus gesunden heimischen Zutaten (mit BiB-Gourmand im Guide Michelin ausgezeichnet). Großer Wellness- und Beautybereich (Hallenbad, Whirlpool, Sauna, Solarium, Fitnessraum), Sportmöglichkeiten. Ideenreiche Pauschalarrangements. Gehobene Preislage.

Rathaus am Marktplatz in Sulzburg

Burgruine Staufen

INFO

Die Ferienregion Münstertal Staufen

Eine magische Landschaft mit zahlreichen Sehenswürdigkeiten und nahezu unbegrenzten Freizeitmöglichkeiten erwartet den Gast in der Ferienregion Münstertal Staufen. Unter dem Slogan »Berge, Kultur, Wein« präsentieren sich Staufen, Münstertal und Ballrechten-Dottingen mit ihren jeweiligen Schwerpunkten.
Die Fauststadt Staufen, in der der Geschichte nach Doktor Faustus lebte, wird durchzogen von den markanten Bächle und überragt von ihrem Wahrzeichen, der mächtigen Burgruine. Die umliegenden Weinberge des Markgräfler Landes und die Höhenzüge des Südschwarzwaldes laden ein zu ausgiebigen Rad- und Wandertouren mit Blick über das Rheintal auf die Vogesenkette.
Das Münstertal mit seinen vielen Seitentälern und seiner sanft geschwungenen Landschaft gilt als eines der schönsten Täler des Schwarzwaldes. Bereits um 600 n. Chr. gründeten irische Mönche hier das Kloster St. Trudpert, benannt nach dem irischen Mönch Trudpert, dem Schutzpatron des Tales. Eines der markanten Wahrzeichen des Münstertales ist der 1415 m hohe Belchen.
Ballrechten-Dottingen blickt auf eine lange Weinbaugeschichte zurück - bereits die Römer bauten um 250 n. Chr. am 440 m hohen Castellberg Wein an - und ist heute mit 200 ha Reben eine der bedeutendsten Weinbaugemeinden im Markgräfler Land. Der Wein- und Erholungsort wurde 1992 und 2003 zu einem der schönsten Dörfer in Baden-Württemberg gewählt.
Rund um Belchen, Castellberg und Ruine Staufen erstreckt sich ein Wanderparadies mit hervorragend markierten Wegen. Sportliche Gäste haben die Wahl zwischen neun Nordic-Walking-Strecken in verschiedenen Höhenlagen, Schwierigkeitsstufen und Längen. Auch für Radfahrer - ob Mountainbiker, Genussradler oder Rennradfahrer - eröffnen sich zahlreiche Tourenvariationen.
Auch in den drei Orten gibt es viel zu erleben. Bei einer Mephisto-Tour kann man in Staufen mit dem Teufel auf Entdeckungstour durch den mittelalterlichen Stadtkern gehen. In Münstertal laden interessante Museen, u. a. das Bienenkundemuseum und das Besucherbergwerk Teufelsgrund zu einem Besuch ein. Durch die gleichnamige Fernsehserie bekannt wurde das Schwarzwaldhaus 1902 in Münstertal. In Ballrechten-Dottingen steht die Gerichtseiche Castellberg: An ihren Ästen baumelten einst die Übeltäter - heute präsentiert sie sich als außergewöhnliches Naturkunstwerk.
Nach einem erlebnisreichen Urlaubstag soll natürlich auch das leibliche Wohl nicht zu kurz kommen: Die »Genießer-Ecke« Markgräfler Land und der Schwarzwald sind bekannt für ihre hervorragenden Weine und ihre regionalen Spezialitäten. Kulturelle und kulinarische Genüsse bieten auch die vielen Veranstaltungen wie Weinfeste, Konzerte und nicht zuletzt die Alemannische Fasnet.

TOUR
66

15 km

4 Stdn.

Zähringer Hof - Notschrei - Museumsbergwerk - Schauinsland - Zähringer Hof

Charakteristik - Ausgedehnter Rundweg mit herrlichen Ausblicken, u. a. vom Schauinsland (Museumsbergwerk, Heimatmuseum Schniederlihof). Die Route ist in größeren Abständen mit einem Schild [Kaffee-Vesper-Pfad] einiger Gasthöfe, u. a. des »Zähringer Hofes«, markiert.
Anfahrt - Von Freiburg über die L 124, von Kirchzarten auf der L 126 und der L 124 zum Gießhübel, von dort auf der Verbindungsstraße ins Münstertal, K 4957, beim Ortsteil Stohren Zufahrt zum Zähringer Hof. - Von Staufen über Obermünstertal auf die K 4957 nach Stohren und zum Zähringer Hof. - Bus von Freiburg oder Todtnau zur Halde, von dort etwa 500 m zu Fuß.
Parken - Gäste-P Gasthaus Zähringer Hof oder öffentlicher P Schauinslandgipfel an der L 124.

Der Rundweg - Vom Zähringer Hof leichter Rechtsbogen aufwärts, [Kaffee-Vesper-Pfad]. Am Wegweiser Willnau (1125 m) links Richtung Kaltenbrunnen und Wiedener Eck, [Gelbe Raute]. Linksbogen, Wäldchen, nächste Gabelung rechts. Auf der Höhe am Wegweiser Kaltenbrunnen mit [Blauer Raute] rechts Richtung Oberer Wald und Wiedener Eck. Nach 200 m beginnt der Wald. Bei Gabelung eben geradeaus auf dem Höhenweg. Bei der Schutzhütte Dreieck links aufwärts, Richtung Wiedener Eck. Bei nächster Gabelung, Wegweiser Oberer Wald, verlässt die [Blaue Raute] den Höhenweg nach links, Richtung Notschrei. Beim Wegweiser Trubelsmattkopf (1210 m) Kreuzung mit dem Westweg = [Rote Raute]. Auf diesem links abwärts. Später breiterer Waldweg (Langenbachweg) geradeaus abwärts, durch ein geschütztes Hochmoor am Langenbach entlang. Blick zum Stübenwasen. Kurz vor dem Notschrei, Blick zum Hotel Notschrei, Wegweiser (1129 m), links auf dem Siebenhügelweg mit der [Blauen Raute] bis zum P Haldenköpfle-Skilift. Am Ende des P wieder durch Wald, die L 124 vorsichtig **(!)** überqueren. Bänkleweg links weiter, [Blaue Raute], zur Kapelle und zum Hotel Halde. Wegweiser, Blick zum Schauinsland. Geradeaus, Straße nach Hofsgrund überqueren und auf Fußpfad oberhalb der L 124 zum P Sailenmatte, Wegweiser, Info-Tafel, weiter geradeaus aufwärts zum Gipfel-P am Schauinsland, Info-Tafel, Wegweiser zum Schauinslandgipfel (1284 m), zum Heimatmuseum Schniederlihof und zum **Museums-Bergwerk Schauinsland** - Das in 800 Jahren beim Abbau von Silber, Blei und Zink geschaffene Bergwerk mit 22 Etagen und ca. 100 km Länge ist das größte des Schwarzwaldes. Gutes

Schuhwerk und robuste Kleidung erforderlich. ÖZ und Führungen unter www.schauinsland.de und Tel. 0761/26468.

Fortsetzung Rundweg - Vom Bergwerk zurück zum Gipfel-P und hinab zum P Sailenmatte (1185 m), Wegweiser, Info-Tafel. Am Ende des P, [Gelbe Raute], auf Wiesenpfad am Waldrand geradeaus, Richtung Sailendobelkar und Gießhübel, im Wald stetig abwärts. Beim Wegweiser Berggraf weiter geradeaus abwärts. Beim Auftreffen auf die geteerte Zufahrt zum Fachschaftshaus der Uni Freiburg auf dieser links bis zur Straße zum Gießhübel. Auf dieser rechts abwärts bis vor den Gießhübel. Unter der Straße, Wegweiser Farnacker, links spitzwinkelig mit [Blauer Raute] auf Wiesenweg. Wie überall am Schauinsland mächtige Weidbuchen. Durch Weideland, an Bauernhof vorbei geradeaus, bei Wäldchen rechts und zum Schluss beim nächsten Hof auf geteerter Hofzufahrt links aufwärts zur L 124. An ihr entlang bis zum öffentl. P gegenüber der Zufahrt zum Hotel Halde. Am Ende des P [Blauer Raute] nach rechts folgen, mit Wegweiser [Zähringer Hof] rechts und erneut rechts zum

Gasthaus Zähringer Hof - Gepflegter Berggasthof in herrlicher Aussichtslage. Familiäre Atmosphäre. Komfortable Zimmer und Appartements. Gemütlicher Gastraum. Badische Küche mit Zutaten von regionalen bäuerlichen Selbstvermarktern (Auszeichnung »Umweltbewusster Betrieb«). Wild aus dem Münstertal, Schwarzwaldforellen, Lamm, Geflügel. Zünftige Vesper. Feine Kuchen. Pauschalen. Mittlere Preise. - Ruhetag = Mo. ab 14 Uhr, Di. ganztägig.

Das Münstertal

Anfahrt - A 5, Ausfahrt Bad Krozingen, über Staufen nach Münstertal. - A 81, Ausfahrt Bad Dürrheim, B 31 über Donaueschingen und Titisee nach Freiburg, dann B 3 weiter in Richtung Staufen und Münstertal. - Vom ICE-Bahnhof Freiburg im Breisgau mit der Münstertalbahn nach Untermünstertal.

✪ **Münstertal** - Das Münstertal erstreckt sich in einer Höhenlage von 400 bis 1400 m zwischen Markgräfler Land und Hochschwarzwald. Das milde Schon- und Reizklima in dem staatlich anerkannten Luftkurort wirkt sich besonders günstig auf Herz- und Kreislaufbeschwerden, bei Asthma und bei blutdruckkranken Patienten aus. Die Umgebung wird geprägt durch weite und verzweigte Täler, markante Höhen, urige Wälder und saftige Wiesen. In die Natur eingebettet liegen traditionelle Bauernhöfe mit den typischen, lange nach unten gezogenen Walmdächern.

✪ **Der Belchen** - Der 1415 m hohe Belchen ist eines der Wahrzeichen des Münstertales und gilt als einer der schönsten Aussichtsberge des Schwarzwaldes mit Ausblicken über die Rheinebene nach Frankreich mit dem Elsass und den Vogesen sowie in den Schweizer Jura, über die Höhenzüge des Schwarzwaldes, in das Wiesental und bei klarer Sicht bis zu den Alpengipfeln von der Zugspitze bis zum Mont Blanc. In der Gipfelregion siedelten sich Tiere und Pflanzen an, die sonst fast nur in den Alpen zu finden sind, z. B. die Alpen-Heckenrose, seltene Käfer- und Schmetterlingsarten, zahlreiche Vögel und Gemsen. Im Dezember 2001 wurde die Belchen-Seilbahn eröffnet, die mit achtsitzigen Expo-Skyliner-Kabinen in fünf Minuten die Bergstation erreicht. Von hier kann man zu Touren auf den beschilderten Wanderwegen aufbrechen (Gipfelrundweg, Naturerlebnispfad, Panoramaweg, Urwaldpfad, Hochkelch-Haldeweg). Das Belchenhaus, Baden-Württembergs höchstgelegenes Gasthaus (1360 m), lädt zur gemütlichen Einkehr ein. Auch als Wintersportgebiet ist der Belchen beliebt (Pisten, Rodelbahn, Winterwanderwege, Schneeschuhwanderungen).

✪ **Barocke Klosteranlage St. Trudpert** - Das erste rechtsrheinische Benediktinerkloster entstand zu Ehren des heiligen Trudpert um das Jahr 800 an dessen Todesstätte. Die Einweihung der ersten Klosteranlage erfolgte im Jahr 815. Bis zur Säkularisation im Jahr 1806 bildete das Kloster St. Trudpert das kulturelle, politische, kirchliche und wirtschaftliche Zentrum des Münstertales und war gleichzeitig Ausgangspunkt der Christianisierung im Südschwarzwald. Die barocke Pfarrkirche ist täglich außerhalb der Gottesdienste geöffnet. Außerdem werden in den Sommermonaten freitags um 16 Uhr fachkundige Führungen angeboten.

Besuchsbergwerk Teufelsgrund - Die Bergbautradition im Münstertal reicht bis in das 8. Jh. zurück. Der Silberabbau brachte eine Blütezeit im 12 Jh., danach wurden bis zur Stilllegung der Grube 1958 Blei, Kupfererz und Flussspat abgebaut. Seit 1970 bietet das Schaubergwerk interessante Einblicke in die Münstertäler Bergbautradition. Der Stollen ist auf einer Länge von 600 m ebenerdig begehbar (keine Treppen/Leitern) und somit auch für Rollstuhlfahrer geeignet. In einem Seitenstollen wurde eine spezielle Asthma-Therapiestation eingerichtet, da Asthmatiker durch die besondere Luftreinheit im Bergwerk eine große Linderung ihres Leidens verspüren. - Öffnungszeiten: 1. April bis 31. Oktober Di., Do. und Sa. 10-11 und 13-16 Uhr, So. 13-16 Uhr. Gruppenführungen sind auf Anfrage außerhalb der Öffnungszeiten möglich. Gruppen ab 20 Personen sind anzumelden. Sonderführungen und Schatzsuchen für Kinder durch einen Diplom-Geologen sind auf Anfrage möglich.
Sehenswerte Museen - Das Bienenkundemuseum, weltweit eines der größten seiner Art, dokumentiert die Beziehung des Menschen zum Nutztier Biene von der Steinzeit bis zur Gegenwart und zeigt eine Sammlung von Mineralien und edlen Steinen aus den früheren Bergwerken. Öffnungszeiten: Mi., Sa., So. Fei. 14-17 Uhr (Gruppenführungen auf Anfrage auch außerhalb der Öffnungszeiten). - Die Schnitzerstube mit Kleintiergehege ist ein ehemaliges Bauernhaus, das in Küche und Wohnzimmer, an den Außenwänden und an den Bäumen im Garten von seinem Besitzer in unzähligen Freizeitstunden mit Holzschnitzarbeiten versehen wurde. Öffnungszeiten: Mo.-Fr. 9-12 Uhr und 13-18.30 Uhr, Sa. und So. 10-12 Uhr und 13-17 Uhr.

Wanderwege rund um das Münstertal

Rundweg »Kohlerhof« - 7 km - ca. 2 Stdn. - Höhendifferenz ca. 400 m - Ausgangspunkt: P Spielweg - Markierung: [Weißer Punkt].
Rundweg »Köpfle« (Gipfelkreuz) - ca. 6 km - gut 1½ Stdn. - Höhendifferenz ca. 230 m - Ausgangspunkt P Bahnhof.
Rundweg »Kälbelescheuer« - ca. 6 km - ca. 1½ Stdn. - Höhendifferenz: ca. 210 m - Ausgangspunkt P Kälbelescheuer - Markierung: teilweise [Blaue Raute], teilweise [Rote Raute].
Rundweg »Alter Kohlenmeiler - Stangenbodenhütte« - ca. 8 km - ca. 2 Stdn. - Höhendifferenz: ca. 260 m - Ausgangspunkt: P Dr.-Kilius-Weg/Alter Kohlenmeiler.
Rund- und Panoramaweg in der Talsohle - ca. 11 km - ca. 3 Stdn. - Höhendifferenz ca. 250 m - Ausgangspunkt: Rathaus Münstertal.
Langeck - Belchen - Breitnau - Besuchsbergwerk - ca. 15 km - ca. 4½ Stdn. - Höhendifferenz: ca. 1000 m.
Spielweg - Stohren - Schauinsland - Gießhübel - Spielweg - ca. 19 km - ca. 6 Stdn. - Höhendifferenz: ca. 760 m.
Lehr- und Freizeitpfade: Waldlehrpfad und Landwirtschaftlicher Lehrpfad, Geologisch und Bergbaugeschichtlicher Wanderweg, Waldsportlehrpfad, Waldschadenslehrpfad.

TOUR
67

Staufen i. Br. - Historischer Altstadtrundgang

Anfahrt - A 5 Karlsruhe - Basel, Ausfahrt Bad Krozingen. - B 3 Freiburg im Breisgau - Weil am Rhein, Abfahrt Bad Krozingen. - B 31 von Breisach. - Münstertalbahn von Bad Krozingen. - SBG-Bus von Freiburg im Breisgau.
Parken - Großer P auf dem Schladererplatz in der Stadtmitte.

✪ **Staufen im Breisgau** (280-720 m) - Staatlich anerkannter Erholungsort, die »Perle des südlichen Breisgaus« mitten im Markgräfler Land. Die romantische »Fauststadt«, in der Doktor Faustus, Alchemist, Astrologe und Magier, im 16. Jh. die maroden Finanzen der Herren von Staufen durch die Herstellung von Gold aufbessern sollte. Laut Chronik der Grafen von Zimmern von 1566 wurde er jedoch 1539 im Gasthaus »Zum Löwen« noch vor Vollendung seines Zauberwerks vom Teufel (Mephistopheles) geholt. 770 wurde Staufen im Lorscher Codex erstmals erwähnt. 1337 erfolgte die urkundliche Nennung als Stadt. Nach mehreren Besitzerwechseln kam Staufen 1806 zu Baden. - Bereits seit 1948 gibt es die Staufener Musikwoche. Seit 1989 findet hier jährlich die bemerkenswerte und niveauvolle Kulturwoche statt, jeweils unter einem anderen Motto.
➡ **Rundgang durch die malerische Altstadt** - Komprimiert, angelehnt an ausführliche Publikationen der Tourist-Information i und des Schwarzwaldvereins. - 1) Rathaus, erbaut 1546 im Übergangsstil von der Gotik zur Renaissance. Fassade mit Wappen der Grund- und Landesherrschaften, schöner Ratssaal und Treppenturm (1603), mit integriertem Stadtmuseum. - 2) Marktbrunnen (1546) mit »Brunnenmännle«. - 3) Gasthaus »Zum Löwen«, bereits 1407 erwähnt, heutige Gestalt 1536, Fresko (1910) auf der Stirnfront, »Fausthistorie« (s. o.). - Gegenüber vom »Löwen« durch einen Torbogen zum 4) Stubenhaus, erwähnt 1436, renoviert 1989, ehemalige Trinkstube der Zünfte und Bruderschaften. - Durch die Hauptstraße mit den »Stadtbächle«. Herrlicher Blick zur Burgruine. - 5) Gasthaus Krone, einer der örtlichen Schauplätze der Badischen Revolution von 1848. Marienbrunnen von 1626. - Hauptstraße weiter, vorbei am Gasthaus und Hotel Zum Hirschen (s. S. 193). Hinter Haus Nr. 15 rechts. - 6) »Unteres Schloss« - Stadtschloss der Herren von Staufen mit Treppenturm, erbaut im 16. Jh., Westflügel 1725, heute Staatliches Forstamt. - Zurück zur Hauptstraße (rechts die Winzergenossenschaft Staufen mit Weintrotte und Weinbrunnen), links ab. Nach der »Krone« rechts zur Straße Auf dem Graben. Skulptur »Junge mit Traube«, von Prof. Kurt Lehmann als Teil des Staufener Skulpturenwegs gefertigt. - Durch die 7) Struve-Passage (seit 1980), benannt nach einem der Revolutionsführer von 1848, zur Straße Im Grün. In der Wand von Haus Nr. 15 steckt eine klei-

ne Kanonenkugel aus der Schlacht um Staufen. - Links ab, Hauptstraße links, vorbei an »Kreuz-Post«, Freihofgasse rechts. - 8) Freihof, 1773 von Peter Thumb erbaut, heute Privatbesitz. - Spitalstraße durch das »Hinterstädtle«, ältester Teil der Stadt mit sehr viel Atmosphäre. - 9) Ehemaliges Spital von 1738. - 10) Katholische Kirche St. Martin, spätgotische, dreischiffige Basilika, erbaut 1485-1516. Beim Brand 1690 bis auf wenige Teile zerstört, der heutige Bau stammt aus dem 18. und 19. Jh.

✪ **Burgruine Staufen** auf dem Schlossberg (375 m). Die Anlage wurde um 1111 von den Herren von Staufen, Ministeriale der Herzöge von Zähringen, erbaut und 1632 von den Schweden zerstört. Stattliche Teile der inneren Burg mit Palas und Bergfried (AT) sind erhalten. Wundervolle weite Rundsicht: Rheinebene, Breisach, Kaiserstuhl, Vogesen, Kandel, Schauinsland, Blauen und natürlich Staufen. - Anweg: s. S. 192.

➡ **Der Staufener Weisheitsbaumpfad** - Wem nach dem Bummel durch die Fauststadt der Sinn nach Natur und bequemen Wegen statt Asphalt steht, dem sei ein Spaziergang auf dem 2½ km langen Staufener Weisheitsbaumpfad durch den nahen Wald und die Weinberge empfohlen. Von hier genießt man einen wunderschönen Blick über die Dächer Staufens, auf die Burg und über das Rheintal zu den Vogesen. Begleitet wird man dabei von Texten, die in die Bäume geschrieben sind. Der Einstieg ist an verschiedenen Stellen möglich: Am Stationenweg an der Straße Im Süßtrunk, am Aufstieg in die Rebberge über die Straße Im Mannwerk oder über die Schuppengasse am Bötzen.

➡ **Wanderweg »Rund um Staufen«** - Von der Touristik-Information entlang der Hauptstraße bis zur ehemaligen Post. Von dort rechts in Richtung Burgruine. Zurück bis zum Gedenkkreuz, dann links auf dem Feldweg zur Bötzenstraße, entlang der Bötzenstraße weiter bis zur Schlossbergklinik. Hinter der Klinik geht es durch den Wald aufwärts zum Eichbuck (Wasserspeicher). Über den Waldpfad weiter bis zur Waldstraße in Richtung Johanniskapelle ca. 100 m bis zum Wegweiser Schützenplatz. Vom Schützenplatz zur Johanniskapelle und Messerschmidfelsen (schöner Ausblick in die Rheinebene). Von hier abwärts zum Wasserspeicher - herrliche Aussicht über Staufen und die Burgruine - und zurück nach Staufen.

TOUR
68

Staufen i. Br. - Rundweg Etzenbacher Höhe

8 km

3¼ Stdn.

410 m

Charakteristik - Schmale Pfade führen durch dichten Hochwald zu den Felskuppen des Alten Schlosses und der Etzenbacher Höhe, von denen sich eine großartige Aussicht eröffnet. Trittsicherheit und stabiles Schuhwerk sind erforderlich.
Anfahrt - A 5 Karlsruhe - Basel, Ausfahrt Bad Krozingen, L 120 - Umgehung Bad Krozingen bis Ortsende Staufen, Wegweiser links zum Hotel-Gasthaus Am Felsenkeller.
Parken - Gäste-P Gasthaus-Hotel Am Felsenkeller.

Der Rundweg - Vom Hotel-Gasthaus Am Felsenkeller in der Albert-Hugard-Straße 200 m talaufwärts. Dann links mit der Markierung [Gelbe Raute] und Wegweiser [Etzenbacher Höhe] auf einem schmalen Pfad und Serpentinen zum Wasserbehälter (schöner Ausblick auf Staufen mit Burgruine). Rechts auf Pfad zum Messerschmid-Felsen (Aussichtskanzel mit Blick auf die Vorbergzone), links auf schmalem Weg zur St.-Johannis-Kapelle (z. Zt. in Renovation). Auf Fahrweg rechts aufwärts bis zum Wegkreuz, Pfad links aufwärts zum Waldbruderköpfle (475 m). Mit [Gelber Raute] links aufwärts über ein Wegkreuz geradeaus zum Herrenwaldloch und weiter zum Bildstock Josefle. Auf Fahrweg weiter, dann Pfad links aufwärts, [Gelbe Raute], bei Wegweiser [Altes Schloss] scharf links über einen Felspfad zum Schutzpavillon am Alten Schloss (Schlossreste) mit Blick auf Blauen und Kelch im Süden und Kandel im Norden, z. T. mit Büschen zugewachsen! Über einen Felspfad zur Etzenbacher Höhe (725 m) mit großartigem Ausblick zu Belchen, Blauen, Rheinebene und Vogesen. Auf einem Waldpfad sanft abwärts bis zu einem Bildstock (Johann Gutmann). - Von hier kann man geradeaus einen Abstecher zur Ruine Rödelsburg unternehmen (hin und zurück ca. 1½ Stdn.). - **(!)** Spitzwinklig rechts abwärts bis zum Fahrweg, [Gelbes Fahrradschild, Gelbe Raute], dort rechts sanft abwärts zur Rauhalde, weiter auf dem Fahrweg links abwärts, Wegweiser [Boeckhfelsen]. Beim Grillplatz und der Schutzhütte Wölfental rechts abwärts, in Rechtskurve beim Tirolergrundweg auf Pfad links abwärts mit Wegweiser zum Boeckhfelsen (Aussichtsplattform mit Blick zum Belchen und in das Münstertal). Oberhalb der Plattform links auf schmalem Pfad sanft abwärts, [Gelbe Raute], zum Fahrweg in der Talsohle, rechts etwa 1 km zum **Hotel-Gasthaus Am Felsenkeller** - Gepflegtes Haus mit Tradition in sehr ruhiger Lage am Waldrand. Die neuen allergikerfreundlichen Zimmer sind hell eingerichtet und komfortabel ausgestattet. Das Vollwertfrühstück mit Bio- und Demeterprodukten sorgt für

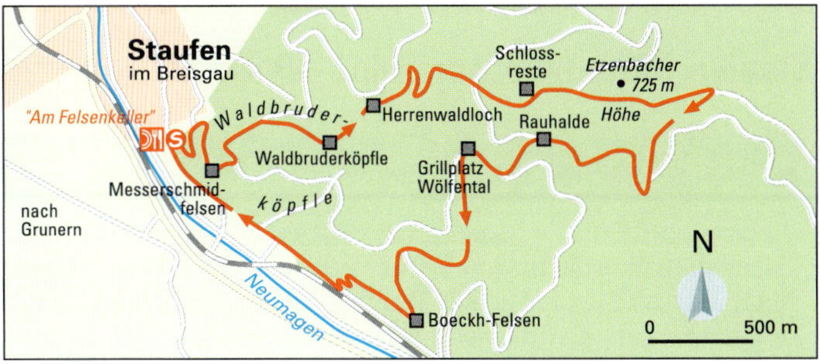

einen guten Start in den Tag. In den gemütlichen Gasträumen und auf der Gartenterrasse kann man sich mit saisonalen und regionalen Spezialitäten des kreativen und im Rahmen der DEHOGA-Aktion »Schmeck den Süden« ausgezeichneten Küchenchefs verwöhnen lassen. Erlesene Tropfen kommen aus dem großen Weinkeller im Bergstollen. - Ruhetag Restaurant = Mo. Hotel kein Ruhetag.

➡ **Variante** - Von der Etzenbacher Höhe ist auch eine Fortsetzung der Wanderung auf dem Höhenweg in Richtung Kohlplatz/Maisstollen zum Sonnhaldeneck möglich. Zum Kohlerhof (Berggasthof) steigt man ca. 600 m ab. Zurück geht es ca. 700 m auf dem Höhenweg und dann links in Richtung Gipf bis zum Spielweg. Von dort fährt man mit dem Bus zum Bahnhof Münstertal und mit Bahn oder Bus zurück nach Staufen.

➡ **Bettlerpfad: Staufen - Alemannengräber - Ehrenstetten - Staufen** - Von der Tourist-Information i geht man entlang der Johannesgasse, vorbei an der Katholischen Kirche, durch die Bötzenstraße und den St. Gotthardhof bis zum Rothof. Hinter dem Rothof biegt man rechts in den Wald ein und folgt dem Waldpfad weiter zu den Alemannengräbern. Die Waldstraße führt weiter über die Finkersthal-Hütte und Jägermatten zum Schützenhaus-P Ehrenstetten. Nun nimmt man dieselbe Strecke zurück bis zu den Alemannengräbern und biegt dort links ab Richtung Steinbach-Hütte und St. Gotthardhof. Entlang der Bötzenstraße kehrt man zurück zum Ausgangspunkt an der Tourist-Information i. - 13 km - gut 3 Stdn.

TOUR
69

Staufen - Rundweg Burgruine - Boeckhfelsen

8 km

2 Stdn.

150 m

Charakteristik - Vom malerischen Staufener Ortszentrum erreicht man rasch die Burgruine Staufen mit einzigartigem Rundblick. Anschließend führt die Wanderung durch Schatten spendenden Hochwald mit einer historisch interessanten Wallfahrtskapelle und lieblichen Ausblicken in das Münstertal und die Vorbergzone.
Anfahrt - A 5 Karlsruhe - Basel, Ausfahrt Bad Krozingen, auf L 120 - L 123 (Bad Krozingen umfahren!) in das Ortszentrum von Staufen.
Parken - Gäste-P Gasthaus-Hotel Zum Hirschen.

Burgruine Staufen - Um das Jahr 1111 erbauten die Herren von Staufen, Ministeriale der Herzöge von Zähringen, auf dem 375 m hohen Schlossberg die mächtige Burganlage, die 1632 von den Schweden zerstört wurde. Von der inneren Burg mit Palas und Bergfried (AT) sind noch beachtliche Teile zu sehen. Von der Burgruine genießt man eine herrliche, weite Rundsicht über die Rheinebene, Breisach, den Kaiserstuhl, die Vogesen, Kandel, den Schauinsland, den Blauen und natürlich Staufen.
Der Rundweg - Vom Gasthaus-Hotel Zum Hirschen [ohne Markierung] auf der Hauptstraße stadtauswärts, an Weinbrunnen, Alter Trotte und Winzergenossenschaft vorbei. Straße Auf dem Rempart rechts aufwärts, Schlossgasse links. Befestigter Weg an den Reben rechts aufwärts zum Steinkreuz, Markierung [Gelbe Raute], dort links aufwärts, mit Wegweiser [Burgruine] links aufwärts zur Burgruine Staufen. Dann zurück zum Steinkreuz, dort links, Markierung [Gelbe Raute], Wegweiser [Bötzen]. Bei Wegkreuzung geradeaus mit Wegweiser [Schlossberg-Klinik], nach 300 m mit Wegweiser [Jägerhäusleweg] rechts (Erhart-Kästner-Weg), [ohne Markierung]. Am Jägerhäusle rechts vorbei, dann Rechtskehre und nach Linksbogen mit Wegweiser [Kapellenweg] **(!)** geradeaus, Markierung [Gelbe Raute]. Nach Linksbogen rechts auf Kapellenweg. Etwa nach 1 km steht 100 m rechts unterhalb des Fahrwegs die St.-Johannis-Kapelle (17. Jh.) mit Heilig-Grab-Kapelle (z. Zt. wegen Renovierung geschlossen!). Auf Fahrweg weiter zum TV-Umsetzer, Wegweiser [Boeckhfelsen], eben geradeaus, mit einzelnen Aussichtsbänken mit Blick in das Münstertal, dann leicht aufwärts. In Linksbogen Tirolergrundweg, Pfad rechts abwärts, mit Wegweiser zum Boeckhfelsen (Aussichtsplattform mit Blick zum Belchen und in das Münstertal). Oberhalb der Plattform links auf schmalem Pfad sanft abwärts, Markierung [Gelbe Raute], zum Fahrweg in der Tal-

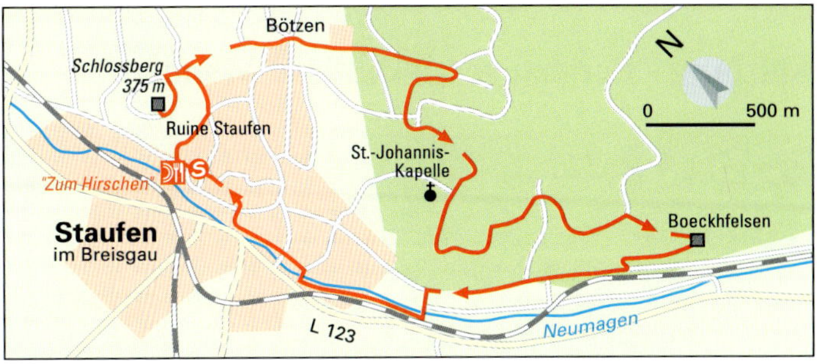

sohle. Auf diesem rechts etwa 800 m zum Schwimmbad, dann links zum Neumagen, vor dem Bach Fußweg rechts bis zur denkmalgeschützten Neumagenbrücke, dort rechts über den Marktplatz und zurück zur abschließenden Einkehr im

Gasthaus-Hotel Zum Hirschen - Zentral gelegen in der Staufener Fußgängerzone bietet das familiengeführte Haus Komfort der besonderen Art. Die Gästezimmer und Appartements sind behaglich eingerichtet. In den stilvollen, gemütlichen Gasträumen genießt man die feine Markgräfler Küche, die frisch zubereitet und auf die Jahreszeit abgestimmt wird, u. a. Braten, Feinschmeckermenüs, Wild, Fisch, Vegetarisches, deftige Vesper. Abgerundet werden die kulinarischen Genüsse durch Destillate aus der eigenen Brennerei und edle Tropfen vom eigenen Weinbau am sonnigen Staufener Schlossberg. Mittleres Preisniveau. - Ruhetage = Mo. und Di.

Weiterer Wandervorschlag: Rundweg Grunern - Sulzburg - Grunern - Von der Friedhofskapelle Grunern (Parkmöglichkeit) geht man links ab entlang dem Eschwald und dann rechts in das Katzental bis zum AP Katzental. Dann folgt man rechts dem Waldpfad zum Katzenstuhl (591 m) und bleibt auf dem Gratweg bis zum Enggründleskopf (704 m). Bei der Schutzhütte geht nimmt man rechts den Wanderweg in Richtung Sulzburg. Man verlässt Sulzburg in Richtung Neuberg und kehrt über den Castellberg und den Schleifsteinhof (Straußenwirtschaft) zurück zum Ausgangspunkt an der Friedhofskapelle Grunern. - 12 km - gut 3 Stdn.

TOUR
70

Sulzburg - Bergbaugeschichtlicher Wanderweg

5 km

1½ Stdn.

Charakteristik - Die Geschichte und Entwicklung Sulzburgs ist untrennbar mit dem Bergbau verbunden. Davon zeugen nicht nur die liebevoll gestalteten Häuserfassaden und die Straßennamen in der historischen Altstadt, sondern auch das Bergbaumuseum und die Spuren des mittelalterlichen Bergbaus am Bergbaugeschichtlichen Wanderweg.
Anfahrt - A 5 Karlsruhe - Basel, Ausfahrt Bad Krozingen, B 31 bis Staufen, dort Abzweig Richtung Sulzburg. Oder Ausfahrt Hartheim/Heitersheim, über Heitersheim nach Sulzburg. - Busverbindungen u. a. vom Bahnhof Heitersheim und von Müllheim.
Parken - Öffentlicher P am Bergbaumuseum.

✪ **Sulzburg** (375-1114 m) - Der staatlich anerkannte Luftkurort im Markgräfler Land hat zusammen mit dem Stadtteil Laufen ca. 2700 Einwohner. Die historische Altstadt mit ihren stattlichen Bürgerhäusern kann man durch verwinkelte Gassen erkunden. Die ehemalige Klosterkirche St. Cyriak wurde 1964 restauriert; heute finden hier neben Gottesdiensten auch Konzerte statt. Der kleine Kirchturm aus dem 11. Jh. gilt als ältester erhaltener Kirchturm in Südwestdeutschland. Teile des Balkenholzes stammen von einem im Winter 996 gefällten Baum. In der Kirche entsteht eine ganz besondere Stimmung durch das gedämpfte Licht, die schlichten Pfeiler und die romanischen Rundbögen. Die Vorhalle wurde 1309 errichtet, die Holzdecke entstand 1510. Die Räume sind geschmückt mit dezenten Ornamenten und Resten alter Fresken. Die 1822 erbaute, ehemalige Synagoge wird heute für Ausstellungen und Veranstaltungen genutzt und kann jeden ersten und letzten Sonntag im Monat von 16-18 Uhr besichtigt werden. In der Nähe liegt der Jüdische Friedhof aus dem 16. Jh. - Ein ausgedehntes Wanderwegenetz sowie Terrainkurwege erschließen die reizvolle Umgebung.
✪ **Landesbergbaumuseum Baden-Württemberg** - Das Museum wurde 1982 in der ehemaligen evangelischen Stadtkirche am Marktplatz eröffnet. Themenschwerpunkte bilden der Salzbergbau und der Gangerzbau im Schwarzwald, doch auch die Entstehung und Gewinnung von Erdöl und Erdgas werden beleuchtet. Historische Geräte geben einen Einblick in den harten Arbeitsalltag der Bergleute und auch Münzen, Medaillen und Wappen erzählen aus der Geschichte. Eine Mineraliensammlung, Sonderausstellungen und Zusatzprogramme, z. B. über den Jaspis- und Hämatitbergbau der frühen Menschen, das Kaliwerk Buggingen und das Rheingold, runden die interessante Ausstellung ab. - ÖZ: Di.-So. 14-17 Uhr.

Der Bergbaugeschichtliche Wanderweg - Der ca. 5 km lange Rundweg beginnt am Landesbergbaumuseum und ist durchgehend mit dem [Schlägel- und Eisensymbol auf gelbem Grund] markiert. Die Wanderung führt zu ehemaligen Schächten, Pingen und Stollen, gibt auf Tafeln Erläuterungen zu verschiedenen Bergbauzweigen (z. B. Gipsbergbau) und geologischen Themen (Gneis, Lösslehm) und entführt den Besucher an Ausgrabungsstätten in die Epoche der Römer, die im Sulzburger Tal bereits Bergbau betrieben. Darüber hinaus informiert der Bergbaugeschichtliche Wanderweg auch über andere geologische Besonderheiten in Baden-Württemberg, die ebenso mit Lehrpfaden oder Schaubergwerken erschlossen sind.

Ankommen, Auto abstellen und dennoch mobil sein - Urlauber haben im Schwarzwald mit ihrer Gästekarte freie Fahrt im ÖPNV.

Das gibt es nur im Schwarzwald. Keine andere Ferienregion in Deutschland bietet ihren Urlaubern soviel umweltfreundliche Mobilität wie die Genießer-Ecke im Südwesten. Die KONUS-Gästekarte von mehr als 6000 Gastgebern in über 100 Tourismusgemeinden bietet den Urlaubern während ihres gesamten Aufenthaltes freie Fahrt in Bussen und Bahnen und gilt in allen neun Verkehrsverbünden zwischen Rhein und Neckar, Pforzheim und Basel.
Der Begriff KONUS erinnert an den Generalschlüssel, mit dem Schaffner früher Busse und Bahnwaggons aufschließen konnten. In der 11.400 km^2 großen Ferienregion im Südwesten steht er für die **Ko**stenfreie **Nu**tzung des ÖPNV für **S**chwarzwaldurlauber«. Ausgenommen sind nur die Stadtverkehre von Karlsruhe und Pforzheim. In Pforzheim gilt die KONUS-Gästekarte jedoch auf den Strecken von Enztalbahn und Nagoldtalbahn zum Hauptbahnhof. So können Sie am Ferienort ankommen, das Auto abstellen und ohne Parkplatzsorgen zur Wanderung aufbrechen, eine Entdeckungstour durch die Region machen oder zu Kulturgenuss und Shopping in eine der heimeligen Städte fahren.
Keiner muss sich um Tarifzonen und Kleingeld sorgen. Am besten Sie fragen deshalb schon vor der Buchung nach der KONUS-Gästekarte. Dann steht Ihnen der ganze Schwarzwald offen. Viele KONUS-Orte unterbreiten ihren Gästen passende Tourenvorschläge für Ausflüge oder Erkundungsfahrten durch die Region.
Einen Überblick über alle teilnehmenden Orte liefert die Internetseite www.konus-schwarzwald.info. Ein Flyer mit den Namen der Konus-Orte kann angefordert werden bei der Hotline von Schwarzwald Tourismus unter Telefon 01805/661224, Fax: 01805/661225 (je 14 Ct./Min. im dt. Festnetz, Mobilfunk abhängig vom Vertrag).

Mit dem Schwarzwald-Ticket billig in den Urlaub

Auch die Anreise in Deutschlands abwechslungsreichste Ferienregion lässt sich erholsam und preiswert gestalten: Wer umweltfreundlich mit der Bahn in den Schwarzwald reist und dort eine oder mehrere Übernachtungen bucht, spart mit dem Schwarzwald-Ticket bares Geld. Dieses Angebot gilt für die An- und Abreise von und bis zu jedem Bahnhof in Deutschland.
Das Schwarzwald-Ticket der Bahn ist erhältlich in Verbindung mit einer Übernachtungsbuchung direkt über den Ferienort oder über die Schwarzwald Tourismus GmbH, c/o KMK, Festplatz 9, 76137 Karlsruhe, Tel. 0721/3720-5388, Fax 3720-5399, www.schwarzwald-tourismus.info/service/anreise.

Flugs, zügig und sogar schlafend in den Schwarzwald

Eine gute Planungshilfe für Bahnreisende ist der Flyer »Zügig in den Schwarzwald und an den Bodensee« (Download unter www.schwarzwald-tourismus.info). Die Bahn und die Schwarzwald Tourismus GmbH informieren darin über die Intercity-Linien zwischen Ostseeküste, Ruhrgebiet und Schwarzwald bzw. Bodensee.

Bei der Anreise mit Nahverkehrszügen lässt sich auch das »Schönes-Wochenende-Ticket« der DB nutzen. Fünf Personen reisen damit für insgesamt 35 € aus ganz Deutschland in die Ferienregion im Südwesten. Bahnfahrer aus Baden-Württemberg kommen in den Genuss des »Baden-Württemberg-Tickets« für nur 29 € für bis zu fünf Urlauber (Stand 2008).

Mit CityNightLine-Zügen reist man im Schlaf ab Berlin, Dresden, Rügen und Kopenhagen über Frankfurt nach Karlsruhe, Baden-Baden, Offenburg oder Freiburg am Westrand des Schwarzwaldes. Von Hamburg und Amsterdam aus geht's über das Ruhrgebiet in die Ferienregion.

Wer seinen Urlaub rechtzeitig plant, kann auch beim Fliegen sparen: Von sechs Flughäfen lässt sich der Schwarzwald gut erreichen. Am Westrand sind es der Euro-Airport Basel-Mulhouse-Freiburg, der elsässische Flughafen in Straßburg sowie der Baden-Airpark Karlsruhe/Baden-Baden. Im Osten liegen etwa eine Autostunde entfernt die Flughäfen Friedrichshafen und Stuttgart und im Süden der Flughafen von Zürich.

SchwarzwaldCard - nicht gratis, aber Kosten sparend

So groß die Ferienregion ist, so vielfältig das Angebot an Sehenswürdigkeiten, Attraktionen, Freizeit- und Erlebnisparks - so sorgfältig wird man auch das Urlaubsbudget planen wollen. Für Unternehmungslustige hält der Schwarzwald deshalb ein weiteres Angebot vor, das richtig Geld sparen hilft und sich auch für Wanderer lohnen kann: die SchwarzwaldCard.

Mit der SchwarzwaldCard haben Urlauber freien Eintritt bzw. freie Fahrt und weitere Vorteile bei 150 Attraktionen in der gesamten Ferienregion. Sie gilt jeweils von Dezember bis November des Folgejahres an drei frei wählbaren Tagen. Entdeckungsfreudige Nutzer können mit der SchwarzwaldCard leicht um die 60 € sparen. Viele Attraktionen bieten auch über die drei Tage hinaus freien Eintritt oder andere Vergünstigungen. Wer also gut plant, spart noch mehr. In der Version ohne Europa-Park kostet die SchwarzwaldCard für Erwachsene 31 €, für Kinder zwischen vier und elf Jahren 21 € und für Familien mit bis zu drei minderjährigen Kindern 99 €. Die SchwarzwaldCard inklusive einem Tag Europa-Park kostet 53 € für Erwachsene, 43 € für Kinder und 179 € für Familien (Stand 2008).

Ein Faltblatt und Infos zur SchwarzwaldCard gibt es bei Schwarzwald Tourismus, Ludwigstr. 23, 79104 Freiburg, Tel. 01805/661224, Fax: 661225 (je 14 Ct./Min. im dt. Festnetz, Mobilfunk abhängig vom Vertrag) und unter www.schwarzwaldcard.info.

Register der Gasthöfe, Restaurants, Hotels und Pensionen

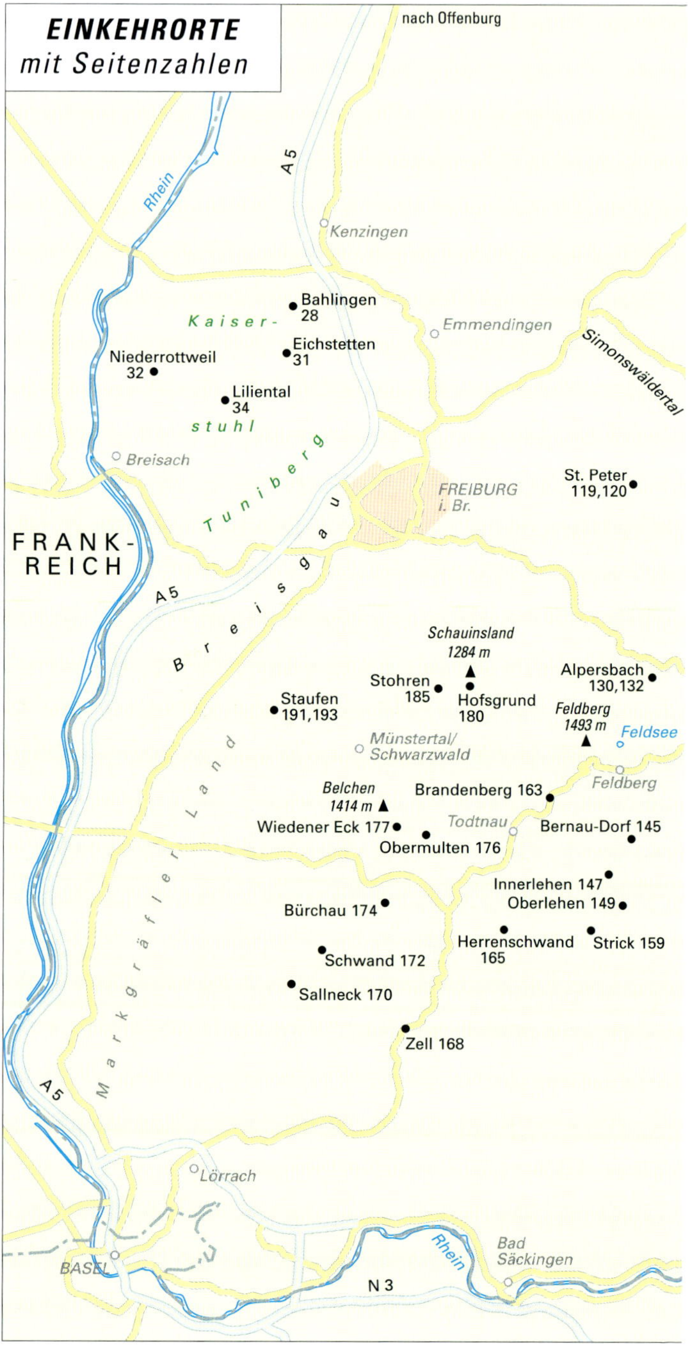
EINKEHRORTE
mit Seitenzahlen
nach Offenburg
A5
Rhein
Kenzingen
Bahlingen 28
Kaiser-
Emmendingen
Simonswäldertal
Eichstetten 31
Niederrottweil 32
Liliental 34
stuhl
Breisach
Tuniberg
FREIBURG i. Br.
St. Peter 119,120
FRANK-
REICH
Breisgau
Schauinsland 1284 m
Alpersbach 130,132
Stohren 185
Hofsgrund 180
Staufen 191,193
Feldberg 1493 m
Feldsee
Münstertal/ Schwarzwald
Feldberg
Belchen 1414 m
Brandenberg 163
Markgräfler Land
Wiedener Eck 177
Todtnau
Bernau-Dorf 145
Obermulten 176
Innerlehen 147
Oberlehen 149
Bürchau 174
Herrenschwand 165
Strick 159
Schwand 172
Sallneck 170
Zell 168
Lörrach
BASEL
Rhein
Bad Säckingen
N 3

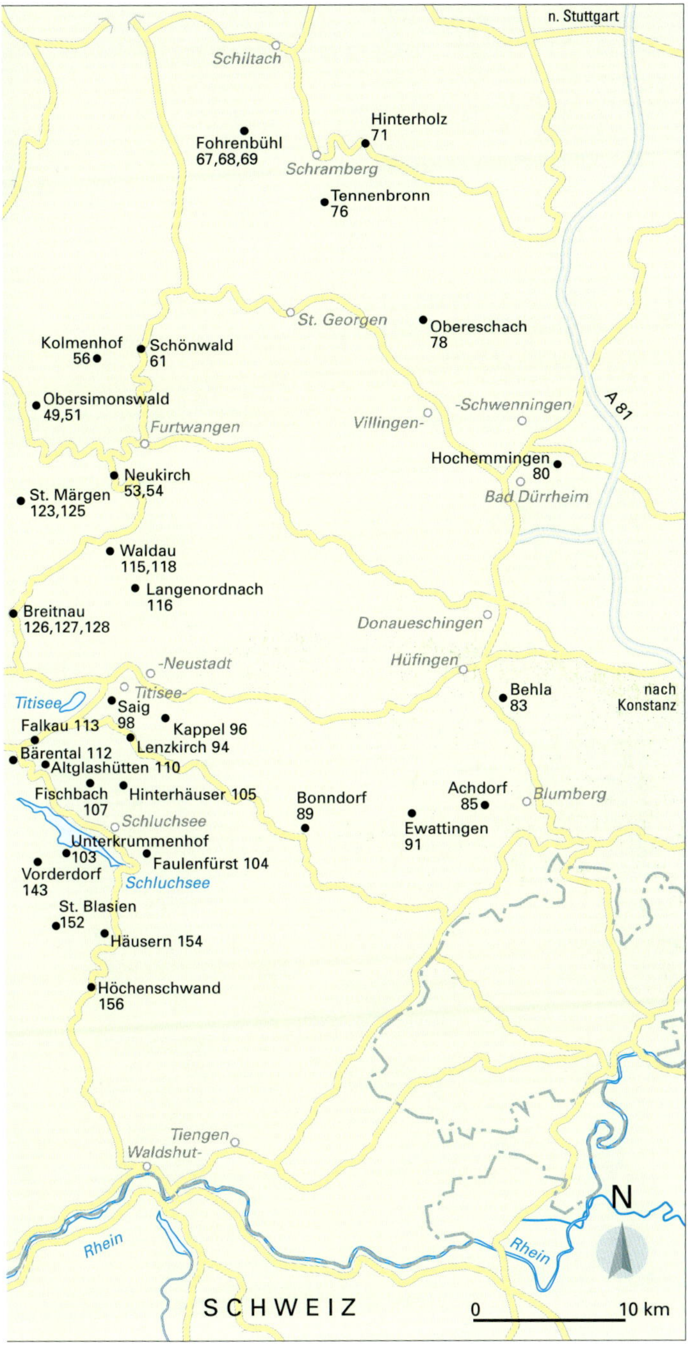
n. Stuttgart
Schiltach
Hinterholz
71
Fohrenbühl
67,68,69
Schramberg
Tennenbronn
76
St. Georgen
Obereschach
78
Kolmenhof
56
Schönwald
61
Obersimonswald
49,51
Furtwangen
Villingen-
-Schwenningen
A 81
Hochemmingen
80
Bad Dürrheim
Neukirch
53,54
St. Märgen
123,125
Waldau
115,118
Langenordnach
116
Breitnau
126,127,128
Donaueschingen
Hüfingen
-Neustadt
Titisee-
Titisee
Saig
98
Kappel 96
Behla
83
nach
Konstanz
Falkau 113
Lenzkirch 94
Bärental 112
Altglashütten 110
Fischbach
107
Hinterhäuser 105
Bonndorf
89
Achdorf
85
Blumberg
Ewattingen
91
Schluchsee
Unterkrummenhof
103
Faulenfürst 104
Vorderdorf
143
Schluchsee
St. Blasien
152
Häusern 154
Höchenschwand
156
Tiengen
Waldshut-
N
Rhein
Rhein
SCHWEIZ
0
10 km

Panoramablick vom Belchen

Hier gilt KONUS:

Konus gilt außerdem in beide Richtungen auf der...

Linie S1: auf der Albtalbahn zwischen Bad Herrenalb und Ettlingen.
Linie S6: auf der Enztalbahn zwischen Bad Wildbad und Pforzheim Hbf.
Nagoldbahn: Bad Liebenzell-Pforzheim.

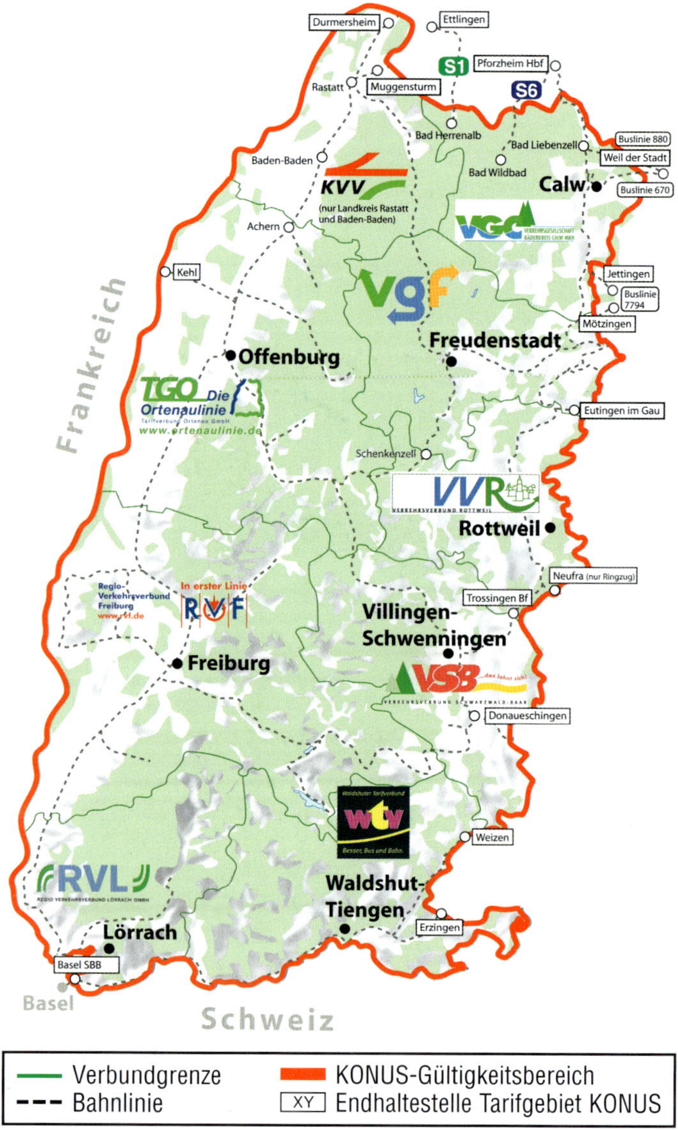